Ulrich Flasche
G. Dario Posada-Medrano

Professionelles Layout mit PageMaker Version 3.0

Aus dem Bereich Computerliteratur

Power Windows für Fortgeschrittene
von J. Heid   Ein Microsoft-Press/Vieweg-Buch

MS-DOS, 4., erw. Auflage
von V. Wolverton   Ein Microsoft-Press/Vieweg-Buch

Das große Word 4.0 Buch
von E. Tiemeyer

Business-Grafiken mit Microsoft Chart 3.0 auf dem PC
von E. Tiemeyer

Professionelles Layout mit PageMaker Version 3.0
von U. Flasche / G. D. Posada-Medrano

Das Desktop Publishing Handbuch
von U. Flasche/G. D. Posada-Medrano

Desktop Publishing mit dem HP-Laserjet
von U. Flasche/G. D. Posada-Medrano

CAD mit AutoCAD
von E. Hering/U. Fallscheer

Springer Fachmedien Wiesbaden GmbH

Ulrich Flasche
G. Dario Posada-Medrano

Professionelles Layout mit PageMaker

Version 3.0

Springer Fachmedien Wiesbaden GmbH

Das in diesem Buch enthaltene Programm-Material ist mit keiner Verpflichtung oder Garantie irgendeiner Art verbunden. Die Autoren und der Verlag übernehmen infolgedessen keine Verantwortung und werden keine daraus folgende oder sonstige Haftung übernehmen, die auf irgendeine Art aus der Benutzung dieses Programm-Materials oder Teilen davon entsteht.

Ursprünglich erschienen bei Friedr. Vieweg & Sohn Verlagsgesellschaft mbH, Braunschweig 1989

Umschlaggestaltung: Ludwig Markgraf, Wiesbaden

ISBN 978-3-528-04664-4 ISBN 978-3-663-13973-7 (eBook)
DOI 10.1007/978-3-663-13973-7

Ulrich Flasche
G. Dario Posada-Medrano

Professionelles Layout mit PageMaker

Version 3.0

Springer Fachmedien Wiesbaden GmbH

Das in diesem Buch enthaltene Programm-Material ist mit keiner Verpflichtung oder Garantie irgendeiner Art verbunden. Die Autoren und der Verlag übernehmen infolgedessen keine Verantwortung und werden keine daraus folgende oder sonstige Haftung übernehmen, die auf irgendeine Art aus der Benutzung dieses Programm-Materials oder Teilen davon entsteht.

Ursprünglich erschienen bei Friedr. Vieweg & Sohn Verlagsgesellschaft mbH, Braunschweig 1989

Umschlaggestaltung: Ludwig Markgraf, Wiesbaden

ISBN 978-3-528-04664-4 ISBN 978-3-663-13973-7 (eBook)
DOI 10.1007/978-3-663-13973-7

INHALT

VORWORT

PageMaker 3.0 bietet eine Reihe neuer Funktionen, die die starke Marktstellung dieses erfolgreichen Desktop Publishing Programms noch festigen werden. Vor allem die Möglichkeit, Makros anzulegen, die alle Eigenschaften eines Textabsatzes zusammenfassen und blitzschnell auf individuelle Absätze angewendet werden können, und das Abspeichern von Standardlayouts als Mustervorlagen für spätere Publikationen erhöhen die Produktivität des PageMaker-Anwenders erheblich. Außerdem ergeben sich neue Möglichkeiten für Software-Berater und Arbeitsvorbereiter, dem Endanwender hilfreich zur Seite zu stehen.

Dieses Buch ist ein Lehr- und Arbeitsbuch für den praktischen Einsatz der neuen PageMaker-Version 3.0. Über die mit PageMaker gelieferte umfangreiche Programmdokumentation hinausgehend, bietet es praxisgerechte Beispiele, die Schritt für Schritt nachvollzogen werden können.

Das Buch gliedert sich in drei Teile.

Teil 1 führt mit einem praktischen Beispiel in die Arbeit ein, behandelt den Einsatz von PageMaker unter MS Windows sowie die Programminstallation und gibt einen Überblick über sämtliche Befehlsmenüs.

Teil 2 behandelt an vier Beispielen die grundlegenden Layoutfunktionen und widmet sich in einem besonderen Abschnitt der Ansteuerung unterschiedlicher Druckermodelle.

Teil 3 vermittelt fortgeschrittene Kentnisse der Layoutgestaltung und geht insbesondere auf den Einsatz von Mustervorlagen zur Erstellung von Standardlayouts ein. Ein Glossar erläutert wichtige Fachausdrücke. Alle beschriebenen Funktionen und Arbeitsschritte sind durch ein ausführliches Sachwortverzeichnis leicht zugänglich.

Das Buch ist für das Selbststudium ebenso geeignet wie als Kursunterlage. Es enthält das Material eines zweistufigen Lehrganges von insgesamt vier Schulungstagen.

Wir danken unserem Lektor Herrn Wolfgang Dumke, der den entscheidenden Anstoß zur Erstellung dieses Buches gegeben hat. Frau Heike Gebranzig-Specht danken wir für Geduld, Ausdauer und Sorgfalt bei der Korrektur des Manuskriptes und der Druckvorlage.

Frankfurt, im Februar 1989

Ulrich Flasche

G. Dario Posada-Medrano

Bei Fragen zu diesem Buch sowie zu PageMaker oder DTP-Anwendungen im Allgemeinen wenden Sie sich bitte an:

DokuTeam Technische Redaktion und EDV-Didaktik

Ulrich Flasche und G. Dario Posada-Medrano

Hebelstraße 13

6000 Frankfurt am Main 1

Tel.: (069) 596 27 08

Zur Einführung

Statt einer Einführung soll Ihnen ein exemplarisches PageMaker-Layout den Leistungsumfang des Programms verdeutlichen und damit einen schnellen Einstieg in den Inhalt des vorliegenden Buches ermöglichen. Es soll an dieser Stelle nicht darum gehen, jeden einzelnen Arbeitsschritt zu erläutern, sondern einen knappen Überblick über die Art der anfallenden Arbeiten, die Arbeitsorganisation und die Leistungen des Programms zu geben.

Als einführendes Beispiel haben wir einige Seiten aus dem Musterkatalog eines Büromaterialhändlers ausgewählt. Um Ihnen zwei gegenüberliegende Seiten des Musterkataloges zeigen zu können, wählen wir eine linke Seite und die darauf folgende rechte Seite. Die erste Musterseite ist also eine linke Seite. Der überwiegende Teil aller Seiten des Kataloges ist so aufgebaut wie unsere beiden Musterseiten. Die Abbildungen, die den behandelten Artikel in fotografischer oder schematischer Darstellung zeigen, befinden sich auf der dem Bundsteg zugewandten Seite des jeweiligen Katalogblattes, auf einer linken Seite also rechts, auf einer rechten Seite links. In horizontaler Richtung nehmen die Abbildungen etwa ein Drittel, der Text etwa zwei Drittel des Satzspiegels ein. Text und zugeordnete Abbildung befinden sich zusammen in einem Linienrahmen, der die Zusammengehörigkeit unmißverständlich macht.

Bei der Gestaltung des Layouts kommen die wesentlichen neuen Funktionen der PageMaker-Version 3.0 zur Anwendung. Es sind dies Mustervorlagen und Druckformate. Mustervorlagen erlauben es, die über mehrere Publikationen der gleichen Art wiederkehrenden Elemente eines Seitenlayouts in einer separaten Datei abzuspeichern und so stets wiederzuverwenden. Solche wiederkehrenden Elemente sind: die Position bestimmter Textelemente, die Position bestimmter Bildelemente, die Gestaltung (Formatierung) der Textabsätze, strukturierende Elemente der Seite wie Linien, Linienrahmen, Rasterflächen, etc. Druckformate bezeichnen eine mit Version 3.0 des Programms neu hinzugekommene Funktion, die es erlaubt, die Eigenschaften eines Textabsatzes wie Schriftart, Zeilenabstand, Tabulatoren, Ausrichtung und andere typografische Eigenschaften einmalig festzulegen und auf sich wiederholende gleichartige Absätze stets erneut anzuwenden. Die Druckformate werden zusammen mit der Mustervorlage abgespeichert, können aber durch einen Kopiervorgang aus einer Mustervorlage in eine andere übernommen werden.

Bei der Gestaltung der Mustervorlage für das Seitenlayout werden, wie stets bei der Gestaltung einer PageMaker-Arbeit, jene Elemente, die sich auf allen Seiten des Dokumentes wiederholen sollen, in den beiden Stammseiten (für rechte und linke Seite des Dokumentes) angelegt. Die Mustervorlage erlaubt es darüberhinaus, Elemente, die nur einzelnen Seiten des Dokumentes zugehören

Versandmittel

Briefumschläge und Versandtaschen

Bitte fordern Sie bei Bedarf von größeren Mengen an Briefumschlägen und Versandtaschen ein Sonderangebot an.

*) Dieses Format wird für Kuvertierautomaten benötigt. Unser Angebot finden Sie auf der nächsten Seite 203.

Briefumschläge, Versandtaschen, Musterbeutel und Wertbriefumschläge sind in vielen Sorten und Ausführungen für alle Bedarfsfälle lieferbar. Nachstehend geben wir einen kleinen Überblick über Größen und Maße sowie Sortiment:

DIN C 6	114x162 mm	DIN B 5	176x250 mm
DIN C 6/5*)	114x229 mm*)	DIN E 5	200x280 mm
DIN-lang	110x220 mm	DIN C 4	229x324 mm
DIN B 6	125x176 mm	DIN B 4	250x353 mm
DIN C 5	162x229 mm	DIN B6/C4	125x324 mm

Selbstklebe-Briefumschläge DIN lang

gepackt zu 1000 Stück je Sorte.

Nr. 110/1220630	ohne Fenster, weiß, h'frei Offset 70 g/m2, mit SOENNECKEN-Innendruck	**je Tsd. DM 47,70**
Nr. 111/2220630	mit Pergamin-Fenster, Qualität wie vorstehend, mit SOENNECKEN-Innendruck	**je Tsd. DM 38,35**
Nr. 2220150	mit Klarsicht-Fenster, Qualität wie vorstehend,	**je Tsd. DM 51,60**

Selbstklebe-Briefumschläge DIN C 6

gepackt zu 1000 Stück je Sorte.

Nr. 210/1200630	ohne Fenster, weiß, h'frei Offset 70 g/m2, mit SOENNECKEN-Innendruck	**je Tsd. DM 43,95**
Nr. 211/2200630	mit Pergamin-Fenster, Qualität wie vorstehend, mit SOENNECKEN-Innendruck	**je Tsd. DM 50,-**
Nr. 2200150	mit Klarsicht-Fenster, Qualität wie vorstehend	**je Tsd. DM 50,-**

Briefumschläge mit gummierter Klappe, DIN lang, ohne Fenster

gepackt zu 1000 Stück je Sorte.

Nr. 100/1020630	weiß, h´frei Offset 70 g/m2, mit SOENNECKEN-Innendruck	**je Tsd. DM 42,80**
Nr.1020011	blau, m´fein, 60 g/m2	**je Tsd. DM 36,-**
Nr. 1020012	grün, Qualität wie vorstehend	**je Tsd. DM 36,-**

Briefumschläge mit gummierter Klappe, DIN C 6 ohne Fenster

gepackt zu 1000 Stück je Sorte.

Nr. 200/1000630	weiß, h'frei Offset 70 g/m2, mit SOENNECKEN-Innendruck	**je Tsd. DM 33,55**
Nr. 1000011	blau, m´fein, 60 g/m2	**je Tsd. DM 24,45**
Nr. 1000012	grün, Qualität wie vorstehend	**je Tsd. DM 24,45**

- 202 - Alle Preise zuzüglich Mehrwertsteuer. Preise Stand Januar 1986. Preisänderungen vorbehalten.

Eine linke Seite des Büromaterialkataloges.

Versandmittel

Briefumschläge mit gummierter Klappe, DIN lang, mit Fenster
gepackt zu 1000 Stück je Sorte.

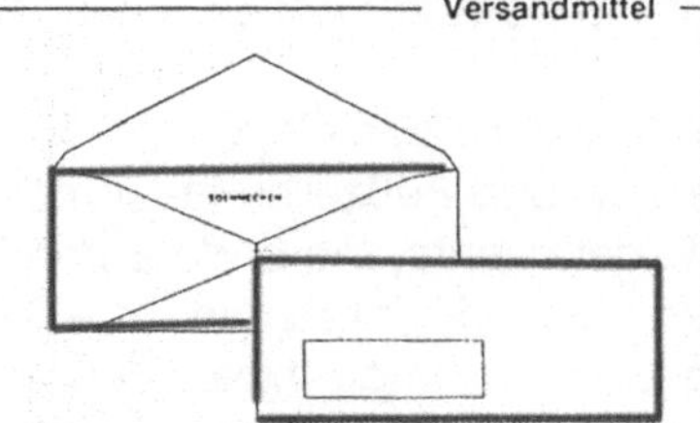

Nr. 101/2020630	weiß, h'frei Offset 70 g/m2, mit SOENNECKEN-Innendruck	je Tsd. DM 49,45
Nr. 2020011	blau, m'fein, 60 g/m2	je Tsd. DM 40,75
Nr. 2020012	grün, Qualität wie vorstehend	je Tsd. DM 40,75

Briefumschläge mit gummierter Klappe, DIN C 6, mit Fenster
gepackt zu 1000 Stück je Sorte.

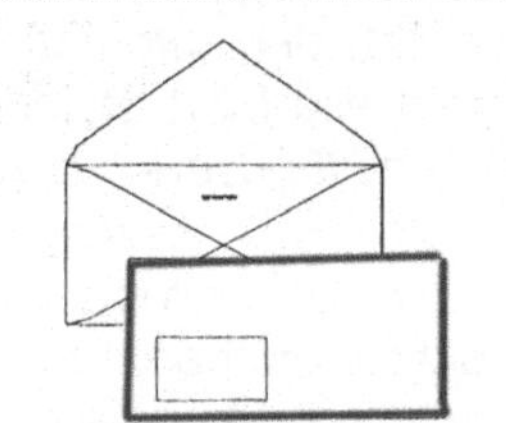

Nr. 201/2000630	weiß, h'frei Offset 70 g/m2, mit SOENNECKEN-Innendruck	je Tsd. DM 40,35
Nr. 2000011	blau, m'fein, 60 g/m2	je Tsd. DM 30,95
Nr. 2000012	grün, Qualität wie vorstehend	je Tsd. DM 30,95

Luftpost-Briefumschläge
mit dreisprachigem Aufdruck "Luftpost" und zweifarbigem Rand- und blauem Innedruck. 50 g/m2. Gepackt zu 1000 Stück je Sorte.

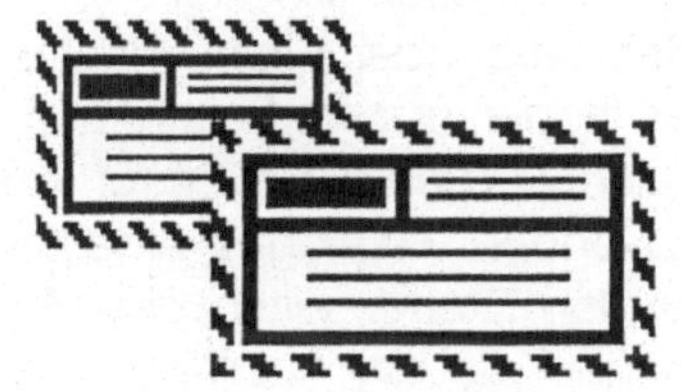

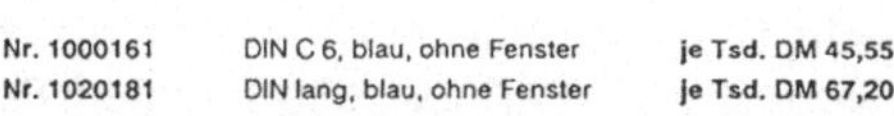

Nr. 1000161	DIN C 6, blau, ohne Fenster	je Tsd. DM 45,55
Nr. 1020181	DIN lang, blau, ohne Fenster	je Tsd. DM 67,20
Nr. 2020181	DIN lang, blau, mit Fenster	je Tsd. DM 94,65

Briefumschläge für Kuvertiermaschinen
DIN C 6/5, 114x229 mm, weiß, 75 g/m2. Gepackt zu 1000 Stück je Sorte.

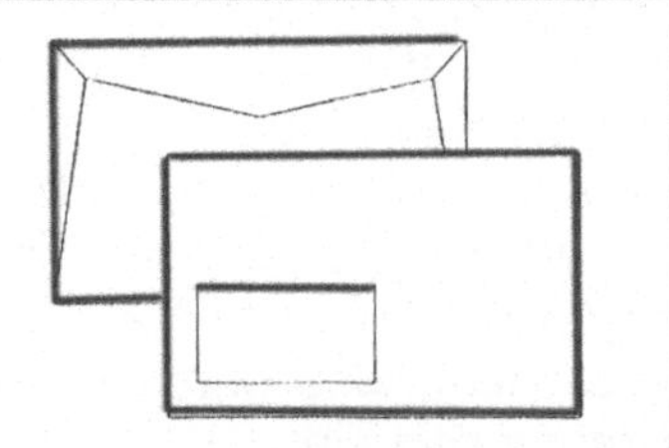

Für Briefversand - euroform-Briefumschläge mit untergeklebten Seitenklappen, Vollklebung.

Nr. 1526155	ohne Fenster	je Tsd. DM 46,20
Nr. 2526155	mit Fenster	je Tsd. DM 54,35

Für Drucksachenversand - euroform-Scheinverschluß-Briefumschläge mit untergeklebten Seitenklappen, Punktklebung.

Nr. 1526148	ohne Fenster	je Tsd. DM 46,20
Nr. 2526148	mit Fenster	je Tsd. DM 54,35

Briefumschläge und Versandtaschen aus Original-Umweltschutzpapier = 100% Altpapier

Nr. 1000481	DIN C 6, 70 g/m2, ohne Fenster	je Tsd. DM 26,-
Nr. 1020481	DIN lang, 70 g/m2, ohne Fenster	je Tsd. DM 39,80
Nr. 2000481	DIN C 6, 70 g/m2, mit Pergamin-Fenster	je Tsd. DM 33,70
Nr. 2020481	DIN lang, 70 g/m2, mit Pergamin-Fenster	je Tsd. DM 44,10
Nr. 4040483	DIN C 5, 100 g/m2, ohne Fenster	je Tsd. DM 88,75
Nr. 4070483	DIN C 4, 100 g/m2, ohne Fenster	je Tsd. DM 99,65

Alle Preise zuzüglich Mehrwertsteuer. Preise Stand Januar 1986. Preisänderungen vorbehalten. - 203 -

Eine rechte Seite des Büromaterialkataloges.

sollen, dies aber in allen zeitlich nacheinander erscheinenden Ausgaben, von vornherein auf der entsprechenden Seite der Mustervorlage anzuordnen.

In unserem Beispiel legen wir zunächst die Spaltenaufteilung, die Ränder sowie die Kopf- und Fußzeilen in die beiden Stammseiten fest. Eine Spalte wird später die Bildelemente, die andere den Text enthalten. Weiterhin nehmen die Stammseiten die Linienrahmen, die zusammengehörige Text- und Bildelemente umgeben, sowie die hinter den Abbildungen liegenden Rasterflächen auf. Kopf- und Fußelemente werden direkt in der Stammseite korrekt formatiert und erscheinen dementsprechend auf allen Seiten. Für die Seitenzahl wird ein Platzhalter benutzt, der automatisch zu einer korrekten Paginierung (Seitennumerierung) jeder Seite führt. Dieser Platzhalter wird ebenso wie die übrigen Elemente der Kopf- und Fußzeilen direkt in der Stammseite formatiert. Für die Formatierung der übrigen Textelemente werden drei unterschiedliche Druckformate erzeugt. Text- und Bildplatzhalter werden nicht in die Stammseiten der Mustervorlage aufgenommen. Die Elemente der Stammseiten werden sich nämlich automatisch auf allen Seiten wiederholen und können auf individuellen Seiten nicht durch andere Elemente ersetzt werden. Letzteres müssen wir aber von einem Platzhalter erwarten. Er soll ja lediglich die Position des später einzufügenden Text- oder Bildelementes markieren. Text- und Bildplatzhalter geben wir daher in die ersten Seiten der Mustervorlage, nicht in die Stammseiten ein. Natürlich werden wir nicht für jede Seite eines vielleicht mehrere hundert Seiten umfassenden Kataloges eine Musterseite anlegen. In unserem Fall reicht es, außer den Stammseiten eine Musterseite für eine linke und eine rechte Seite anzulegen, da die Anordnung von Texten und Bildern auf den meisten Seiten des Kataloges identisch ist. Zur Erzeugung der Druckformate für die Absatzformatierung muß in die Seite 1 der Mustervorlage zumindest soviel Text eingegeben werden, daß jedes Druckformat einmal zur Formatierung eines Absatzes benutzt werden kann und so seine Eigenschaften zeigt. Ein Druckformat wird die Artikelbezeichnung formatieren, ein weiteres die Erläuterung zur Artikelbezeichnung, wie beispielsweise den Packvermerk. Das dritte Druckformat enthält die Eigenschaften zur Formatierung der Absätze, an deren Anfang die Artikelnummer steht, also unter anderem auch die für diese Absätze erforderlichen Tabulatorpositionen.
Der Text eines Musterkataloges wird in einem Textverarbeitungsprogramm fortlaufend erfaßt. In unserem Fall arbeiten wir mit dem unter MS Windows zur Verfügung stehenden Textverarbeitungsprogramm Windows Write. Textattribute werden bei der Texterfassung nicht miteingegeben, da die Formatierung des Textes mit Hilfe der Druckformate in PageMaker einfacher zu erledigen ist. Die Schemazeichnungen der Artikel, in unserem Fall sind es Briefumschläge, werden mit einem Grafikprogramm erstellt. Wir arbeiten mit dem unter MS Windows laufenden Grafikprogramm Windows Draw.
Um die Druckvorlagen des Kataloges fertigzustellen, wird in PageMaker eine Kopie der zuvor erstellten Mustervorlage geladen. In die gewünschte Anzahl von Katalogseiten sind die freien Elemente der beiden ersten Musterseiten, die nicht durch die Stammseiten vorgegeben sind (im wesentlichen die Bildplatzhal-

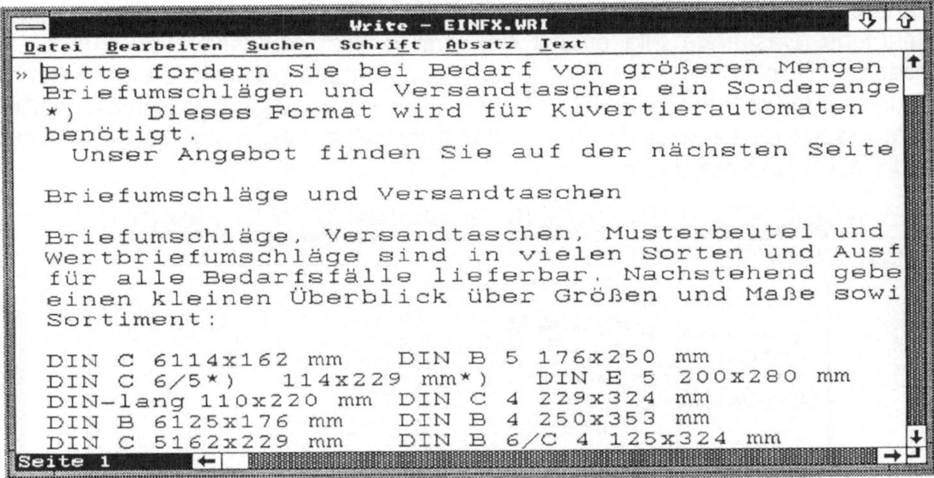

Text des Musterkataloges im Windows Write-Bildschirm.

ter) durch Kopieren zu übernehmen. So liegt für jede der zu gestaltenden Katalogseiten eine Musterseite vor. Text und Bild lassen sich sehr leicht plazieren, da ein vorhandenes Text- oder Bildelement Größe und Position bereits vorgibt und durch das gewünschte Text- oder Bildelement einfach ersetzt werden kann. In der Mustervorlage werden Text- und Bildplatzhalter Schritt für Schritt durch den zuvor in Windows Write erfaßten Text und die in Windows Draw erstellten Abbildungen ersetzt. Der Text ersetzt den Textplatzhalter des ersten

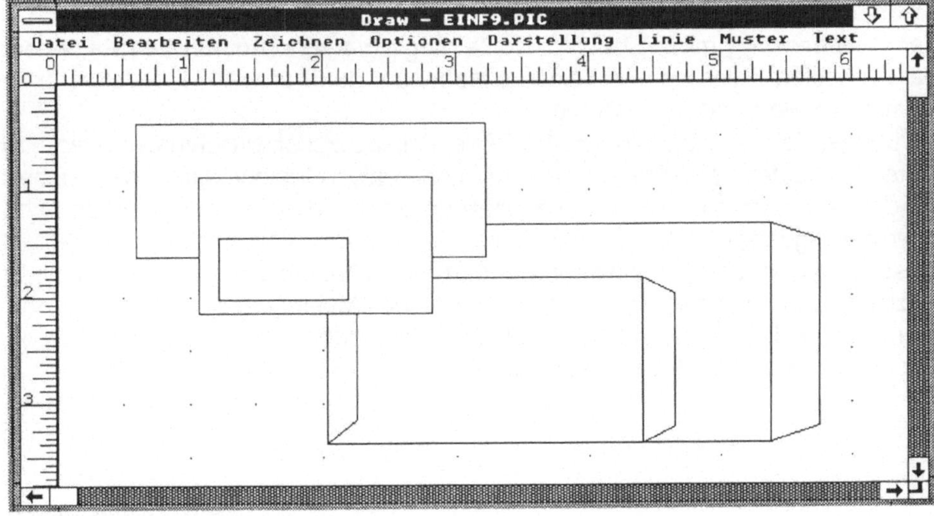

Schemazeichnung des Musterkataloges im Windows Draw-Bildschirm.

Rahmens der ersten Seite und läuft zunächst nur bis zum Ende dieses ersten Rahmens. Das erste Bild ersetzt den ersten Bildplatzhalter. Die Textabsätze lassen sich mit Hilfe der vorhandenen Druckformate durch Zuordnung Schritt für Schritt formatieren. Nun läßt man den Text in den folgenden Rahmen einfließen. Ersetzt den zweiten Bildplatzhalter durch das entsprechende Bild, formatiert die Textabsätze und so fort.

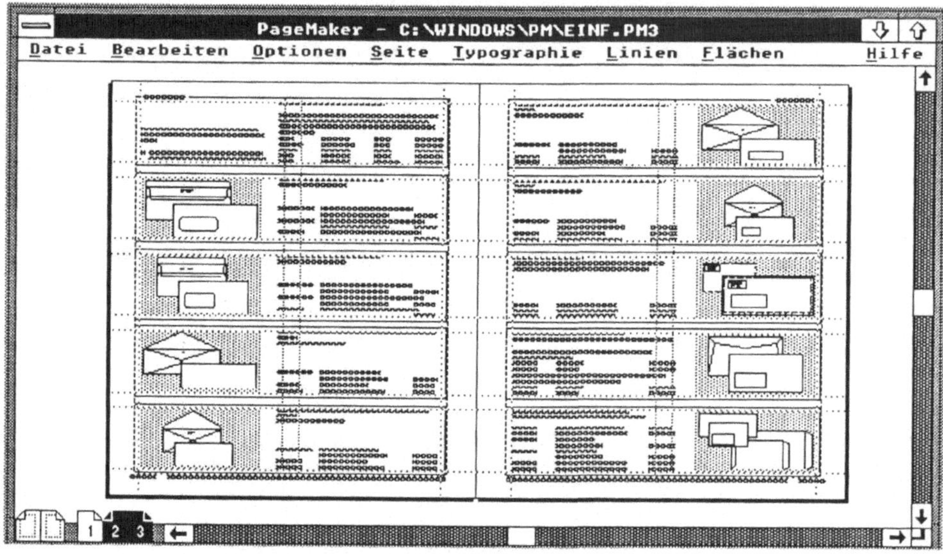

Die zwei Seiten unseres Beispiels im Windows PageMaker-Bildschirm.

Für den fortgeschrittenen Anwender wird sich eine weitere Arbeitserleichterung ergeben, wenn er die Zuordnung der Druckformate zu Textabsätzen bereits bei der Texterfassung miteingibt. Dies sollte möglichst schon durch den Redakteur bei der ersten Fixierung des Textes geschehen, denn er weiß ja, welches Textelement er wie darstellen möchte.

Im übrigen ist es nicht zwingend erforderlich, zunächst eine Mustervorlage zu erstellen. Jedes erstellte Dokument kann als Mustervorlage gespeichert werden, wenn Ihnen nach der Fertigstellung einfällt, daß Sie in Zukunft ähnliche oder gleichgestaltete Dokumente bearbeiten werden. Vorteilhaft ist es aber, in Mustervorlagen statt Originalabbildungen nur schematische Abbildungen zu plazieren und nicht für jede Seite eine Seite der Mustervorlage anzulegen. Vor allem durch den Verzicht auf komplexe Abbildungen als Bildplatzhalter ergibt sich eine erheblich Speicherersparnis.

Teil 1 - Die ersten Schritte

Der MS-DOS-PC mit Windows

Aldus PageMaker läuft unter der MS-DOS-Betriebssystemerweiterung MS Windows. Für Anwender, die nicht über MS Windows verfügen, wird mit PageMaker eine sogenannte Runtime Version von Windows mitgeliefert, die die für PageMaker erforderlichen Funktionen bereitstellt. Häufig wird sich der PageMaker-Anwender aber für den Einsatz einer Windows-Vollversion entscheiden, durch die ihm eine Reihe entscheidender Vorteile der Betriebssystemerweiterung zu Gute kommen. Windows erlaubt es, mehrere Anwendungen in unterschiedlichen Bildschirmfenstern gleichzeitig im Bildschirm darzustellen und abwechselnd zu benutzen. Windows 386 erlaubt sogar die gleichzeitige Arbeit unterschiedlicher Anwendungen. Für unter Windows laufende Anwendungen stehen komfortable Möglichkeiten des Datenaustausches über die in Windows integrierte Zwischenablage zur Verfügung. In Windows sind bereits einige einfache Standardanwendungen wie Textverarbeitung Write, eine Kartei, ein Kalender, eine Uhr, ein Taschenrechner und ein kleines Spiel zu Entspannung integriert. Damit stehen Ihnen wichtige Werkzeuge jedes Bürobetriebes zur Verfügung. Eine Vielzahl hochentwickelter Anwendungsprogramme wie Datenbank, Tabellenkalkulation, Textverarbeitung, Grafik und schließlich Seitenlayout mit Aldus PageMaker werden für die Arbeitsumgebung MS Windows direkt von Microsoft oder von anderen Softwarehäusern wie beispielsweise Aldus angeboten. Bereits in der Grundversion ist Windows eine integrierte Arbeitsumgebung, mit denen wichtige Arbeiten wie Datenverwaltung, Terminplanung, Textverarbeitung und Kalkulationen erledigt werden können. Windows verfügt damit über die wesentlichen Eigenschaften eines integrierten Softwarepaketes, das in beliebige Richtungen professionell erweitert werden kann. Außerdem ist Windows nicht nur eine Arbeitsumgebung für Anwendungsprogramme, sondern auch ein Entwicklungspaket, mit dem EDV-Abteilungen eigene firmenspezifische Anwendungen selbst schreiben können. In allen Windows-Anwendungen findet der Benutzer dabei identische Bedienelemente vor, wodurch die Eingewöhnungs- und Erlernzeit für ein neues Programm erheblich reduziert wird.

Auch MS-DOS stellt sich von Windows aus gesehen als ein Anwendungsprogramm mit bestimmten Funktionen dar, auf die Windows einen besonders leichten Zugriff eröffnet. Rufen Sie Windows auf, zeigt sich zunächst das MS-DOS-Fenster. MS-DOS ist das Betriebssystem Ihres IBM-kompatiblen Personalcomputers. MS-DOS übernimmt wichtige Funktionen für die Verwaltung Ihrer Daten auf magnetischen Datenträgern wie Disketten und Festplatten sowie für die Einrichtung Ihres PCs gemäß den Anforderungen Ihrer Anwendungpro-

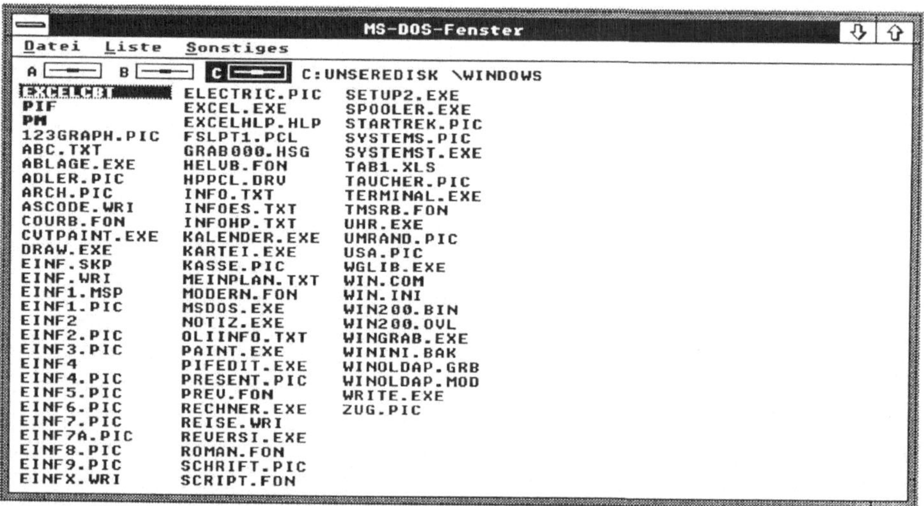

Das MS-DOS-Fenster in Windows.

gramme. Die ursprüngliche Form zur Ansteuerung seiner Funktionen ist die Befehlseingabe hinter dem DOS-Prompt, der nach dem Einschalten des PCs im Bildschirm erscheint, z. B. C:copy A:test.txt für das Kopieren der Datei test.txt von Diskettenlaufwerk A: auf die Festplatte C: Es ist eine Leistung der Anwendungsumgebung Windows, die von IBM als Presentation Manager in die neue PS/2-Serie übernommen wurde, die Bedienung der Betriebssystemfunktionen wesentlich zu erleichtern. Im Windows-DOS-Fenster haben Sie jene DOS-Funktionen, die Sie bei Ihrer täglichen Arbeit benötigen, im direkten Zugriff, ohne sich im einzelnen an die Befehle erinnern zu müssen. Außerdem werden gefährliche Konsequenzen einer Befehlseingabe durch Abfragedialoge abgefangen. Im folgenden führen wir einige der wichtigsten DOS-Funktionen, die über Windows erreicht werden können, zusammen mit den entsprechenden DOS-Befehlen auf.

Anwendungsprogramm laden

Unter MS-Windows laden Sie ein Programm durch Doppelklick mit der Maus auf den Programmdateinamen oder mit

Befehlsmenü Datei, Befehl Laden...

Unter MS-DOS laden Sie ein Programm durch Eingabe des Programmdateinamens.

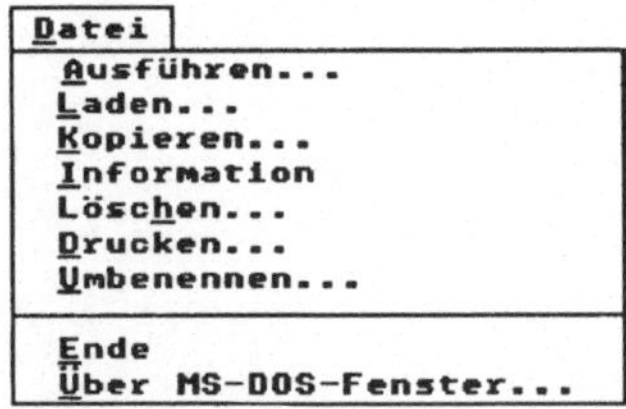

Das *Befehlsmenü Datei.*

Datei kopieren

Unter MS-Windows kopieren Sie Dateien mit
Befehlsmenü Datei, Befehl Kopieren...

Sonstiges
Sitzung beenden
Verzeichnis erstellen...
Verzeichnis wechseln...
Diskette formatieren...
Systemdiskette erstellen...
Datenträger benennen...

Das *Befehlsmenü Sonstiges.*

Unter DOS kopieren Sie Dateien mit dem
Befehl copy Suchpfad Dateiname Suchpfad Name.

Datei löschen

Unter Windows löschen Sie Dateien mit
Befehlsmenü Datei, Befehl Löschen...

Unter DOS löschen Sie Dateien mit dem
Befehl del Suchpfad Dateiname.

Verzeichnis wechseln

Unter MS-Windows wechseln Sie das Verzeichnis mit
Befehlsmenü Sonstiges, Befehl Verzeichnis wechseln...
und anschließender Eingabe des Suchpfades.

Unter MS-DOS wechseln Sie das Verzeichnismit dem
Befehl cd \Verzeichnis\Verzeichnis,

wobei *Verzeichnis**Verzeichnis* den Suchpfad des gewünschten Verzeichnisses angibt.

Verzeichnis anlegen

Unter MS-Windows legen Sie ein Verzeichnis mit
Befehlsmenü Sonstiges, Befehl Verzeichnis anlegen...
an.

Unter MS-DOS legen Sie ein Verzeichnis mit dem
Befehl md Verzeichnisname
an.

Diskette formatieren

Unter Windows formatieren Sie eine Diskette mit
Befehlsmenü Sonstiges, Befehl Diskette formatieren...

Unter MS-DOS formatieren Sie eine Diskette mit dem
Befehl format Laufwerk.

Inhaltsverzeichnis eines DOS-Verzeichnisses

Unter Windows sehen Sie es im MS-DOS-Fenster.

Unter MS-DOS lassen Sie es mit dem
Befehl dir Suchpfad
anzeigen.

Fenstertechnik und Systemmenü

Um unter Windows effektiv arbeiten zu können, sollten Sie einiges über die Windows-Fenstertechnik wissen. Sie können sehr viele Anwendungen gleichzeitig in unterschiedlichen Fenstern darstellen. Natürlich können Sie auch ein und dasselbe Anwendungsprogramm in zwei Fenster laden, um unterschiedliche Funktionen auszuführen. Die doppelte Ausführung der Textverarbeitung Write erlaubt Ihnen beispielsweise, zwei verschiedene Texte in zwei Write-Fenstern darzustellen und zu bearbeiten. In der Regel sollten nicht mehr als 6 Fenster geöffnet sein, da die Darstellung sonst zu unübersichtlich wird.

Bei der Arbeit mit vielen Fenstern sollten Sie daran denken, daß sich die Arbeit durch eine starke Auslastung des Arbeitsspeichers sehr verlangsamen kann. Öffnen Sie also nur die Anwendungen, die Sie wirklich benötigen. Beachten Sie, daß Fenster einander überlagern können. Vor allem nach Anwendung des Befehls Vollbild werden andere Fenster und Sinnbilder verdeckt. Eine ausführliche Erläuterung aller Windows-Grundfunktionen finden Sie im Microsoft Windows/Presentation Manager Handbuch Seiten 2.1 bis 2.47. Wenngleich die Arbeit mit Windows auf den ersten Blick sehr einfach erscheint, ist es sinnvoll, diese Erläuterungen einmal durchzulesen, da sich hieraus vielfach noch Anwendungserleichterungen ergeben.

Wiederherstellen	Alt+F5
Bewegen	Alt+F7
Größe ändern	Alt+F8
Sinnbild	Alt+F9
Vollbild	Alt+F10
Schließen	Alt+F4

Das *Systemmenü.*

Fensterfunktionen werden, soweit Sie sie nicht direkt mit der Maus ausführen, über das Systemmenü eines jeden Fensters gesteuert. Das Systemmenü befindet sich in der oberen linken Ecke eines jeden Fensters und wird durch das Bild der Leertaste symbolisiert, da es mit der Tastenkombination Alt + Leertaste geöffnet werden kann.

Systemmenü

Das Systemmenü steht Ihnen in jedem Anwendungsfenster zur Verfügung, darüberhinaus aber auch in Anwendungen, die Sie aktuell als Sinnbild darstellen lassen. Letzteres könnte beispielsweise geschehen, weil Sie keinen Zeitverlust für das Schließen und Neuladen einer Anwendung in Kauf nehmen möchten, obwohl die Anwendung derzeit im Bildschirm stört. Wie sämtliche Funktionen der Arbeitsumgebung Windows und der Windows-Anwendungsprogramme, können Sie das Systemmenü und seine Befehle alternativ sowohl mit der Maus, als auch mit Alt-Tastenkombinationen sowie in besonderen Fällen mit einer Spezialtastenkombination ansteuern. Innerhalb des Systemmenüs finden Sie, wie in allen Befehlsmenüs, die Buchstaben der Befehlswörter, die in Kombination mit der Alt-Taste anzuschlagen sind, unterstrichen. Alle Befehle des Systemmenüs können außerdem über Spezialtastenkombinationen erreicht werden. In diesem Fall handelt es sich um Kombinationen der Alt-Taste mit je einer Funktionstaste. Diese Kombinationen werden hinter den Befehlswörtern angezeigt. Gleichwohl sollten Sie sich als Anwender, der die Tastaturbedienung bevorzugt, einige der Tastenkombinationen im Zusammenhang mit dem Systemmenü besonders merken. Wir führen diese unten auf.
Das Systemmenü wird mit der Maus oder mit der Tastenkombination Alt + Leertaste geöffnet. Die Tastenkombination Alt + Leertaste bezieht sich dabei stets auf das aktive Fenster bzw. Sinnbild. Aktiv ist jenes Fenster oder Sinnbild, das zuletzt mit der Maus angeklickt wurde. Wollen Sie ein Fenster oder Sinnbild über die Tastatur aktivieren, benutzen Sie die Tastenkombination Alt + Esc.

Mit dieser Tastenkombination springen Sie von Fenster zu Fenster bzw. von Sinnbild zu Sinnbild. Daß ein Sinnbild aktiv ist, erkennen Sie an dem eingeblendeten Namen des Programms innerhalb des Sinnbildes. Die Tastenkombinationen Alt + Leertaste sowie Alt + Esc sollten Sie sich merken oder notieren, da Sie im Unterschied zu anderen Befehlen aus der Anschauung der Windows-Oberfläche unmittelbar nicht hervorgehen.

Fenster verschieben

Sie können mit *Systembefehl Bewegen* ein Fenster an einen anderen Platz im Bildschirm verschieben.

Größe ändern

Sie können mit *Systembefehl Größe ändern* die Größe einer Fensterdarstellung ändern.

Vollbild-Fenster-Darstellung

Sie können mit *Systembefehl Vollbild* ein Fenster auf volle Bildschirmgröße verändern.

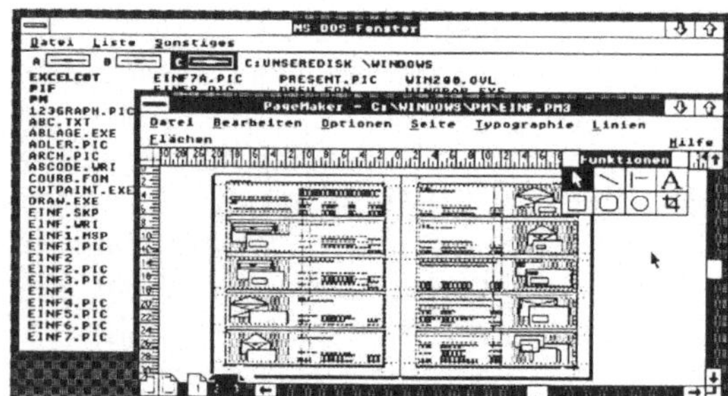

Mit *Systemmenü, Befehl Vollbild* können Sie das PageMaker-Fenster auf volle Bildschirmgröße verändern.

Vorherigen Fensterzustand wiederherstellen

Sie können mit *Systembefehl Wiederherstellen* den Status eines Fensters vor der letzten Veränderung wiederherstellen.

Anwendung beenden

Sie können mit *Systembefehl Schließen* ein Fenster schließen und damit die Anwendung beenden. Schließen Sie das MS-DOS-Fenster, beenden Sie die Windows-Arbeitssitzung.

PageMaker installieren

Die Installation von PageMaker unterscheidet sich geringfügig, je nachdem ob Sie über eine Vollversion von Microsoft Windows 286/386 verfügen, die bereits installiert wurde, oder ob Sie PageMaker mit der mitgelieferten Kurzfassung von Windows 2.0 installieren. Die Programminstallation ist in dem mit PageMaker gelieferten Heft "Aldus PageMaker Installationsanleitung, Für Microsoft Windows-kompatible Computer" sehr ausführlich beschrieben. Wir geben im Folgenden die für jede PageMaker-Installation wesentlichen Informationen, um Ihnen das Lesen der ausführlichen Aldus-Dokumentation zu ersparen. Bei Spezialproblemen - vor allem die Vielzahl möglicher Speicherkonfigurationen betreffend - möchten wir Sie jedoch bitten, gegebenenfalls auf die Informationen des Handbuches zurückzugreifen.

Hardware-Voraussetzungen

Aldus gibt an, daß PageMaker auf allen Microsoft Windows kompatiblen Computern lauffähig ist. Wer bereits Microsoft Windows auf seinem Rechner einsetzt, kann also sicher sein, auch PageMaker einsetzen zu können. Was aber bedeutet diese Information für Anwender, die bislang nicht mit Windows gearbeitet haben. Windows läuft auf allen IBM Personal System/2 (Modell 30, 50, 60 oder 80), auf allen IBM PC AT sowie kompatiblen Rechnern. Insbesondere ist auf das Vorhandensein von CGA-, Hercules-, EGA- oder VGA-Grafik, eines Arbeitsspeichers von 640 KB, einer Festplatte von mindestens 20 MB und eines Diskettenlaufwerkes für Disketten im Format 5 1/4 Zoll/1.2 MB oder 3,5 Zoll/720 KB zu achten. Eine Maus ist für den Einsatz von Windows und PageMaker nicht unbedingt erforderlich. Für die Arbeit mit Grafikprogrammen und für die Arbeit mit Layoutprogrammen wie PageMaker ist der Einsatz einer Maus aber unbedingt zu empfehlen. Der Rechner soll über einen 80286 oder 80386 Prozessor verfügen. Ein Einsatz von Windows oder PageMaker auf Rechnern mit 8088 Prozessor ist auf Grund der Verarbeitungsgeschwindigkeit nicht sinnvoll. Auf Rechnern mit 80386 Prozessor ist der Einsatz von PageMaker unter Windows 386 vorteilhaft, da Windows 386 die Eigenschaften dieses Prozessors voll ausnutzt.
Für PageMaker und Windows werden 4 MB freie Plattenkapazität benötigt. Ist Windows bereits installiert, reichen 3 MB.

Vollversion oder Kurzversion von Windows

Für Anwender, die nicht über MS Windows verfügen, wird mit PageMaker eine Kurzversion von Windows mitgeliefert, die die für PageMaker vorausgesetzten Eigenschaften der Betriebssystemerweiterung bereitstellt. Diese Kurzversion verfügt nicht über ein MS-DOS-Fenster und erlaubt es lediglich, die in PageMaker integrierten Windows-Anwendungsprogramme auszuführen. Natürlich kann PageMaker auch unter den Windows-Fassungen, die manche Hardware-Hersteller mit Ihren Geräten ausliefern, eingesetzt werden. Beachten Sie in diesem Fall, ob der Hardware-Hersteller in seiner Dokumentation besondere Hinweise zur Installation von PageMaker gibt.

Installationsarbeiten

In den Bereich der Installation fallen mehrere Arbeiten, die im Folgenden als Schritte in der Reihenfolge der Erledigung aufgeführt werden. Die Schritte 1, 2 und 3 sind für die Arbeit mit PageMaker unbedingt vorausgesetzt. Nach diesen Schritten ist ein Arbeiten bereits möglich. Vor allem, wenn es lediglich um Übungsarbeiten geht. Die Schritte 4 und 5 sollten durchgeführt werden, um den vollen Leistungsumfang des Programms zu nutzen.

Schritt 1: Windows 2.0/286/386 installieren

Schritt 2: PageMaker installieren

Schritt 3: Druckersteuerdateien installieren

Nach der Installation der Druckersteuerdateien ist PageMaker grundsätzlich arbeitsbereit, d. h. Sie können Dokumente gestalten und auch ausdrucken, beachten Sie aber unbedingt die Ausführungen unter dem Punkt Zeichensätze.

Schritt 4: Zeichensätze installieren.

Schritt 5: Leistungsfähigkeit durch optimale Speichernutzung verbessern.

Windows installieren

Für die Installation steht ein Installationsprogramm zur Verfügung, das außer der Programmdatei Ihrer PC-Konfiguration entsprechend eine Reihe weiterer Dateien auf die Festplatte kopiert und einrichtet. Das Installationsprogramm fragt Sie nach bestimmten Eigenschaften Ihrer Konfiguration, wie Grafikkarte, Maus, Drucker etc. und arbeitet in Abhängigkeit von Ihren Antworten.

Vorgehensweise:

1. **Legen Sie die Windows-Diskette 1 in Laufwerk A: ein.**

2. **Geben Sie**

   C>A:

ein, um auf Laufwerk A: zu wechseln.

3. **Geben Sie setup ein,**

   A>SETUP

   um das Installationsprogramm zu starten.

4. **Befolgen Sie die Anweisungen des Installationsprogramms.**

Im Verlauf der Installation wurden Sie auch zu Angaben über die zu verwendenden Bildschirmzeichensätze aufgefordert. Diese variieren mit der verwendeten Grafikkarte. Falls nach Abschluß der Installation innerhalb des Textverarbeitungsprogramms Windows Write der Text einer A4-breiten Seite nicht vollständig im Bildschirm dargestellt wird, sollten Sie die Installation mit anderen Angaben für die Bildschirmschriften wiederholen. Geben Sie stets möglichst kleine Zeichensätze an.

Windows-Kurzfassung installieren

Vorgehensweise:

1. **Legen Sie die Diskette 1 der mit PageMaker gelieferten Windows-Kurzfassung in Laufwerk A: ein.**

2. **Geben Sie**

   C>A:

   ein, um auf das Laufwerk A: zu wechseln.

3. **Geben Sie**

   A>SETUP

   ein, um das Installationsprogramm zu starten.

4. **Befolgen Sie die Anweisungen auf dem Bildschirm.**

PageMaker installieren

PageMaker verändert bei der Installation die Dateien WIN.INI, AUTOEXEC.BAT und CONFIG.SYS. Sie sollten daher von diesen Dateien vor der Installation eine Sicherungskopie anlegen, um den ursprünglichen Zustand eventuell wiederherstellen zu können. Auch für PageMaker steht ein Installationsprogramm zur

Verfügung, das die Installation erledigt. Die Installation ist auch hier abhängig von den Eingaben, zu denen Sie während der Installation aufgefordert werden.

Vorgehensweise:

1. **Legen Sie die Diskette 1 mit dem Installationsprogramm von PageMaker in Laufwerk A: ein.**

2. **Geben Sie**

   C>A:

   ein, um zu Laufwerk A: zu wechseln.

3. **Geben Sie**

   A>INSTALL

   ein, um das Installationsprogramm zu starten.

5. **Befolgen Sie nun die im Bildschirm gezeigten Anweisungen.**

```
HAUPTMENÜ DES INSTALLATIONSPROGRAMMES VON PAGEMAKER

Markieren Sie die gewünschten Optionen mit Hilfe der Pfeiltasten und drücken
Sie die Eingabetaste. Um eine Markierung wieder aufzuheben, führen Sie den
Cursor auf die Option und drücken Sie die Eingabetaste nochmals.

Wenn Sie die gewünschten Optionen gewählt haben, drücken Sie F1, um den
Installationsvorgang zu starten. Zum Verlassen des Installationsprogrammes
markieren Sie die Option BEENDEN, drücken Sie die Eingabetaste und an-
schließend F1.

▸PageMaker 3.0 installieren
 Import-/Exportfilter installieren
 Einführungsdateien kopieren
 Mustervorlagen kopieren
 Alle Optionen installieren
 Beenden
```

Hauptmenü des Installationsprogramms.

Ladedateien anpassen

Das Installationsprogramm fragt Sie, ob die Ladedateien AUTOEXEC.BAT und CONFIG.SYS automatisch angepaßt werden sollen. In der Regel können Sie dies zulassen. Falls Sie jedoch in einer Netzwerkumgebung arbeiten oder sehr komplizierte Ladedateien haben, sollten Sie die Anpassung manuell vornehmen.

Lassen Sie die Änderungen von einem dafür zuständigen Mitarbeiter erledigen, informieren Sie sich in einem DOS-Buch über den Aufbau der Dateien AUTOEXEC.BAT und CONFIG.SYS, oder orientieren Sie sich an den unten stehenden Beispielen.
In der Datei AUTOEXEC.BAT muß das PageMaker-Verzeichnis in den Suchpfad integriert werden, außerdem ist die TEMP-Anweisung zu ergänzen. In der Datei CONFIG.SYS ist mit dem Befehl FILES festzulegen, wieviele Dateien gleichzeitig geöffnet werden können. Mit dem Befehl BUFFERS muß die Anzahl der Speicherblöcke definiert werden, die MS-DOS bereithalten soll.

AUTOEXEC.BAT

PATH C:\WINDOWS;C:\PM;C:\DOS;

SET TEMP=C: \PM

CONFIG.SYS

FILES=20

BUFFERS=30

Änderungen der Ladedateien wirken sich erst beim nächsten Neustart des Rechners aus.

Optionale Dateien

Bei der Installation können eine Reihe von Dateien installiert werden, deren Vorhandensein für den Betrieb von PageMaker nicht unbedingt erforderlich ist. Es sind dies zusätzliche Import- und Exportfilter, Dateien für die Einführung in PageMaker und Dateien mit Mustervorlagen. Falls Sie PageMaker mit allen Dateien installieren wollen, benötigen Sie 4 MB freien Speicherplatz auf der Festplatte. Steht nicht ausreichend Platz zur Verfügung, installieren Sie nur das Programm und eventuell benötigte Filter.

Import- und Exportfilter

Um Dateien aus anderen Programmen in PageMaker zu übernehmen oder aus PageMaker an andere Programme zu übergeben, werden Filter benötigt, die die Konvertierung der Datenformate besorgen. Bestimmte Import- und Exportfilter werden bei der Installation automatisch mitinstalliert. Es sind dies:

ASCII/Reine Textdateien (Import- und Exportfilter), AutoCAD/ADI-Dateien, EPS, Euroscript 2, In*a*Vision, MacPaint, Multimate, PC Paintbrush, Techtronix Plot-10, TIFF, Windows Draw, Windows Paint, Windows Write, WMF (GDI-Metadateien aus Windows), Word (Importfilter für Dateien aus MS-Word), WordPerfect. Weitere Import- und Exportfilter können mit einer Option des Installationspro-

```
                     MENÜ ZUR AUSWAHL DER FILTER

Führen Sie den Cursor mit Hilfe der Pfeiltasten zum gewünschten Filter und
drücken Sie die Eingabetaste. Um eine Markierung aufzuheben, führen Sie den
Cursor auf den entsprechenden Filter und drücken Sie die Eingabetaste
nochmals. Weitere Informationen zum Installieren von Filtern finden Sie in der
Installationsanleitung von PageMaker.

Wenn Sie Ihre Wahl getroffen haben, drücken Sie F1, damit das Installations-
programm die betreffenden Dateien in das Unterverzeichnis kopiert.

      CGM Graphics Import             Wang IWP Import
      Video Show Graphics Import      HP Graphics Language Import
      SAMNA Word Processor Import     Olivetti Olitext Plus Import
      HP AdvanceWrite Import          PC-Write Import
      Digital DX Import               dBase Import
      Lotus Graphics PIC Import       Office Writer 5.0/6.0 Import
      Lotus 1-2-3 WKS Import          Zenographics Mirage(tm) Import
      Lotus 1-2-3 WK1 Import         ▶MS Word Export
      Lotus Symphony WRK Import       DCA/RFT Text Export
      Lotus Symphony WR1 Import

 Hinweis: PageMaker kann immer nur mit 10 installierbaren Filtern gleich-
          zeitig arbeiten.
```

Menü des Installationsprogramms zur Auswahl und Installation der Import/Export Filter.

gramms zusätzlich installiert werden. Es sind dies, um nur die wichtigsten zu nennen: Filter für dBase, DCA-Format, HP-GL-Plotterdateien, Lotus 1-2-3 und Symphony Tabellen und Diagramme, PC-Write, MS-Word (für Export nach Word), Zenographics Mirage (Importfilter).

Dateien für die Einführung in PageMaker

Die Einführung in PageMaker ist ein Tutorial, das Ihnen in Verbindung mit dem mitgelieferten Heftchen PageMaker-Einführung einen Überblick über den Funktionsumfang gibt.

Mustervorlagen

Mustervorlagen sind fertige Layouts für unterschiedliche Dokumenttypen, die die Gestaltung der einschlägigen Dokumente wesentlich erleichtern.

Druckersteuerdatei installieren

Wenn Sie mit der integrierten Kurzfassung von Windows arbeiten, und der von Ihnen verwendete Drucker beim Einrichten der Kurzfassung angewählt werden kann, so ist die Installation der Druckersteuerdatei mit der Installation der Kurzfassung erledigt. Arbeiten Sie jedoch mit der kompletten Fassung von Windows, oder kann Ihr Drucker während der Einrichtung nicht angewählt werden, so müssen Sie die Druckersteuerdatei separat installieren. Auf den PageMaker-Disketten finden Sie Druckersteuerdateien für folgende Drucker oder Ausgabegeräte: PostScript, PCL/LaserJet, Epson Matrixdrucker, IBM Proprinter, Hewlett-Packard Paint Jet, Hewlet Packard DeskJet.

Vorgehensweise:

1. **Starten Sie unter Windows die Systemsteuerung (SYSTEMST.EXE).**

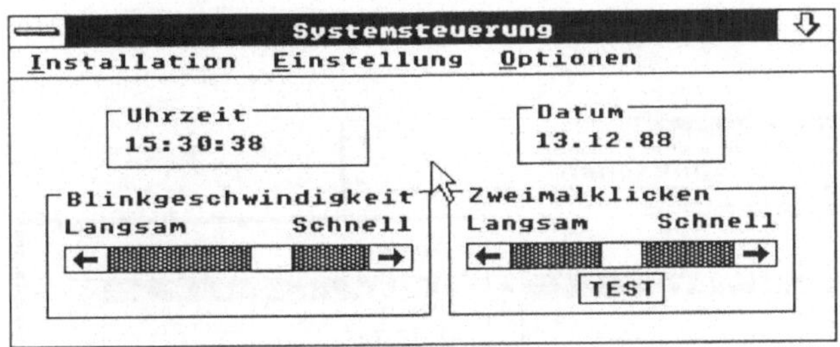

Das Anwendungsfenster der Systemsteuerung bietet drei Befehlsmenüs.

2. **Löschen Sie eine eventuell schon vorhandene, ältere Fassung der Druckersteuerdatei mit**

   Befehlsmenü Installation, Befehl Drucker löschen ...
   der Systemsteuerung.

3. **Installieren Sie die neue Druckersteuerdatei von einer PageMaker-Diskette mit**

   Befehlsmenü Installation, Befehl Drucker hinzufügen ...
   der Systemsteuerung.

4. **Richten Sie den Drucker mit**

   Befehlsmenü Einstellung, Befehl Anschlüsse ...
   und
   Befehlsmenü Einstellung, Befehl Drucker ...

der Systemsteuerung so ein, wie es Ihrer Hardware-Konfiguration entspricht.

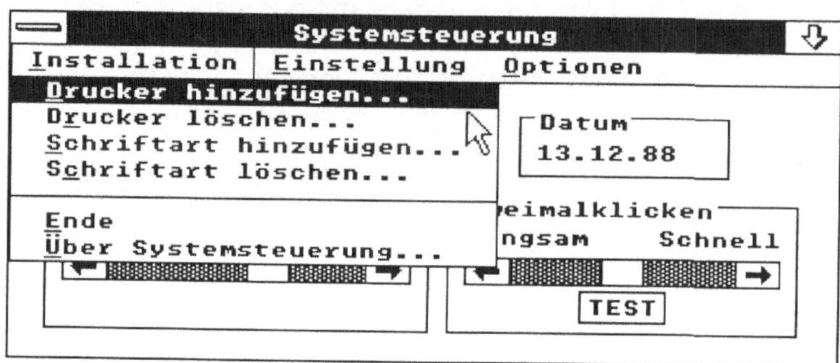

Mit *Befehlsmenü Installation, Befehl Drucker hinzufügen* wird das Dialogfenster für die Installation der Druckersteuerdatei geöffnet.

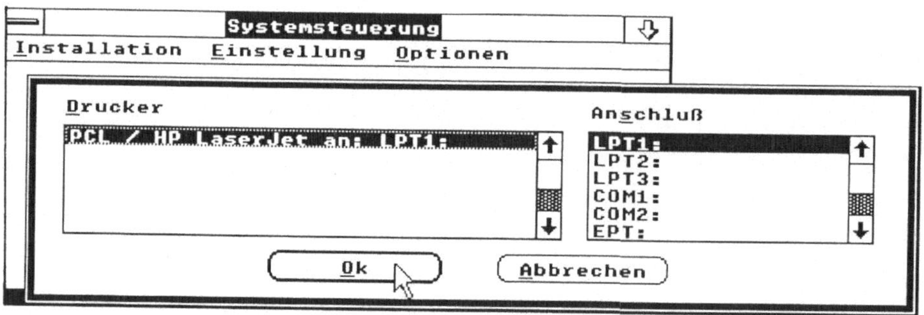

Dieses Dialogfenster wird mit *Befehlsmenü Einstellung, Befehl Anschlüsse ...* geöffnet und dient der Zuordnung des Druckers zu einer Schnittstelle.

5. **Starten Sie PageMaker und bestimmten Sie den Drucker mit**

   Befehlsmenü Datei Befehl Druckerauswahl ...
   als Reindrucker.

Apple LaserWriter müssen für die Arbeit unter Windows im Dialogfeld für PostScript-Drucker neu konfiguriert werden.

Auf sämtliche Einzelheiten der Druckereinstellung kann hier natürlich nicht eingegangen werden. Sie finden weitere Hinweise im Teil 4 "Anschließen und Installieren eines Druckers" des Ergänzungsbandes zu PageMaker 3.0.

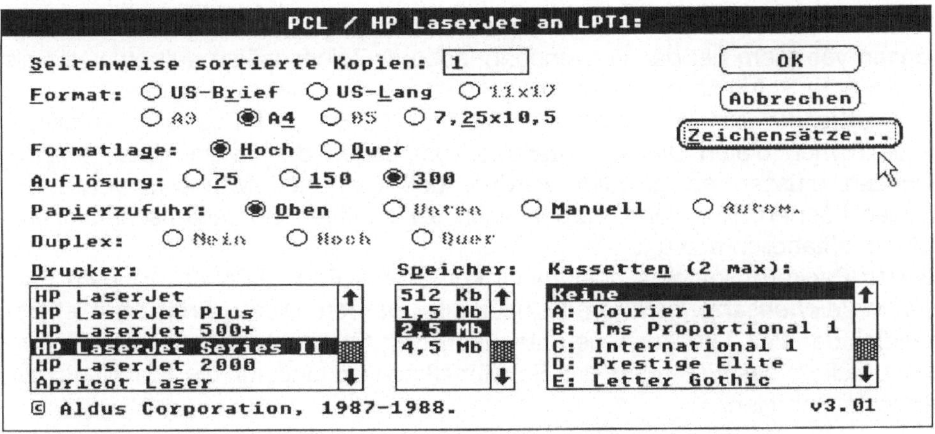

Befehlsmenü Einrichtung, Befehl Drucker öffnet ein Dialogfenster, in dem der gewünschte Drucker anzuwählen ist. Durch Schließen dieses Fensters mit OK oder Doppelklick auf den Druckernamen öffnet sich das hier gezeigte Dialogfenster für die Druckereinstellung.

Zeichensätze

Nach Schritt 4 der Installation ist PageMaker grundsätzlich arbeitsbereit. Sie können Dokumente erstellen und drucken. Bedenken Sie aber, daß Ihnen zu diesem Zeitpunkt als Schriftarten nur die in ihrem Drucker als Standardschriften fest installierten Schriften zur Verfügung stehen. Bei PostScript-Druckern sind meist eine ganze Reihe von Zeichensätzen fest integriert. PCL-Drucker unterscheiden sich zum Teil erheblich in der Anzahl der fest eingebauten Standardzeichensätze. Hier steht zusätzlich die Möglichkeit zur Verfügung, die eingebauten Zeichensätze durch Verwendung von Schriftkassetten zu erweitern. Diese Schriftkassetten sind PageMaker auf Grund der installierten Druckersteuerungsdatei bekannt und können angewählt werden. Bei der Arbeit mit PostScript- und PCL-Druckern haben Sie die Möglichkeit, auf Disketten gelieferte Schriften sowohl in den Drucker zu laden als auch unter Windows zu installieren.
Bei der Verwendung von Zeichensätzen, die PageMaker nicht bereits auf Grund der installierten Druckersteuerungsdatei bekannt sind, und/oder die nicht standardmäßig in den verwendeten Drucker installiert sind, ist folgendes zu beachten:

Die Druckerzeichensätze müssen im Drucker zur Verfügung stehen.
Für Windows und PageMaker müssen Schriftmaßtabellen (auch Dicktentabellen genannt) für jede Druckerschrift zur Verfügung stehen, um einen korrekten Zeilenumbruch zu gewährleisten.
Für Windows und PageMaker müssen Bildschirmschriften zur Verfügung stehen, die eine originalgetreue oder annähernd originalgetreue Darstellung des Schriftbildes im Bildschirm gewährleisten.

Probleme der Inkompatibilität zwischen den drei genannten Schriftelementen können vor allem bei der Verwendung ladbarer Zeichensätze auftreten, die als sogenannte Softfonts auf Disketten geliefert werden. Solche Zeichensätze sind für PostScript- und PCL-Drucker u. a. von Adobe und Bitstream erhältlich. Beide Firmen bieten Dienstprogramme zum Laden der Zeichensätze an. Die Schriften müssen so geladen werden, daß Sie unter Windows verwendet werden können. Nur dann werden auch die richtigen Bildschirmschriften und Schriftmaßtabellen erzeugt.

Hewlett Packard Softfonts oder damit kompatible Fonts können mit dem Programm *Zeichensätze installieren* eingerichtet werden. Dieses Programm ist Bestandteil der PCL-Druckersteuerdatei und sorgt für das Laden der Schriften in den Drucker, das Erzeugen der Schriftmaßtabellen und für die Erstellung der Bildschirmschriften.

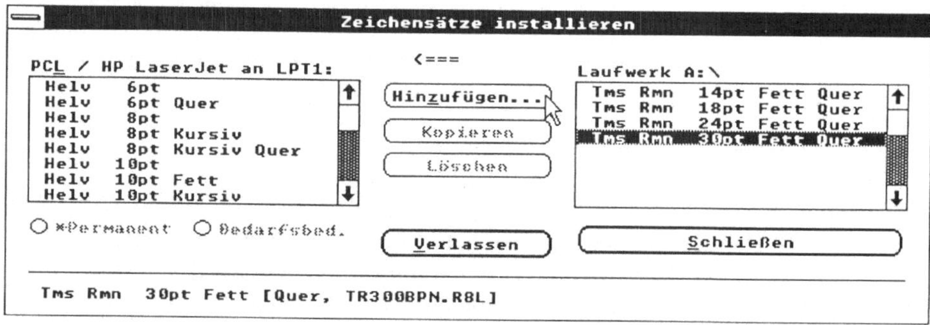

Das *Dialogfenster Zeichensätze installieren* öffnet man durch Anwahl der Schaltfläche *Zeichensätze* im Dialogfenster PCL/HP LaserJet für die Einrichtung eines PCL-Druckers.

Ein Programm, mit dem Sie einen zur individuellen Schriftauswahl passenden Druckertreiber erstellen können, sowie PCL-kompatible Softfonts liefert auch die deutsche Firma s.a.x in Karlsruhe. Das Programm Outline erlaubt die Zusammenstellung einer individuellen Schriftauswahl aus Softfonts, die später wie eine Cartridge funktioniert. Bildschirmschriften und Schriftmaßtabellen werden erzeugt. Darüberhinaus sind mit Outline eine Reihe interessanter Schriftmodifikationen wie Outline-Schriften und Schattenschriften herstellbar. Die von s.a.x. gelieferten PCL-Schriften sind speicherökonomischer als original HP-Schriften. Auch Hewlett Packard bietet eine Schrift-Verwaltungs-Utility zu seinen Schriften an.

Falls Sie über keinerlei Druckerschriften in unterschiedlichen Schriftgrößen verfügen, können Sie die mit PageMaker gelieferten Vektor-Bildschirmschriften auch für den Ausdruck benutzen. Sie liefern jedoch keine professionelle Druckqualität, da Sie (abgesehen von Spezialeffekten) nicht für den Ausdruck geschaffen wurden. Als Vektor-Bildschirmschriften stehen die der Times ähnliche Roman, die der Helvetica ähnliche Modern und die Schreibschrift Script in unterschiedlichen Schriftgrößen zur Verfügung.

Näheres zur Installation von Schriften und zum Verhältnis von Bildschirmschriften und Druckerschriften finden Sie in *Teil 4: Drucken* des Handbuches *PageMaker 3.0-Ergänzungsband* und im *Teil 2, Abschnitt 5, PageMaker und Drucker* des vorliegenden Buches.

Erhöhen der Leistungsfähigkeit

Bei PageMaker unter Windows handelt es sich um eine sehr speicherintensive Anwendung Ihres MS-DOS-Rechners, die an die Grenzen des maximal 640 KB Arbeitsspeicher verwaltenden Betriebssystems stößt. Dies äußert sich in einer eingeschränkten Verarbeitungsgeschwindigkeit, die aus häufigen Festplattenzugriffen resultiert. Alle Methoden zur Verbesserung der Leistungsfähigkeit bestehen im Kern in einem Ausbau des Arbeitsspeichers mit dem Zweck, durch eine Einlagerung von Programm- und Dateielementen in einen vergrößerten Arbeitsspeicher Festplattenzugriffe zu vermeiden. Für alle Methoden ist ein Ausbau des Arbeitsspeichers erforderlich.

Sie können dem Grundspeicher von 640 KB einen Erweiterungsspeicher zur Seite stellen, der die Kapazität des Arbeitsspeichers auf mehr als 1 MB ausdehnt. Dieser Erweiterungsspeicher kann mit Hilfe eines Plattenpufferungsprogramms (wie z. B. das mit Windows gelieferte SMARTDrive) oder mit Hilfe einer RAMDISK-Software zur Vermeidung von Plattenzugriffen eingesetzt werden.

```
C:\WINDOWS\PM>speicher
              Grundspeicher -   640K
       Freier Grundspeicher -   523K

       Erweiterungsspeicher -   384K
Freier Erweiterungsspeicher -   384K

         Ergänzungsspeicher -  2048K
  Freier Ergänzungsspeicher -  1024K

Treiber für Erweiterungsspeicher Version 4.0
```

Die mit PageMaker gelieferte Programmdatei SPEICHER.EXE wurde ausgeführt, um eine Information über den verfügbaren Arbeitsspeicher zu erhalten.

Sie können dem Grundspeicher von 640 KB einen Ergänzungsspeicher zur Seite Stellen, der mittels Seitenwechseltechnik von Anwendungsprogrammen direkt genutzt werden kann. Um Ergänzungsspeicher zu installieren, benötigen Sie eine Speichererweiterungskarte und ein Speicherverwaltungsprogramm. Beide müssen der Version 4 der Lotus/Intel/Microsoft-Spezifikation für Ergänzungsspeicher (LIM 4.0) entsprechen. Ein so genutzter Ergänzungspeicher ist vor allem dann sinnvoll, wenn Sie unter Windows mit mehreren Anwendungen arbeiten möchten, die gleichzeitig im Speicher gehalten werden müssen. Auch in einem Ergänzungspeicher kann mit SMARTDrive ein Plattenpuffer eingerichtet werden. Um eine Speichererweiterungskarte ganz oder teilweise als RAM-Diskettenspeicher (RAMDISK) zu nutzen, wird die Datei RAMDRIVE.SYS eingesetzt. Die PageMaker-Programmdateien werden dann bei Systemstart jedesmal in diesen Speicher geladen und brauchen nicht mehr von der Platte gelesen zu werden.

Wie Sie einen vorhandenen Speicher am günstigsten für PageMaker aufteilen, erfahren Sie ausführlich in der auf den PageMaker-Disketten vorhandenen Textdatei LEISTUNGS.TXT. Alle oben aufgeführten Möglichkeiten können miteinander kombiniert werden. Wenn Sie PageMaker dauerhaft und häufig einsetzen, ist es sinnvolle, sich intensiv mit dem Thema einer optimalen Speichernutzung auseinanderzusetzen. Die Produktivitätsvorteile durch eine verbesserte Arbeitsgeschwindigkeit können erheblich sein.

```
C:\>type config.sys
country=049
device=\MOUSE1\mouse.sys
device=ems40.sys /B=D000/P=268
device=smartdrv.sys 1024 /a
files=20
buffers=10
```

Beispiel für die Eintragungen in der Datei CONFIG.SYS eines Rechners mit 2 MB Speichererweiterungskarte, die mit je 1 MB für Smartdrive und für einen Expansionsspeicher konfiguriert wurde.

Die Autoren des vorliegenden Buches setzen PageMaker auf zwei ATs mit 80286 Prozessor und Taktfrequenzen von 16 MHZ bei 1 Waitstate und 20 MHZ bei 0 Waitstates ein. In beiden Rechnern werden Speichererweiterungskarten von 2 MB eingesetzt. Der Speicher entspricht LIM 4.0 und ist vollständig als Ergänzungsspeicher konfiguriert. 50 % dieses Ergänzungsspeichers werden mit Hilfe des Programms SMARTDrive als Plattenpuffer genutzt. Leider bleibt bei dieser Lösung die auf der mit 1 MB bestückten Hauptplatine noch freie Speicherkapazität von 384 KB ungenutzt. Diese 384 KB könnten jedoch lediglich als Erweiterungsspeicher für SMARTDrive genutzt werden, ergänzt um einen freien Ergänzungsspeicher von vollen 2 MB. Diese Konfiguration erbrachte im Vergleich zu der jetzt gewählten und oben dargestellten jedoch schlechtere Ergebnisse. Solange ausschließlich mit PageMaker gearbeitet wird, ist vor allem ein besonders großer Plattenpuffer leistungssteigernd. Der freie Ergänzungsspeicher wird von Windows genutzt, wenn mehrere Programme parallel im Speicher gehalten werden müssen. LIM 4.0 Speichererweiterungen erlauben es dabei, auch mehrere nicht unter Windows laufende Standard-MS-DOS-Anwendungsprogramme in den Ergänzungsspeicher zu laden.

PageMaker kennenlernen

PageMaker überblicken

Innerhalb eines Windows-Programmes wie PageMaker können Sie sich vergleichsweise leicht orientieren. Da alle Funktionen über Pull-Down-Menüs zugänglich sind, ist es relativ leicht, sich einen Überblick über den Funktionsumfang zu verschaffen. Vor allem für den Neueinsteiger in die Bereiche Schriftsatz und Layout sind jedoch viele Funktionen nicht selbsterklärend. Wenn Sie eine Funktion nicht verstehen oder die zu einem bestimmten Arbeitsziel anzuwendenden Funktionen suchen, steht Ihnen ein Hilfe-Menü zur Verfügung, das am Ende dieses Abschnittes erläutert wird. Die hier gegebene Übersicht und Kurzerläuterung der Befehlsmenüs gibt allen, die PageMaker noch nicht angeschafft haben, einen gestrafften Überblick über den Funktionsumfang. Dem Anwender bietet sie eine Erläuterung aller Befehle, die er - anders als das Hilfsmenü - parallel zu seiner Layoutarbeit in PageMaker einsehen kann. Darüberhinaus führen wir - anders als das Hilfe-Menü - zu jedem Befehl auch die Kurztastenkombination auf, mit der der Befehl schneller aufgerufen werden kann.

Bildschirmaufbau

Ein PageMaker-Window kann, wie jedes andere unter Windows geöffnete Anwendungsfenster, den gesamten Bildschirm oder einen Teil desselben ausfüllen. Mit Hilfe der Schaltflächen in der rechten oberen Fensterecke können Sie zwischen dem Vollbild, einem kleineren Bild und dem Sinnbild hin- und herschalten.

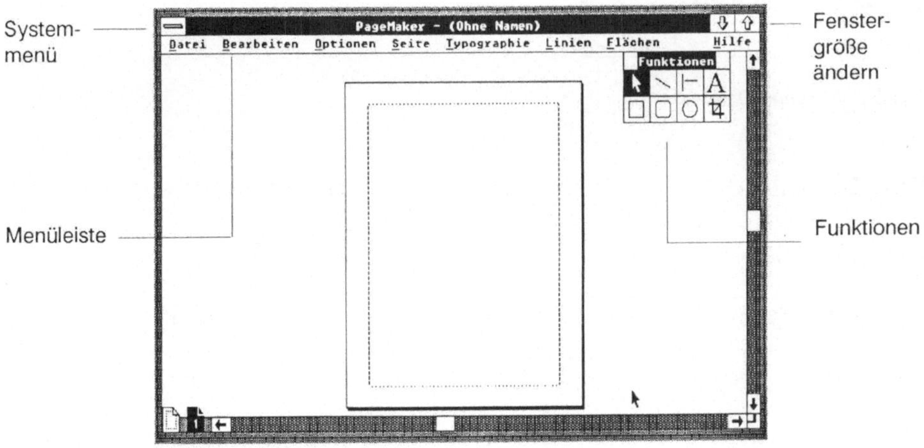

Der Aufbau des PageMaker-Fensters.

In der linken oberen Ecke des Fensters verbirgt sich hinter dem Symbol der Leertaste das Systemmenü. Dieses kann, außer mit der Maus, über die Tastenkombination *Alt* + *Leertaste* geöffnet werden. Zwischen den Schaltflächen rechts und dem Leertastensymbol links finden sich die acht programmspezifischen Befehlsmenüs. Es sind dies die Menüs: *Datei*, *Bearbeiten*, *Optionen*, *Seite*, *Typografie*, *Linien*, *Flächen* und *Hilfe*.
Wie bei allen Windows-Anwendungen können sämtliche Funktionen innerhalb des PageMaker-Windows sowohl über die Tastatur als auch mit der Maus angesteuert werden. Bei Tastaturbedienung wird das Befehlsmenü durch eine Alt-Tastenkombination geöffnet. Der Buchstabe, der zusammen mit der Alt-Taste anzuschlagen ist, wird innerhalb des Menünamens unterstrichen dargestellt. Der Befehl wird durch Drücken des innerhalb des Befehlsnamens unterstrichenen Zeichens erteilt. Darüberhinaus stehen für bestimmte, häufig benötigte Befehle, spezielle Ctrl-Tastenkombinationen zur Verfügung. Mit Ctrl-Tastenkombinationen erreichen Sie direkt den jeweiligen Befehl, ohne zuvor das Befehlsmenü zu öffnen. Die Zeichen, die zusammen mit der Ctrl-Taste gedrückt werden müssen, werden in den Befehlsmenüs hinter den Befehlen angezeigt.

Datei

```
Datei
  Neue Datei...       ^N
  Datei öffnen...     ^O
  Datei schließen
  ---------------------
  Speichern           ^S
  Speichern unter...
  Alte Fassung
  Übertragen...
  ---------------------
  Positionieren...    ^A
  ---------------------
  Seite einrichten...
  Drucken...          ^D
  Druckerauswahl...
  ---------------------
  Ende
```

Das *Befehlsmenü Datei.*

Neue Datei...	^N	Neue Datei erzeugen.
Datei öffnen...	^O	Datei öffnen.
Datei schließen...		Datei schließen.
Speichern	^S	Datei speichern.
Speichern unter...		Eine neue Datei speichern.

Alte Fassung		Die letzte gespeicherte Fassung einer Datei aufrufen.
Übertragen...		Text aus einer PageMaker Satzdatei formatiert oder als ASCII-Datei speichern.
Positionieren	^A	Texte oder Bilder eigener oder anderer Applikationen laden.
Seite einrichten...		Einrichtung einer Seite.
Drucken...	^D	Datei drucken.
Druckerauswahl...		Auswahl eines Druckers.
Ende		Arbeit beenden.

Bearbeiten

```
Bearbeiten
 Kopieren rückgängig Alt Bksp

 Ausschneiden         Umsch+Entf
 Kopieren            ^Strg+Einfg
 Einfügen            Umsch+Einfg
 Löschen                    Entf
 Alles markieren              ^M

 Nach vorne stellen           ^V
 Nach hinten stellen          ^H

 Vorgaben wählen...
```

Das *Befehlsmenü Bearbeiten.*

Rückgängig...	Alt + Bksp.	Letzte Schritte rückgängig machen.
Ausschneiden	Umsch + Entf.	Objekt(e) ausschneiden.
Kopieren	^Strg + Einfg.	Objekt(e) kopieren.
Einfügen	Umsch + Einfg.	Objekt(e) einfügen.
Löschen	Entf.	Objekt(e) löschen.
Alles markieren	^M	Sämtliche Elemente anwählen.

Nach vorne stellen	^V	Element(e) in Vordergrund bringen.
Nach hinten stellen	^H	Element(e) in Hintergrund bringen.
Vorgaben wählen...		Festlegung oder Änderung der Maßeinheiten.

Optionen

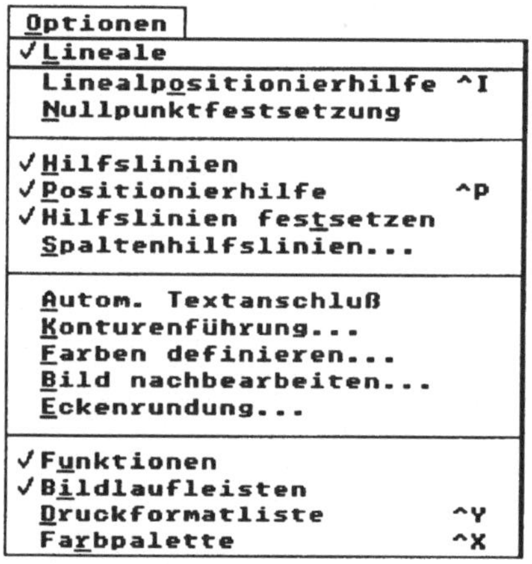

```
Optionen
✓Lineale
 Linealpositionierhilfe ^I
 Nullpunktfestsetzung

✓Hilfslinien
✓Positionierhilfe       ^p
✓Hilfslinien festsetzen
 Spaltenhilfslinien...

 Autom. Textanschluß
 Konturenführung...
 Farben definieren...
 Bild nachbearbeiten...
 Eckenrundung...

✓Funktionen
✓Bildlaufleisten
 Druckformatliste       ^Y
 Farbpalette            ^X
```

Das *Befehlsmenü Optionen.*

Lineale		Senkrechtes und waagerechtes Lineal ein- oder ausblenden.
Linealpositionierhilfe	^I	Exakte Positionierung von Text und Bildern in einer Seite.
Nullpunktfestsetzung		Festlegung des Nullpunkts.
Hilfslinien		Senkrechte und waagerechte Hilfslinien benutzen oder entfernen.
Positionierhilfe	^P	Elemente (Text und/oder Bilder) von Hilfslinien abhängig oder unabhängig machen.
Hilfslinien festsetzen		Hilfslinien fixieren.

Spaltenhilfslinien...		Spaltenhilfslinien aufrufen oder entfernen.
Autom. Textanschluß		Autom. Textumlauf über Spalten und Seiten.
Konturenführung...		Text läuft um Objekte herum.
Farben definieren...		Farbe für Text und Bilder.
Bild nachbearbeiten...		Bearbeitung von Bitmustergrafiken und digitalisierten Bildern.
Eckenrundung...		Veränderung der Eckenrundung eines Rechteckes.
Funktionen		Funktionen anzeigen lassen oder ausblenden.
Bildlaufleisten		Rollbalken und Seitensinnbilder ein- oder ausblenden.
Druckformatliste	^Y	Ein- oder Ausblenden einer Liste mit Druckformaten.
Farbpalette	^X	Liste mit verfügbaren Farben ein- oder ausblenden.

Seite

```
Seite
 Originalgröße                        ^1
 Verkleinerung auf 75 %               ^7
 Verkleinerung auf 50 %               ^5
✓Ganze Seite                          ^G
 Vergrößerung auf 200 %               ^2

 Seite anzeigen...                    ^F
 Seite(n) einfügen...
 Seite(n) löschen...

 Standardelemente anzeigen
 Standardhilfslinien kopieren
```

Das *Befehlsmenü Seite.*

Originalgröße	^1	Dargestellte Seite(n) in Originalgröße anzeigen lassen.

Verkleinerung auf 75 %	^7	Dargestellte Seite(n) in 75 % der Originalgröße anzeigen lassen.
Verkleinerung auf 50 %	^5	Dargestellte Seite(n) in 50 % der Originalgröße anzeigen lassen.
Ganze Seite	^G	Dargestellte Seite(n) ganz anzeigen lassen.
Vergrößerung auf 200 %	^2	Seite(n) in 200 % der Größe anzeigen lassen.
Seite anzeigen...	^F	Seite einer Satzdatei oder Mustervorlage darstellen.
Seite(n) einfügen...		Eine oder mehrere Seiten einfügen.
Seite(n) löschen...		Eine oder mehrere Seiten löschen.
Standardelemente anzeigen		Druckende Stammseitenelemente in der aktuellen Seite ein- oder ausschalten.
Standardhilfslinien kopieren		Nichtdruckende Spalten- und Linealhilfslinien der Stammseiten übertragen.

Typographie

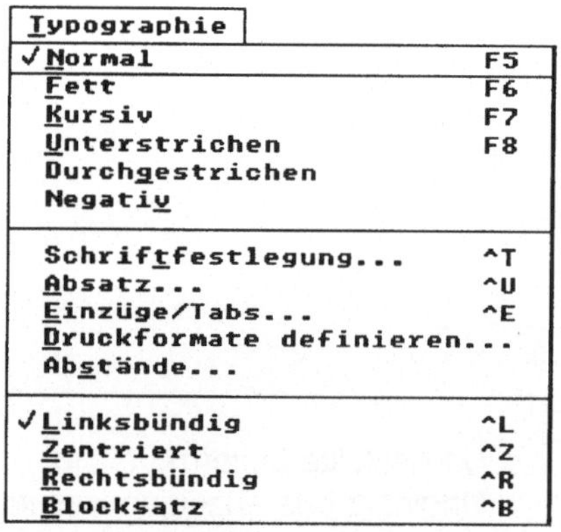

```
Typographie
✓Normal                      F5
 Fett                        F6
 Kursiv                      F7
 Unterstrichen               F8
 Durchgestrichen
 Negativ

 Schriftfestlegung...        ^T
 Absatz...                   ^U
 Einzüge/Tabs...             ^E
 Druckformate definieren...
 Abstände...

✓Linksbündig                 ^L
 Zentriert                   ^Z
 Rechtsbündig                ^R
 Blocksatz                   ^B
```

Das *Befehlsmenü Typographie.*

Normal	F5	Definierter Text mager.
Fett	F6	Definierter Text fett.
Kursiv	F7	Definierter Text kursiv.
Unterstrichen	F8	Definierten Text unterstreichen.
Durchgestrichen		Definierten Text durchstreichen.
Negativ		Definierten Text weiß auf schwarz setzen.
Schriftfestlegung	^T	Typografische Merkmale eines Textes (Schriftart, Schriftgrad und Schriftschnitt) eingeben.
Absatz...	^U	Spezifikationen eines Absatzes (Abstand zwischen Absätzen, Einrückung, Ausrückung, Ausrichtung, Silbentrennung, Ausgleich des Buchstaben-abstandes) definieren.
Einzüge/Tabs...	^E	Einzüge und Tabulatoren definieren.
Druckformate definieren...		Einrichtung und Bearbeitung von Makros zur Absatz-formatierung definieren.
Abstände...		Festlegung von Wortabstand, Zeichenabstand und Silbentrennzone.
		Ausrichtung des Textes:
Linksbündig	^L	Nach links.
Zentriert	^Z	Zur Mitte.
Rechtsbündig	^R	Nach rechts.
Blocksatz	^B	Blocksatz.

Linien

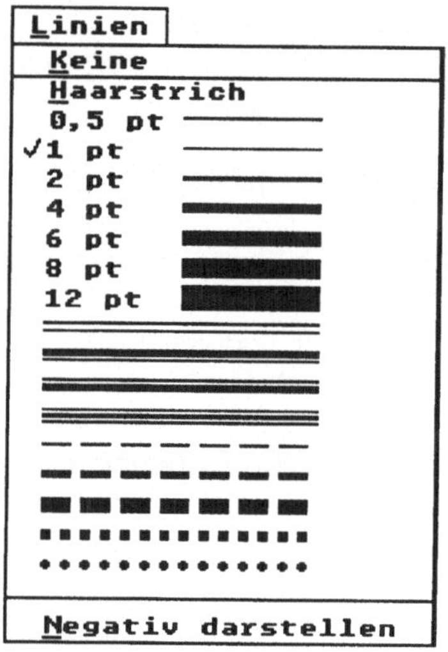

Linien
Keine
Haarstrich
0,5 pt
√1 pt
2 pt
4 pt
6 pt
8 pt
12 pt
Negativ darstellen

Das *Befehlsmenü Linien.*

Festlegung der Linienart und Linienstärke:

Keine	Unsichtbar.
Haarstrich	Feinste Linie.
0,5 pt *1 pt* *2 pt* *4 pt* *6 pt* *8 pt* *12 pt*	Linienstärken in Punkten anwählen, max. 12 pt.
	Anwahl von Speziallinientypen und -stärken.
Negativ darstellen	Linien negativ darstellen.

Flächen

Flächen
✓Keine
Papier
Vollton
10 %
20 %
30 %
40 %
60 %
80 %

Das *Befehlsmenü Flächen.*

Füllmuster für Flächen anwählen:

Keine	Transparent.
Papier	Stets Papierfarbe.
Vollton	Vollton der angew. Farbe.
10 % *20 %* *30 %* *60 %* *80 %*	Füllmuster in Abstufungen von 10 % bis 80 % des Volltons.
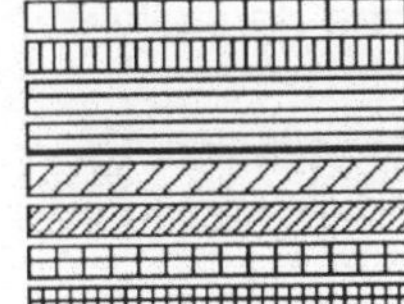	Andere Füllmuster wie z. B. Schraffuren anwählen.

Hilfe

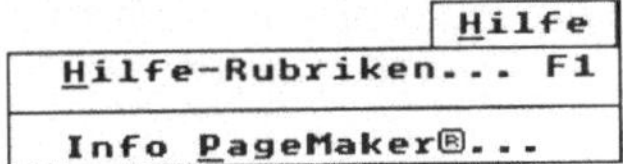

Das *Befehlsmenü Hilfe.*

Hilfe-Rubriken...	F1	Hilfe-Information zu Arbeitsvorgängen, Befehlen oder Funktionen aufrufen.
Info PageMaker ...		Information zur Copyright-Erklärung aufrufen.

Systemmenü **Alt+-**

Wiederherstellen	Alt+F5
Bewegen	Alt+F7
Größe ändern	Alt+F8
Sinnbild	Alt+F9
Vollbild	Alt+F10
Schließen	Alt+F4
Zwischenablage	
Systemsteuerung	
Notizblock	
Spooler	

Das *Systemmenü.*

Wiederherstellen	Alt + F5	Größe des Arbeitsfensters vor der letzten Größenveränderung wiederherstellen.
Bewegen	Alt + F7	Das Arbeitsfenster bewegen.
Größe ändern	Alt + F8	Größe des Arbeitsfensters verändern.
Sinnbild	Alt + F9	PageMaker als Sinnbild anzeigen lassen.
Vollbild	Alt + F10	Arbeitsfenster in der Größe des Bildschirms darstellen.
Schließen	Alt + F4	PageMaker-Arbeitssitzung beenden.
Zwischenablage		Zwischenablage aufrufen.
Systemsteuerung		Änderung der Drucker- und Bildschirmeinstellungen.
Notizblock		Das Anwendungsprogramm Notizblock aufrufen.
Spooler		Im Hintergrund drucken.

Teil 2 - Arbeiten mit PageMaker

Beispiel 1 - ein Briefbogen

Was Sie an diesem Beispiel lernen

Erstellen eines Briefbogens, Einrichten einer Seite, Arbeit mit Stammseiten, Arbeit mit Mustervorlagen, Erfassen von Text in PageMaker, Zuordnen typografischer Attribute, Arbeit mit unterschiedlichen Funktionen wie Texteditor, Grafiklinien, unterschiedliche Darstellungen der Seite, Arbeit mit Hilfslinien, Plazieren von Bildelementen aus anderen Programmen, Speichern und Laden einer Mustervorlage, Erstellen einer Satzdatei, Speichern und Laden einer Satzdatei, Verwenden des Briefbogens als Formular für die Brieferstellung, Laden einer Textdatei, Drucken.

Ein Briefbogen

Der vorgedruckte Briefbogen dient als Werbeträger und vereinfacht die Abwicklung der Korrespondenz. Jeder Geschäftsbriefbogen besteht aus einem Kopf, der mindestens Name und Anschrift der Firma, in der Regel ein Firmenlogo und eventuell neben Telefon-, Fernschreib- und Telexanschluß auch die Bankverbindungen aufnimmt; desweiteren aus einem Anschriftenfeld, einer Bezugszeichenzeile, einer Betreffvermerkzeile und einem Brieffuß. Der Brieffuß enthält häufig Handelsregistereintrag, Bankverbindung, Geschäftsführung oder Prokura. Die Normvorschriften für die Ausdehnung der Ränder und die Anordnung der einzelnen Elemente finden Sie in den Normen DIN 467 (Papierendformate), DIN 676 (Geschäftsbrief, Vordrucke A4), DIN 677 (Geschäftsbrief, Vordrucke A4), DIN 678 (Briefhüllen, Formate), DIN 680 (Fensterbriefhüllen).[*)]

*) Die wesentlichen Normvorschriften für die Gestaltung eines Geschäftsbriefbogens haben wir in "Desktop Publishing mit dem HP LaserJet", Seite 1 - 5, erschienen 1988 im Verlag Vieweg, zusammengestellt.

J. ORFF - Blasinstrumente

J. ORFF-Blasinstrumente - Musikantenweg 6 - 6000 Frankfurt 1

Musikantenweg 6
6000 Frankfurt am Main 1
Tel.: 069 - 45 67 79

Ihr Zeichen Ihre Nachricht Unser Zeichen Datum

Bankverbindung: PGiro Frankfurt, Bankleitzahl 500 100 60, Konto Nr. 3657

Der fertige Briefbogen.

J. ORFF - Blasinstrumente

J. ORFF - Blasinstrumente - Musikantenweg 6 - 6000 Frankfurt

Musikantenweg 6
6000 Frankfurt am Main 1
Tel.: 069 - 45 67 79

Herrn Andreas Werner
Nassaustraße 8

8000 MÜNCHEN 50

Ihr Zeichen	Ihre Nachricht	Unser Zeichen	Datum
			20.11.88

Sehr geehrter Herr Werner,

mit dieser Ankündigung möchten wir Sie bitten, sich den folgenden Termin vorzumerken:

Montag, 5. Dezember 1988
19.00 Uhr.
W. A. Mozart, Hornkonzert Nr. 2
Jos. Dokupil (Horn), Joze Ostrac (Klarinette)
Orch. du Festival Belgique, Dir.: Pierre Narrato
im
``Museum für alte Musikinstrumente´´
Blumenstraße 29, 8000 München 1

In den nächsten 5 Tagen wird Ihnen noch eine offizielle Einladung zugehen.

Wir freuen uns auf Ihr Kommen!

Mit freundlichen Grüßen

J. Orff

Bankverbindung: PGiro Frankfurt, Bankleitzahl 500 100 60, Konto Nr. 3657

Der Briefbogen mit einem Brief.

Der Briefbogen mit PageMaker

Mit PageMaker kann die Druckvorlage eines Briefbogens erstellt werden, die über einen Laserdrucker oder Satzbelichter ausgegeben und anschließend im Offsetdruckverfahren vervielfältigt wird. Werden mehrere Druckfarben gewünscht, kann auch die farbliche Gestaltung und die Ausgabe von Druckvorlagen für jede Druckfarbe über PageMaker abgewickelt werden. Alternativ dazu könnte auch eine bestimmte Anzahl von Briefbogen im Laserdruckverfahren auf Vorrat ausgegeben und später aus einem Textverarbeitungsprogramm heraus mit dem jeweiligen Brieftext bedruckt werden. Dabei steht allerdings bei Vordrucken und Briefdrucken jeweils nur eine Tonerfarbe zur Verfügung. Sollen Serienbriefe verarbeitet werden, muß man sich für die Arbeit mit Vordrucken, also für zwei Druckvorgänge entscheiden, da PageMaker nicht über eine Serienbrieffunktion verfügt. In unserem Fall gehen wir davon aus, daß ganz im Sinne des elektronischen Druckens auf Bedarf, der Briefbogen als Mustervorlage in PageMaker erstellt und gespeichert wird. Desweiteren wird ein in Windows Write erfaßter Brieftext mit der Mustervorlage zu einer PageMaker-Satzdatei zusammengeführt und in einem einzigen Druckvorgang über einen Laserdrucker ausgegeben.

Gestaltung des Briefbogens

In einem ersten Arbeitsdurchgang werden Sie den Briefbogen gestalten, also all jene Elemente, die traditionell Bestandteil des Vordruckes für den Geschäftsbrief sind.

Vorgehensweise:

1. Programm laden.

Aktivieren Sie die Arbeitsumgebung Windows durch Eingabe des DOS-Programmaufrufes.
C:\WIN
Starten Sie PageMaker durch Doppelklick auf den Programmnamen innerhalb des Verzeichnisses PM. Siehe Abb. 1 - 1.

Abb. 1 - 1 Aufruf des Programms PageMaker von Windows aus.

2. Neue Datei erstellen.

Erstellen Sie mit

Befehlsmenü Datei, Befehl Neue Datei (Ctr. + N)

eine neue Datei. Dabei werden Sie zur Einrichtung der Seite aufgefordert, d. h. dazu, Grundeinstellungen des Seitenlayouts vorzunehmen.

Stellen Sie die Ränder ein, und schalten Sie die Optionen *Zweiseitig* und *Doppelseite* aus, wie es in der Abb. 1 - 2 gezeigt wird.

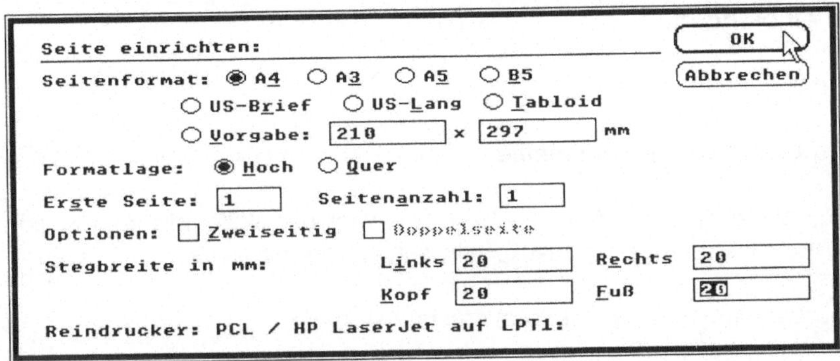

Abb. 1 - 2 Im *Dialogfenster Seite einrichten* werden die Grundeinstellungen des Seitenlayouts vorgenommen.

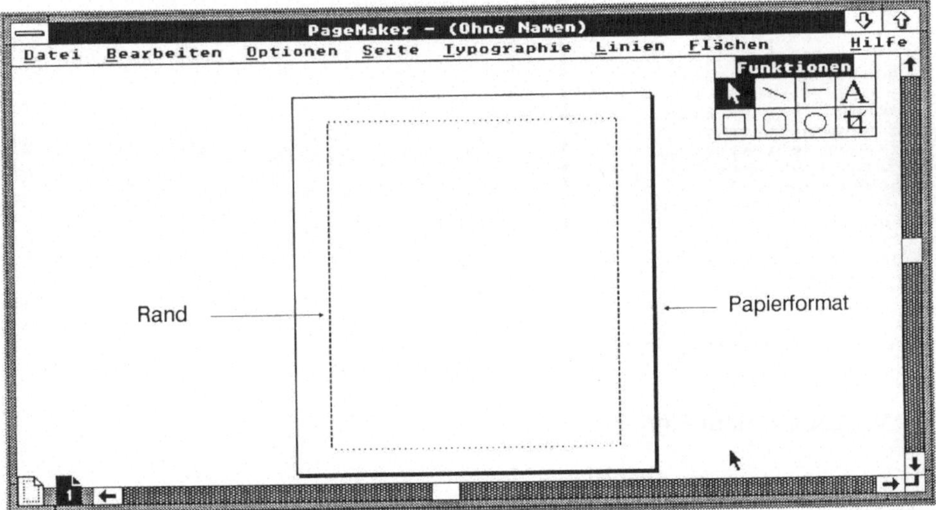

Abb. 1 - 3 PageMaker zeigt die eingerichtete Seite. Das Papierformat wird durch eine durchgezogene Linie, die Ränder durch eine gepunktete Linie dargestellt.

3. Stammseite anwählen.

Wechseln Sie zur Stammseite, indem Sie das nicht numerierte (erste) Seitensymbol unten links im Bildschirm mit der Maus anwählen (siehe Abb. 1 - 4).

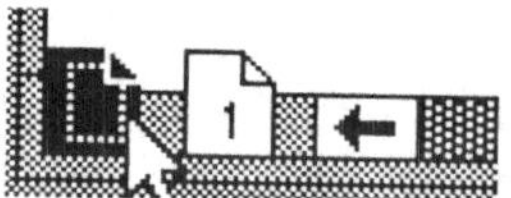

Abb. 1 - 4 Das Seitensymbol für die Stammseite wird angewählt. In diesem Fall existiert nur eine Stammseite.

4. Lineal einblenden.

Lassen Sie mit

Befehlsmenü Optionen, Befehl Lineale

die Lineale einblenden (siehe Abb. 1 - 5). Dabei wird der Nullpunkt auf die linke obere Ecke der Seite gelegt. Den Nullpunkt setzen Sie mit

Befehlsmenü Optionen, Befehl Nullpunktfestsetzung

fest, um ihn gegen Verschiebung zu sichern. Siehe Abb. 1 - 5.

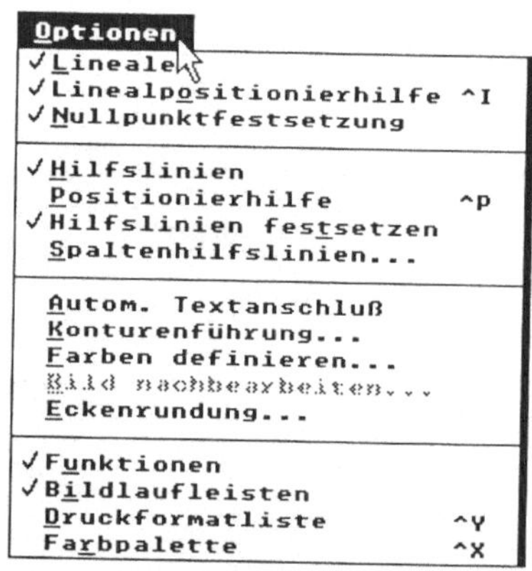

Abb. 1 - 5 Das *Befehlsmenü Optionen*. Die mit Haken versehenen Funktionen sind aktiv.

5. Vorgaben einstellen.

Mit

Befehlsmenü Bearbeiten, Befehl Vorgaben wählen

öffnen Sie das *Dialogfenster Vorgaben wählen*. Siehe Abbildung 1 - 6.

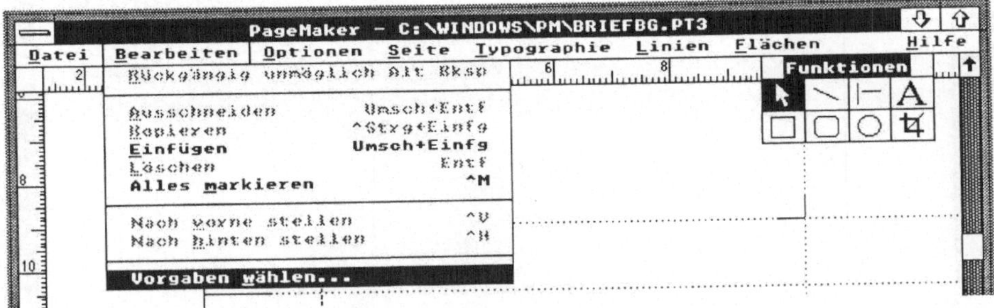

Abb. 1 - 6 Im *Befehlsmenü Bearbeiten* wird das *Dialogfenster Vorgaben wählen* geöffnet.

Bei geöffnetem Dialogfenster stellen Sie sicher, daß das Einheitensystem generell und auch für das senkrechte Lineal auf Millimeter eingestellt ist und daß für die Hilfslinien die Option Hinten angewählt wurde. Siehe Abbildung 1 - 7.

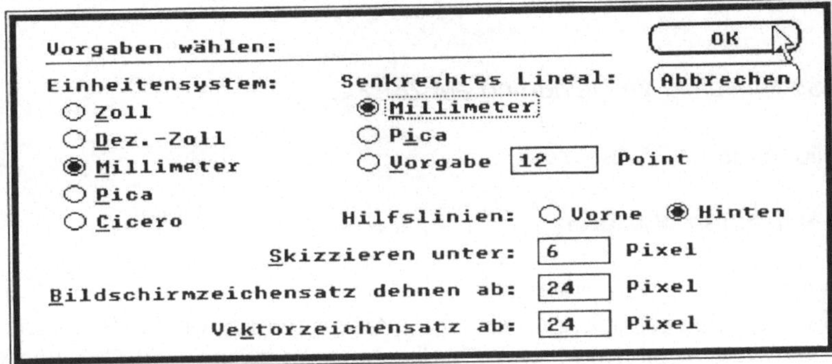

Abb. 1 - 7 Im *Dialogfenster Vorgaben wählen* werden Einstellungen vorgenommen, die die Bildschirmdarstellung betreffen.

6. Seite originalgroß darstellen.

Lassen Sie die Seite mit

Befehlsmenü Seite, Befehl Originalgröße (Ctrl. + 1)

in Originalgröße darstellen.

7. Hilfslinien plazieren.

Um die Unterkante des Logos im Briefkopf zu markieren, plazieren Sie 50 mm unterhalb der Papieroberkante eine Hilfslinie. Klicken Sie hierzu mit der Maus in das horizontale Lineal, und ziehen Sie den Mauszeiger bei gedrückter Maustaste nach unten. Es erscheint eine Hilfslinie. Siehe Abb. 1 - 8.

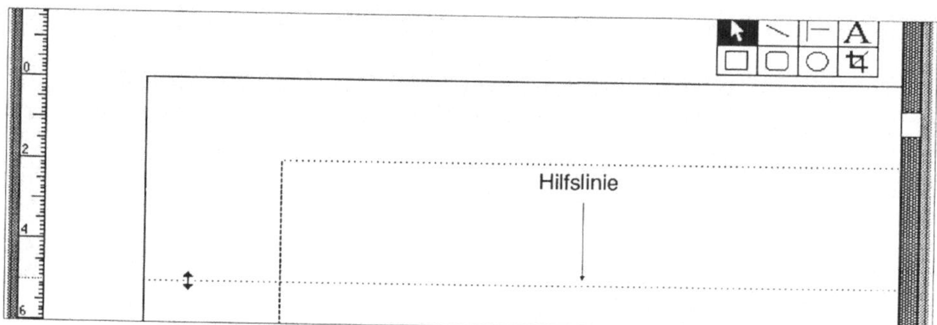

Abb. 1 - 8 Eine Hilfslinie wurde mit der Maus aus dem Linealbereich herausgezogen und wird nun in der Seite plaziert.

8. Darstellung verkleinern.

Da die Position einer weiteren Hilfslinie bei Originaldarstellung nicht sichtbar ist, und der Bildausschnitt bei der Verschiebung von Hilfslinien nicht mitläuft, schalten Sie mit

Befehlsmenü Seite, Befehl Verkleinerung auf 75 %

auf die Darstellungsgröße 75 % um.

9. Weitere Hilfslinien plazieren.

Plazieren Sie weitere Hilfslinien, und zwar
90 mm unterhalb der Papieroberkante für die Unterkante des Anschriftenfeldes
105 mm unterhalb der Papieroberkante für die Falzmarkierung und Oberkante des Betreffvermerkes,
210 mm unterhalb der Papieroberkante für die 2. Falzmarkierung,
103 mm rechts von der linken Papierkante für die rechte Grenze des Anschriftenfeldes. Gehen Sie dabei wie oben beschrieben vor.

10. Hilfslinien fixieren.

Fixieren Sie die plazierten Hilfslinien mit

Befehlsmenü Optionen, Befehl Hilfslinien festsetzen

in ihrer Position.

11. Speichern bei Arbeitsunterbrechung.

Falls Sie die Arbeit unterbrechen möchten, speichern Sie Ihre Arbeit mit

Befehlsmenü Datei, Befehl Datei Speichern unter...

als Mustervorlage unter dem Namen Briefbg.pt3. Siehe Abb. 1 - 9 und 1 - 10.

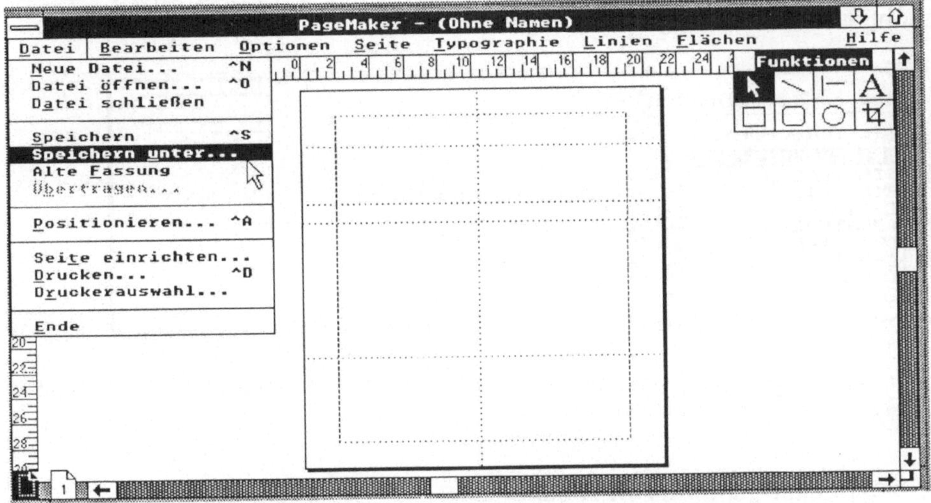

Abb. 1 - 9 Der *Befehl Speichern unter...* öffnet das *Dialogfenster Datei speichern unter.*

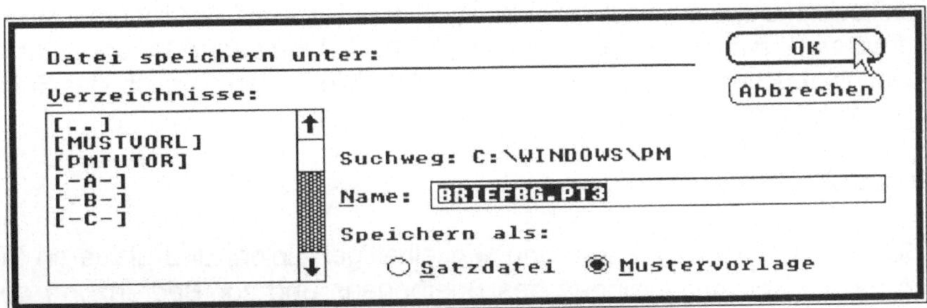

Abb. 1 - 10 Das *Dialogfenster Datei speichern unter.*

Im *Dialogfenster Datei speichern unter* wählen Sie Mustervorlage an.

Wenn Sie Ihre Arbeit fortsetzen, so laden Sie die gespeicherte Datei mit

Befehlsmenü Datei, Befehl Datei öffnen...

erneut. Dabei wählen Sie im Dialogfenster *Original* an, um die Mustervorlage weiter bearbeiten zu können. Eine Mustervorlage dient als Gestaltungsvorlage für eine Satzdatei. Jede Datei kann als Mustervorlage oder Satzdatei gespeichert werden. Beim Öffnen einer Mustervorlage ist anzugeben, ob eine Kopie als Vorlage einer Satzarbeit gewünscht wird oder ob die Mustervorlage im Original bearbeitet werden soll. Sieh Abb. 1 - 11.

Häufiges Speichern ist nicht nur aus Sicherheitsgründen zu empfehlen. Es erhöht auch die Arbeitsgeschwindigkeit.

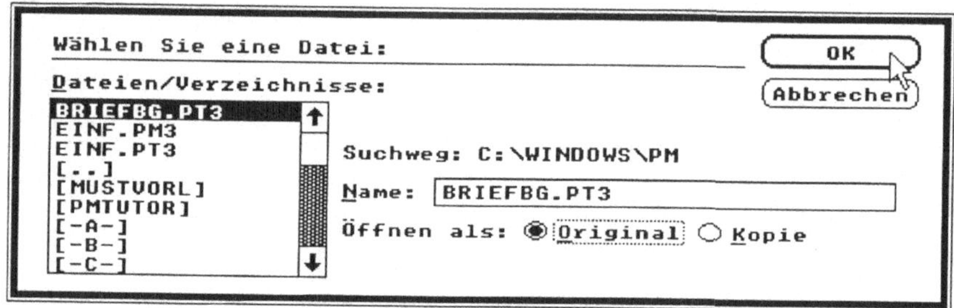

Abb. 1 - 11 Beim Öffnen einer Datei ist in diesem Dialogfenster anzugeben, ob das Original oder eine Kopie gewünscht wird.

12. Darstellungsmodus wechseln.

Der Darstellungsmodus ist bei der Arbeit stets so zu wählen, wie es für die jeweils durchgeführte Operation am günstigsten ist. Die schnellste Methode, den Darstellungsmodus zu wechseln, ist der Doppelklick mit der rechten Maustaste. Damit wird zwischen den *Darstellungsmodi Originalgröße* und *Ganze Seite* gewechselt. Beim Vergrößern doppelklicken Sie in den Bereich der Seite, den Sie größer sehen möchten.

13. Markierungslinien plazieren.

Wählen Sie die Funktion zur Plazierung winkelhaltiger Linien, und plazieren Sie die Linien für die Falzmarkierungen des Briefbogens und zur Begrenzung des Anschriftenfeldes. Siehe Abb. 1 - 12.

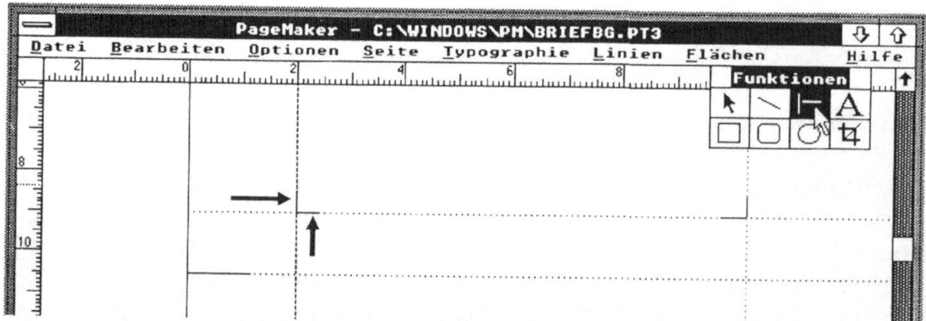

Abb. 1 - 12 Mit der Funktion für winkelhaltige Linien werden waagerechte und senkrechte Linien gezeichnet.

Überprüfen Sie im

Befehlsmenü Linien,

ob die Linienstärke auf Haarstrich gesetzt ist.

Markieren Sie die untere linke Ecke des Anschriftenfeldes mit einer waagerechten Linie von 3 mm Länge. Markieren Sie die untere rechte Ecke des Anschriftenfeldes mit einer waagerechten und einer senkrechten Linie von je 3 mm Länge. Setzen Sie als Falzmarkierungen waagerechte Linien von 1 cm Länge.

14. Logo plazieren.

Das Logo für den Briefkopf wurde als elektronische Ausschneidegrafik (T/Maker ClickArt) in Windows Paint übernommen, dort bearbeitet und mit

Befehlsmenü Bearbeiten, Befehl Kopieren

in die Zwischenablage gestellt. Aus der Zwischenablage wird es mit

Befehlsmenü Bearbeiten, Befehl Einfügen

in die aktuelle PageMaker-Seite eingefügt. Siehe Abb. 1 - 13.

```
Bearbeiten
Kopieren rückgängig Alt Bksp

Ausschneiden          Umsch+Entf
Kopieren              ^Strg+Einfg
Einfügen              Umsch+Einfg
Löschen               Entf
Alles markieren       ^M

Nach vorne stellen    ^V
Nach hinten stellen   ^H

Vorgaben wählen...
```

Abb. 1 - 13 Der *Befehl Einfügen* stellt das zuletzt in die Zwischenablage gestellte Element in die Mitte der Seiten ein.

Das Logo erscheint zunächst in der Mitte der Seite. Es wird angeklickt, mit der Maus auf seine Position in der oberen rechten Ecke des Blattes geschoben und auf gewünschte Größe gebracht.

15. Größe des Logos anpassen.

Wählen Sie das Logo mit der Maus an, klicken Sie dann auf einen der Markierungspunkte, und verschieben Sie ihn bei gedrückter Maustaste in die gewünschte Richtung. Um eine proportionelle Veränderung der Abbildungsgröße zu erreichen, muß bei der Verschiebung die Ctrl-Taste ebenfalls gedrückt gehalten werden. Siehe Abb. 1 - 14.

Da die Auflösung der Bildschirme in der Regel nicht mit der von Druckern übereinstimmt, und da die Anzahl von Bildelementen je Zoll in horizontaler Richtung und vertikaler Richtung nicht gleich sein muß, treten folgende Effekte auf: Bilder können proportional nicht stufenlos vergößert oder verkleinert werden, da nicht jedem Pixel in horizontaler Richtung ein Pixel in vertikaler

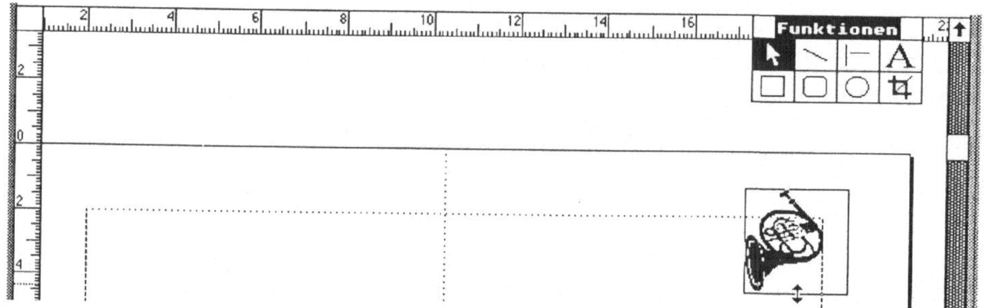

Abb. 1 - 14 Bei gedrückter Ctrl-Taste wird die Größe des Logos mit der Maus verändert, so behält es seine Proportionen bei.

Richtung entspricht. Bilder, die im Bildschirm nach dem Plazieren verzerrt aussehen, werden unter Umständen im Druck proportional dargestellt. Versucht man ein solches Bild im Bildschirm zu entzerren, wird es im Druck verzerrt dargestellt. Die Größenstufen, auf die das Bild bei der Veränderung mit gedrückter Ctrl-Taste einrastet, sind die auf dem angewählten Drucker korrekt darstellbaren.

16. Schriftart und -größe des Firmennamens für den Briefkopf festlegen.

Öffnen Sie das *Dialogfenster Schriftartfestlegung* (siehe Abb. 1 - 15) mit

Befehlsmenü Typografie, Befehl Schriftartfestlegung

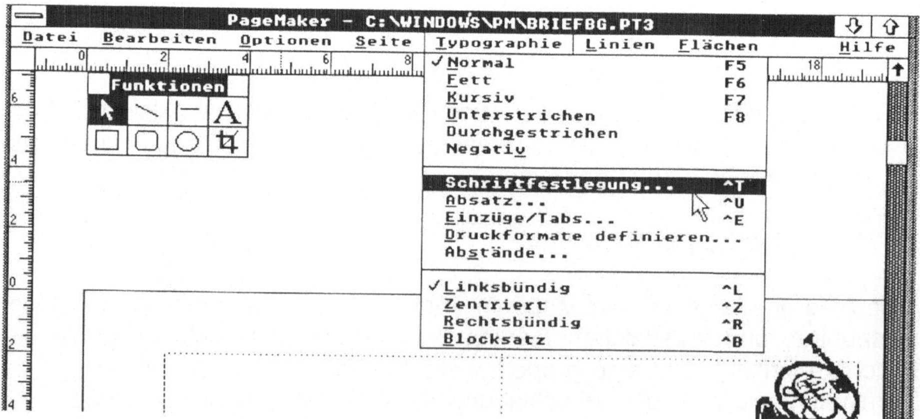

Abb. 1 - 15 *Befehlsmenü Typografie* mit *Befehl Schriftartfestlegung...*

Im *Dialogfenster Schriftartfestlegung* wählen Sie an:

Tms Rmn, 24 Point, Fett, Autom. Zeilenabstand.

Siehe Abb. 1 - 16.

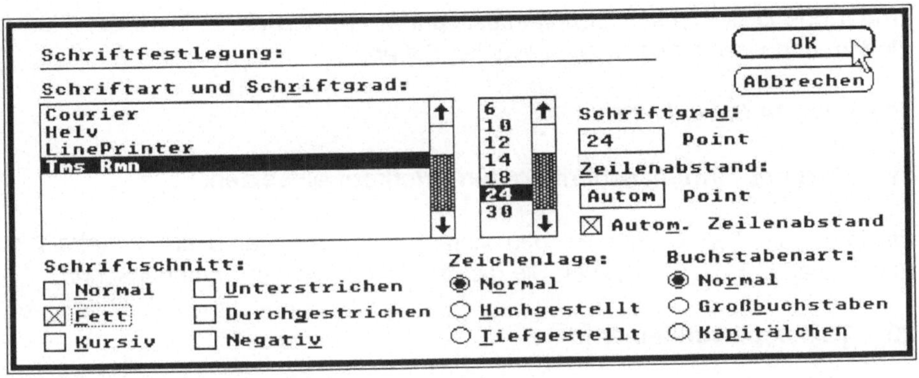

Abb. 1 - 16 Einstellungen im *Dialogfenster Schriftartfestlegung.*

17. Text des Firmennamens einsetzen.

Wählen Sie das Textwerkzeug an, positionieren Sie den Cursor, und schreiben Sie den Text des Firmennamens.

Wählen Sie die Zeigefunktion, und definieren Sie die Kopfzeile. Wählen Sie die definierte Kopfzeile erneut (nicht an einem Markierungspunkt) an, um sie mit gedrückter Maustaste so zu plazieren, daß ihre Oberkante 2,5 cm unterhalb der Papieroberkante steht. Sieh Abb. 1 - 17.

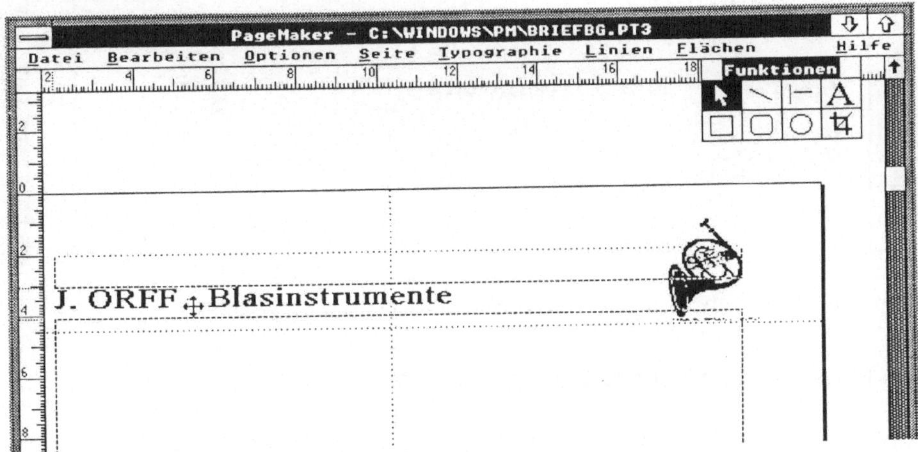

Abb. 1 - 17 Der Firmenname wird plaziert.

18. Schriftart und -größe der Firmenanschrift festlegen.

Öffnen Sie mit

Befehlsmenü Typografie, Befehl Schriftart festlegen...

erneut das *Dialogfenster Schriftartfestlegung*, um nun die kleinere Schriftart für die Firmenanschrift festzulegen. Wählen Sie an:

Tms Rmn, 14 Point, Fett.

19. Text der Firmenanschrift in den Briefkopf einsetzen.

Plazieren Sie den Cursor an den Anfang der Zeile ca. 5 cm unterhalb der Papieroberkante, und erfassen Sie die drei Textzeilen der Firmenanschrift.

20. Textblock verkleinern.

Selektieren Sie die Zeigefunktion. Anschließend selektieren Sie den Text, fassen den Textblock an der unteren linken Ecke des Textblockes an und schieben diesen Punkt bei gedrückter Maustaste nach rechts auf die Position 132 mm bzw. bis der letzte Buchstabe den Rand berührt. Fassen Sie den Textblock erneut an (in der Mitte, nicht an einem Markierungspunkt), und positionieren Sie ihn mit der Oberkante genau 5 cm unterhalb der Papieroberkante (Abbildung 1 - 18).

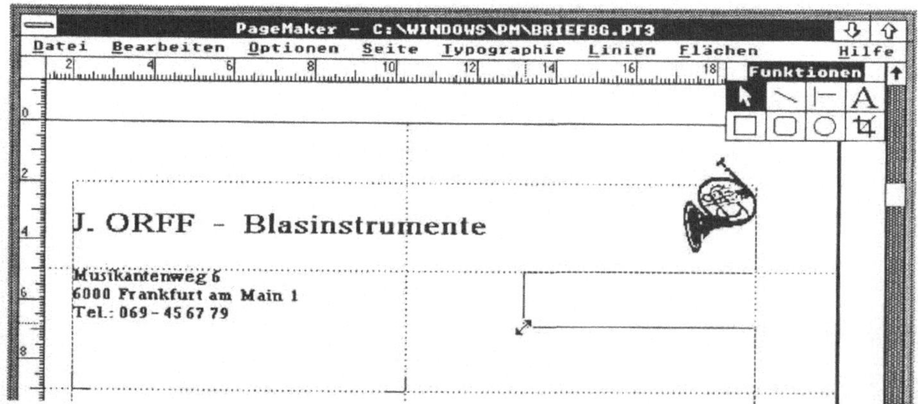

Abb. 1 - 18 Der Textblock der Firmenanschrift wird in der Breite verkleinert.

21. Firmenanschrift rechtsbündig anordnen.

Wählen Sie die Editorfunktion an, und definieren Sie die drei Zeilen der Firmenanschrift. Hierzu plazieren Sie den Textcursor an den Anfang der ersten Zeile, drücken die linke Maustaste, fahren mit dem Cursor zum Ende der letzen Zeile und lösen die Maustaste. Die definierten Zeilen werden negativ dargestellt. Mit

Befehlsmenü Typografie, Befehl Rechtsbündig

lassen Sie die definierten Zeilen rechtsbündig anordnen. Siehe Abb. 1 - 19.

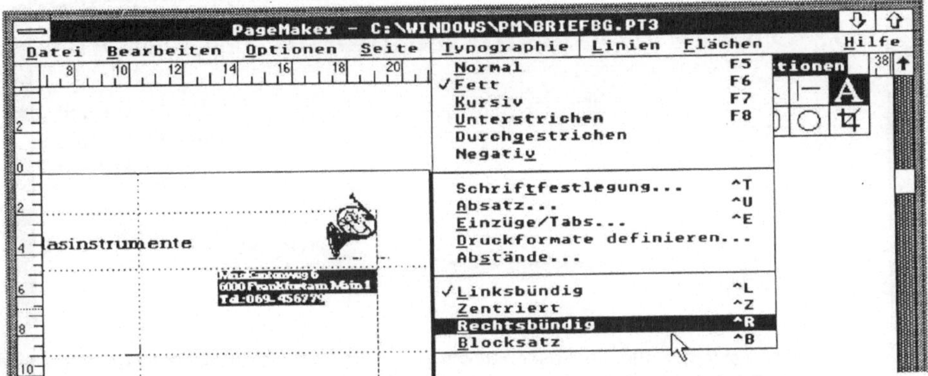

22. Schriftgröße für die Absenderzeile des Anschriftenfeldes festlegen.

Wählen Sie mit

Befehlsmenü Seite, Befehl Originalgröße

die Originaldarstellung, und lassen Sie eventuell durch Verschieben des sichtbaren Ausschnitts mit den Rollbalken am rechten und unteren Bildschirmrand den Breich des Anschriftenfeldes anzeigen.

Legen Sie die Schriftgröße fest, indem Sie mit

Befehlsmenü Typografie, Befehl Schriftfestlegung (Ctrl + T)

das *Dialogfenster Schriftfestlegung* öffnen. Wählen Sie dort an:

Tms Rmn, 6 Punkt, Normal.

23. Absenderzeile des Anschriftenfeldes erzeugen.

Im Falle der Absenderzeile des Anschriftenfeldes gehen Sie nun anders vor, als bei der Firmenanschrift. Sie erzeugen zunächst den Textblock und füllen dann den Text ein.

Die Editorfunktion ist aktiv oder wird mit Umschalttaste + F4 aktiviert. Die Textblockgröße bestimmen Sie, indem Sie mit dem Textcursor von der oberen linken Ecke bis zur rechten Grenze des Anschriftenfeldes (Hilfslinie) und dabei 5 mm nach unten fahren. Siehe Abb. 1 - 20.

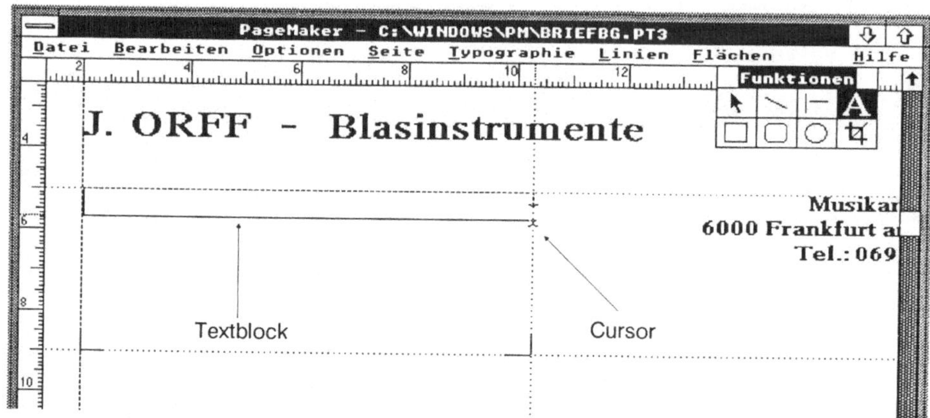

Abb. 1 - 20 Der Textblock für die Absenderzeile des Anschriftenfeldes wird festgelegt, bevor der Text geschrieben wird.

24. Text der Absenderzeile erfassen.

Der Cursor steht am Anfang des erzeugten Textblockes, und Sie erfassen den Text.

25. Text zentrieren.

Definieren Sie den Text mit dem Textcursor, und zentrieren Sie ihn mit

Befehlsmenü Typografie, Befehl Zentrieren (Ctrl + Z).

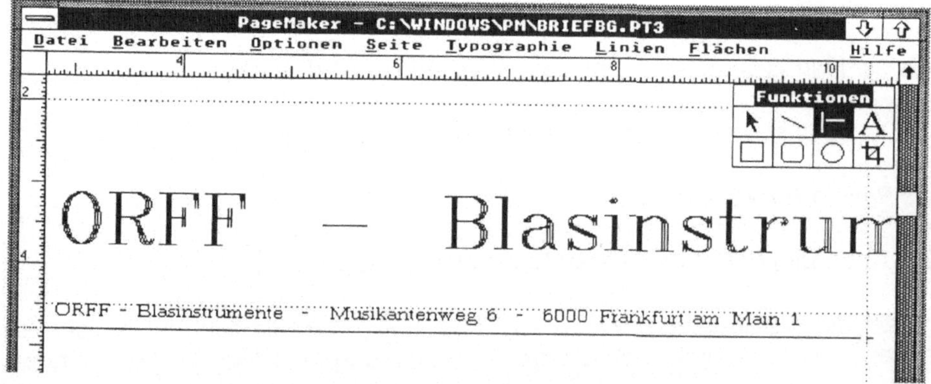

Abb. 1 - 21 Der Text wurde in die Absenderzeile eingefügt und zentriert.

26. Linie unterhalb der Absenderzeile zeichnen.

Wählen Sie die Linienfunktion für festwinklige Linien, und zeichnen Sie auf Breite des Anschriftenfeldes 1 mm unterhalb der Absenderzeile eine Haarlinie.

27. Merkwörter der Bezugszeichenzeile einfügen.

In der zuvor verwendeten Schriftart und -größe fügen Sie nun die Merkwörter für die Bezugszeichenzeile ein. Wählen Sie hierzu die Editorfunktion an, plazieren Sie den Cursor, und schreiben Sie die Wörter. Zwischen den einzelnen Positionen fügen Sie Tab-Zeichen ein.

28. Auf linksbündige Anordnung umschalten.

Solange der Cursor noch in der Textzeile steht, schalten Sie mit

Befehlsmenü Typografie, Befehl Linksbündig (Ctrl. + L)

auf linksbündige Anordnung um.

29. Tabulatoren setzen.

Desgleichen definieren Sie, solange der Cursor noch in der Textzeile steht, die Tabulatorpositionen:

Befehlsmenü Typografie, Befehl Einzüge/Tabs... (Ctrl. E).

Siehe Abb. 1 - 22.

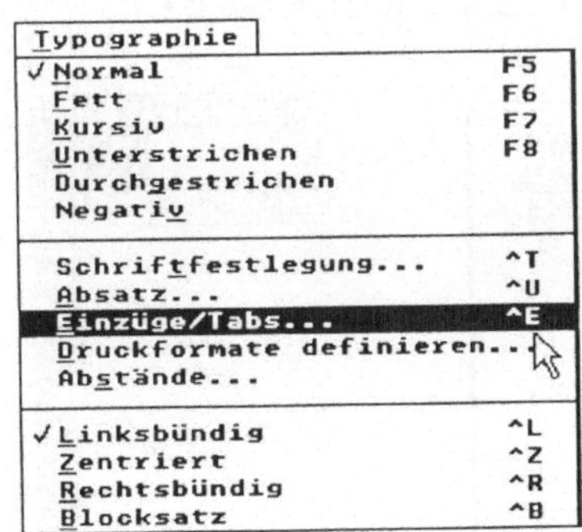

Abb. 1 - 22 Der *Befehl Einzüge/Tabs...* im *Befehlsmenü Typografie* öffnet das *Dialogfenster Einzüge/Tabs.*

Im *Dialogfenster Einzüge/Tabs* wählen Sie unter Ausrichtung *links* an und setzen die Option *Füllzeichen* auf *Keine*. Diese Einstellung behalten Sie bei, bis alle Tabulatoren gesetzt sind.

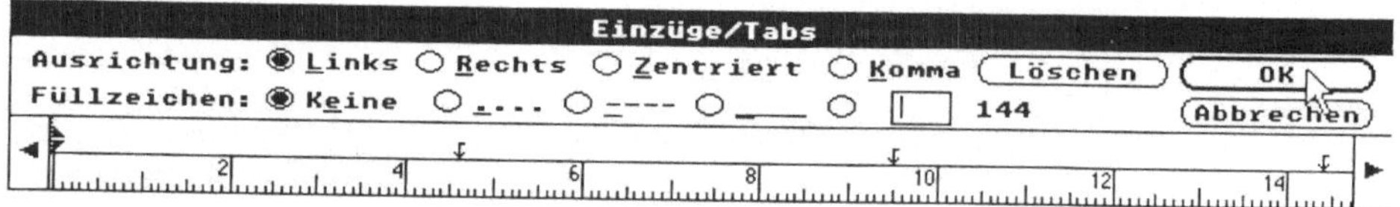

Abb. 1 - 23 Im *Dialogfenster Einzüge/Tabs* werden Tabulatoren festgelegt.

Ein Tabulator wird plaziert, indem an der gewünschten Position in das Feld oberhalb des Lineals geklickt wird. Anschließend kann die Position des Tabulators nachkorrigiert werden. Hierzu wird der Tabulator angeklickt und bei gedrückter Maustaste verschoben. Mit der Option *Löschen* werden alle Tabulatoren gelöscht. Einzelne Tabulatoren können durch Verschieben in den Rand gelöscht werden.
Setzen Sie Tabs auf die Positionen 46 mm, 95 mm, 144 mm.

30. Text des Brieffußes eingeben.

Lassen Sie den unteren Teil der Seite anzeigen, oder schalten Sie auf Darstellung der ganzen Seite um, indem Sie die rechte Maustaste drücken,

Befehlsmenü Seite, Befehl Ganze Seite

anwählen oder Ctrl. + G eingeben.

Plazieren Sie den Textcursor direkt oberhalb der unteren Satzspiegelbegrenzung, und erfassen Sie den Text des Brieffußes. Siehe Abb. 1 - 24.

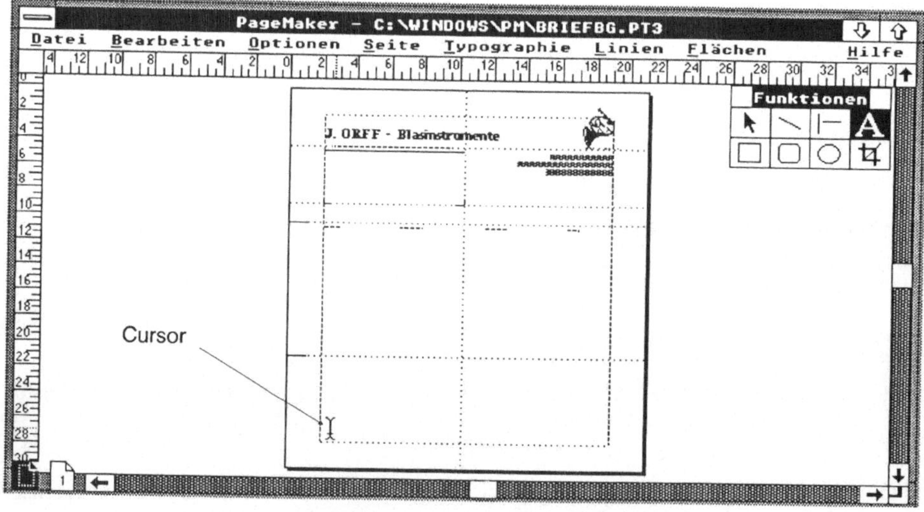

Abb. 1 - 24 Der Cursor steht oberhalb der unteren Satzspiegelbegrenzung.

31. Text des Brieffußes zentrieren.

Definieren Sie den Text, und zentrieren Sie ihn mit

Befehlsmenü Typografie, Befehl Zentriert (Ctrl + Z).

32. Logo ergänzen.

Gegen Ende fällt Ihnen auf, daß Sie das Logo noch um ein weiteres Element ergänzen möchten. Lassen Sie das obere Drittel der Seite vergrößert darstellen, indem Sie mit dem Mauszeiger in das obere Drittel zeigen und die rechte Maustaste drücken.
Ergänzen Sie das Logo um einige Notenzeichen als weiteres Schmuckelement. Verfahren Sie wie zuvor. Stellen Sie die Bildelemente im Ursprungsprogramm in die Zwischenablage, und fügen Sie sie mit

Befehlsmenü Bearbeiten, Befehl Einfügen (Umschlt + Einfg.)

in den Briefbogen ein. Verschieben Sie die Elemente in die gewünschte Position.

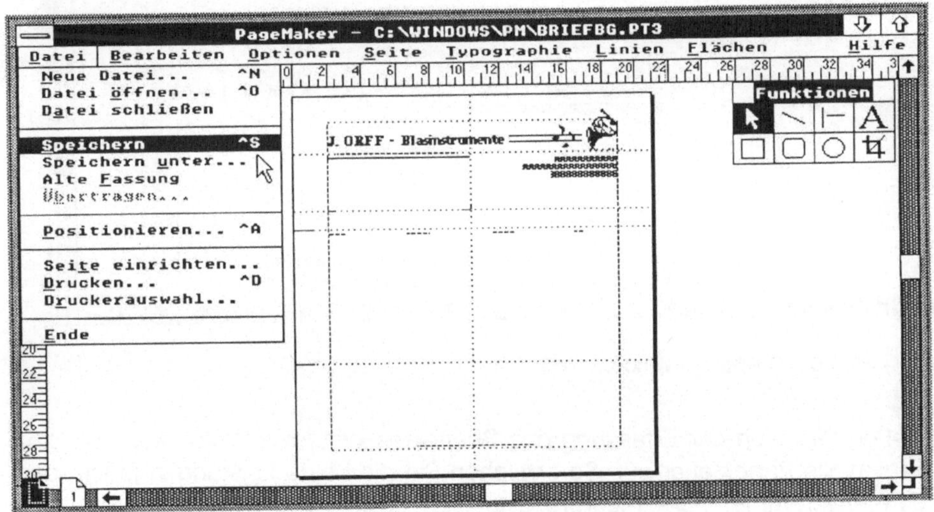

Abb. 1 - 25 Es wurden einige zusätzliche Bildelemente eingefügt.

33. Datei Speichern.

Ihr Briefbogen ist nun fertig. Speichern Sie die Datei mit

Befehlsmenü Datei, Befehl Speichern.

Immer wenn Sie einen Brief schreiben möchten, laden Sie eine Kopie der soeben erstellten Mustervorlage und sichern den Brief zum Schluß als Satzdatei.

Briefbogen und Brieftext zusammenführen

Nun werden Sie in einem zweiten, kürzeren Arbeitsdurchgang einen Brieftext, der bereits in Windows Write erfaßt wurde, und Ihren "elektronischen Vordruck" zusammenführen, den Brief versandfertig machen und ausdrucken.

Vorgehensweise:

1. Windows Write schließen und PageMaker laden.

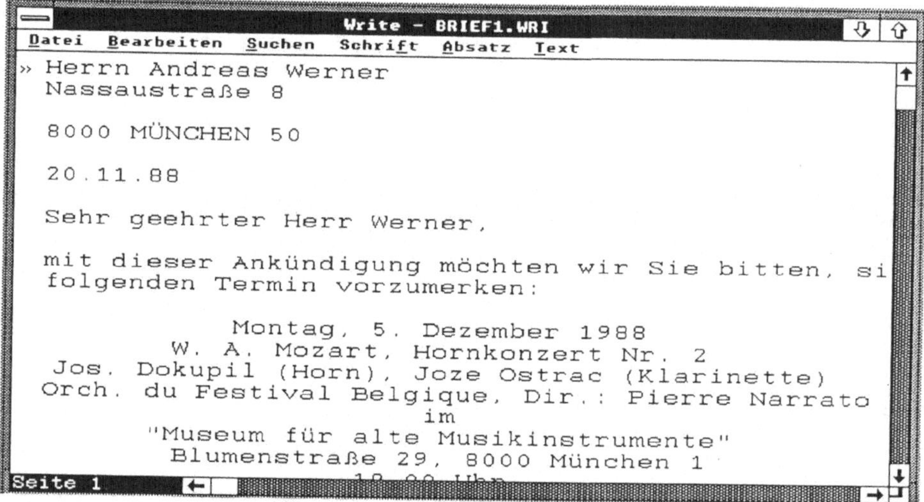

Abb. 1 - 26 Der Brieftext in Windows Write.

Schließen Sie nach der Erfassung des Brieftextes Windows Write (Abb. 1 - 26), und rufen Sie PageMaker auf. So erreichen Sie die beste Leistung in jedem der beiden Programme. Falls mehrere Briefe zu erstellen sind, können Sie aber beide Programme im Arbeitsspeicher halten und nach belieben wechseln.

2. Mustervorlage für Briefbogen laden.

Laden Sie mit

Befehlsmenü Datei, Befehl Datei öffnen...

die Mustervorlage für den Briefbogen. Siehe Abb. 1 - 27.

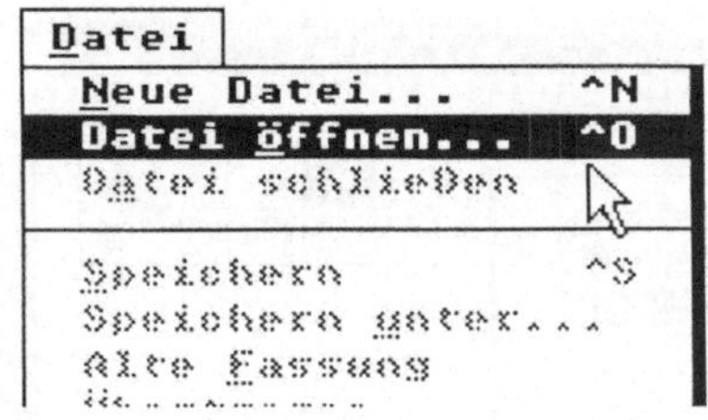

Abb. 1 - 27 *Befehlsmenü Datei, Befehl Datei öffnen...*

Im Dialogfenster wählen Sie den Dateinamen der Mustervorlage an. Wenn Sie nichts anderes angeben, wird automatisch eine Kopie der Mustervorlage geladen, die Sie später als normale Satzdatei abspeichern. Siehe Abb. 1 - 28.

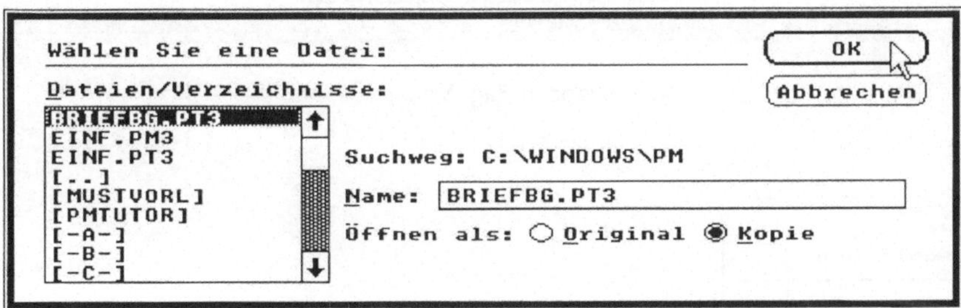

Abb. 1 - 28 Das Befehlsmenü zur Eingabe des Dateinamens. Die Option *Öffnen als: Kopie* ist automatisch eingestellt.

3. Überprüfen, daß Seite 1 dargestellt wird.

Überprüfen Sie, daß PageMaker die erste Seite der Mustervorlage (nicht die Stammseite) darstellt. Siehe Abb. 1 - 29.

4. Brieftext positionieren.

Positionieren Sie nun den Brieftext in der Mustervorlage. Dazu laden Sie zunächst die Write-Text-Datei mit

Befehlsmenü Datei, Befehl Positionieren... (Ctr. + A).

Siehe Abb. 1 - 30.

Im Dialogfenster wählen Sie die Write-Text-Datei des Brieftextes aus und überprüfen, daß die Optionen *Formatiert* und *Anführungszeichen umwandeln* angewählt sind. Siehe Abb. 1 - 31.

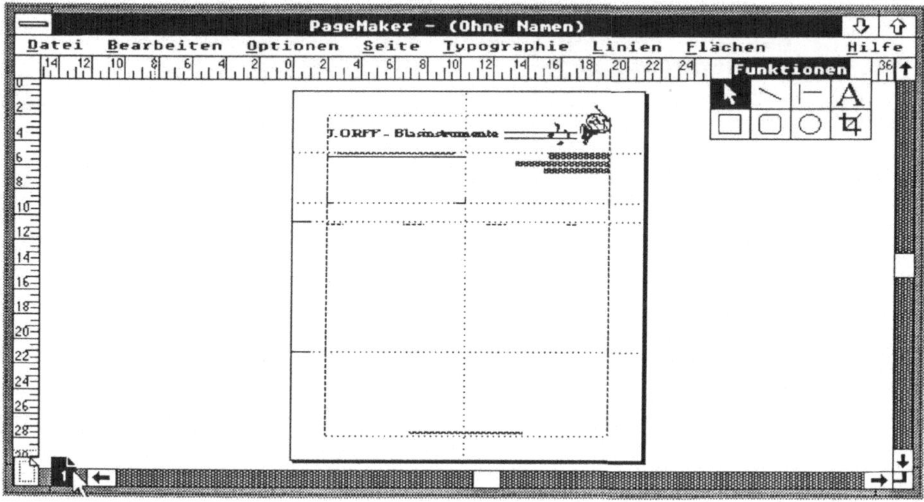

Abb. 1 - 29 Die erste Seite der Mustervorlage in PageMaker.

Abb. 1 - 30 Das *Befehlsmenü Datei mit dem Befehl Positionieren...*

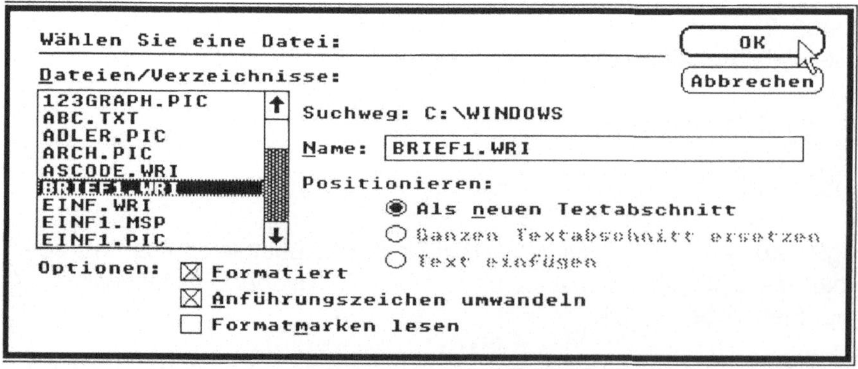

Abb. 1 - 31 Das mit dem *Befehl Positionieren* geöffnete Dialogfenster.

Die Opion *Formatiert* führt zur Übernahme von Textauszeichnungen wie fett, kursiv, etc. aus Write. Die Option *Anführungszeichen umwandeln* sorgt für die Umwandlung angloamerikanischer Anführungszeichen Ihrer EDV-Tastatur (" ") in deutsche Anführungszeichen. Falls die Umwandlung nicht funktioniert, geben Sie für eine 'Anführung ein' Ctrl. + Umschalt + ü und für eine 'Anführung aus' Ctrl. + Umschalt + ä ein.

Sobald der Text geladen ist, verwandelt sich der Cursor in ein Textsinnbild, das Sie zur Plazierung des Textes benutzen.

5. Text mit dem Textsinnbild plazieren.

Zeichnen Sie mit dem Textsinnbild ein Rechteck so groß wie das Anschriftenfeld. Sobald Sie die Maustaste freigeben läuft der Text bis zum Ende dieses Rechteckes. Siehe Abb. 1 - 32.

Abb. 1 - 32 Der Textblock für den Anschriftentext wurde mit dem Textsinnbild gezeichnet.

Falls zuviel oder zuwenig Text eingelaufen ist, klicken Sie mit der Maustaste auf das Pluszeichen oder einen der Markierungspunkte am unteren Ende des Textblockes, halten Sie die Maustaste gedrückt und verlängern oder verkürzen Sie den Textblock in vertikaler Richtung, bis er den gewünschten Anschriftentext enthält. Falls dabei versehentlich das Textsinnbild erscheint, wählen Sie die Zeigefunktion an.

6. Weiteren Text plazieren.

Um den Text weiter zu plazieren, benötigen Sie das Textsinnbild. Das Textsinnbild für den weiteren Text erhalten Sie, wenn Sie mit dem Mauszeiger das Pluszeichen am unteren Ende des bereits plazierten Textblockes anwählen und die Maustaste lösen. Siehe Abb. 1 - 33. Den Mauszeiger erhalten Sie durch Anwahl der Zeigefunktion. Textblockmarkierung und Pluszeichen erscheinen nach Anklicken des Textblockes.

Abb. 1 - 33 Durch Anklicken des Pluszeichens am Blockende erscheint das Textsinnbild für den weiteren Text.

Plazieren Sie das Textsinnbild in der Bezugszeichenzeile, und drücken Sie die linke Maustaste. Der restliche Text läuft ein. Siehe Abb. 1 - 34 und 1 - 35.

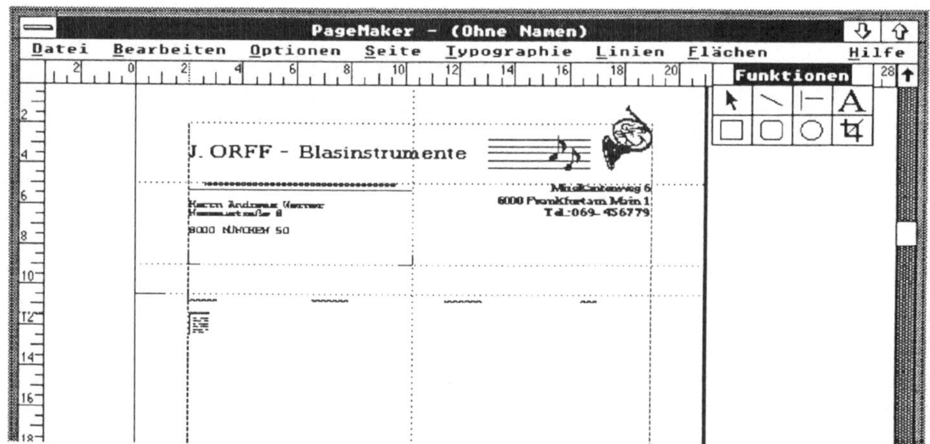

Abb. 1 - 34 Mit dem Textsinnbild wird der Text von der Bezugszeichenzeile abwärts plaziert.

7. Tabulator für Datum eingeben.

Wählen Sie die Textfunktion an, plazieren den Textcursor vor dem Datum und geben einen Tab ein. Mit

Befehlsmenü Typografie, Befehl Einzüge/Tabs...

öffnen Sie das *Dialogfenster Einzüge/Tabs* und setzen einen Tabulator mit linksbündiger Ausrichtung auf die Position 145 mm. Siehe Abbildung 1 - 35 und Abbildung 1 - 36.

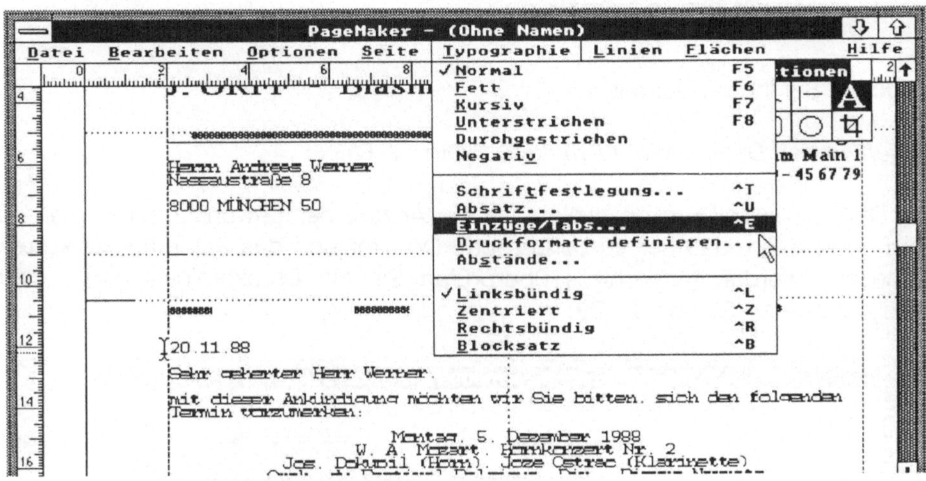

Abb. 1 - 35 Das *Befehlsmenü Typografie* mit dem *Befehl Einzüge/Tabs...*

Einzüge/Tabs
Ausrichtung: Links Rechts Zentriert Komma Löschen OK
Füllzeichen: Keine 144 Abbrechen

Abb. 1 - 36 Im *Dialogfenster Einzüge/Tabs* wurde Ausrichtung Links angewählt und ein Tabulator auf die Position 145 mm gesetzt.

8. Satzdatei des Briefes speichern.

Ihr Brief ist nun druckfertig. Speichern Sie die Datei mit

Befehlsmenü Datei, Befehl Speichern unter...

als Satzdatei unter dem Namen Brief1. PageMaker vergibt die Dateiendung PM3. Siehe Abb. 1 - 37.

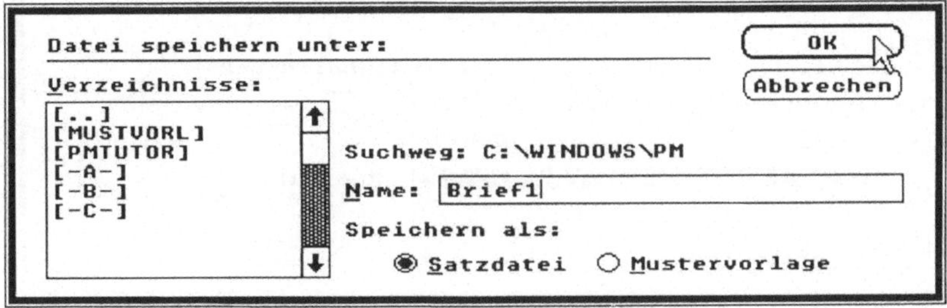

Abb. 1 - 37 Im *Befehlsmenü Datei speichern unter* geben Sie an, unter welchem Namen Ihr Brief gespeichert werden soll. Falls Sie keine andere Option anwählen, wird die Datei automatisch als Satzdatei gespeichert.

9. Brief drucken.

Drucken Sie Ihren Brief mit

Befehlsmenü Datei, Befehl Drucken... (Ctrl. + D).

Im *Dialogfenster Drucken* stellen Sie die Anzahl der gewünschten Kopien ein und überprüfen, daß der zu benutzende Drucker und das Papierformat korrekt angezeigt werden (andernfalls überprüfen Sie die Druckereinstellung). Siehe Abbildungen 1 - 38 und 1 - 39.

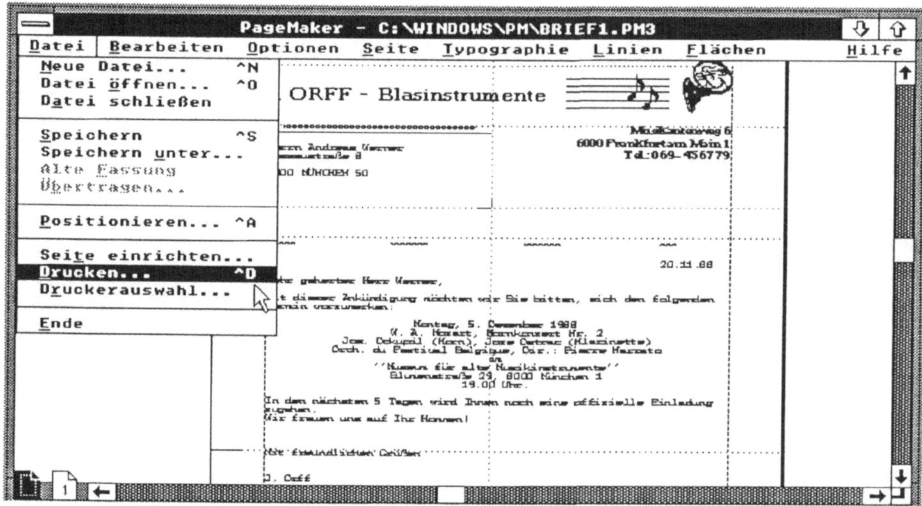

Abb. 1 - 38 *Befehlsmenü Datei* mit *Befehl Drucken.*

Drucken:
Kopien: 1 ☐ Sortiert ☐ Umgekehrte Reihenfolge
Seiten: ◉ Alle ○ Von 1 Bis 1
Größe: %
Optionen: ☐ Übersicht ☐ Glätten ☐ Linienschnelldruck
☐ Beschnittzeichen ☐ Volltonfarbauszüge ☐ Aussparungen
☐ Unterteilen: ○ Manuell ○ Autom., Überlagerung: mm
Drucker: PCL / HP LaserJet auf LPT1:
Papierformat: 210 x 297
Formatlage: Hoch
OK
Abbrechen
Einstellung...

Abb. 1 - 39 Einstellungen im *Dialogfenster Drucken.*

Beispiel 2 - ein Grafik-Chart

Was Sie an diesem Beispiel lernen

Arbeit mit den grafischen Funktionen des Programms (Rahmenfunktion, Linienfunktion, Einstellen von Linienstärken, Einstellen von Füllmustern), Plazierung und Bearbeitung von Hilfslinien, Plazieren freier Texte innerhalb des Grafik-Charts, Einstellen von Schriftgröße, Schriftart und Ausrichtung.

Das Grafik-Chart

Ein Grafik-Chart besteht überwiegend aus Bildelementen sowie aus einigen wenigen Textelementen. Die Grafiken können selbstverständlich vielfältiger Art sein. In unserem Fall handelt es sich um den Altersaufbau der deutschen Bevölkerung im Jahre 1984, also um eine Darstellung numerischer Daten in Form eines Balkendiagramms.

Das Grafik-Chart in PageMaker

Die Grafik für ein Grafik-Chart kann entweder aus einem entsprechenden Grafikprogramm übernommen oder direkt in PageMaker erzeugt werden. Für unterschiedliche Grafiktypen stehen unterschiedliche Grafikprogramme unter Windows zur Verfügung. In unserem Fall wurde die Grafik direkt in PageMaker erstellt. Natürlich reichen die Grafikfähigkeiten des Programms nicht an die hochwertiger Grafikprogramme heran, auch die automatische Umsetzung numerischer Daten in grafische Darstellungen ist nur mit einem entsprechenden Grafikprogramm zu erreichen. Zur freien zeichnerischen Darstellung eines Balkendiagramms und für andere einfache Zeichnungen ist PageMaker jedoch sehr gut geeignet.

Vorgehensweise:

1. Legen Sie eine neue Datei an.

Datei, Neu (Ctrl. + N)

Im *Dialogfenster Seite einrichten* wählen Sie als *Formatlage Quer* an. Die Optionen *Zweiseitig* und *Doppelseitig* schalten Sie aus. Für alle Ränder geben Sie den Wert 20 mm ein. Siehe Abbildung 2 - 1.

PageMaker zeigt Ihnen die eingerichtete Seite.

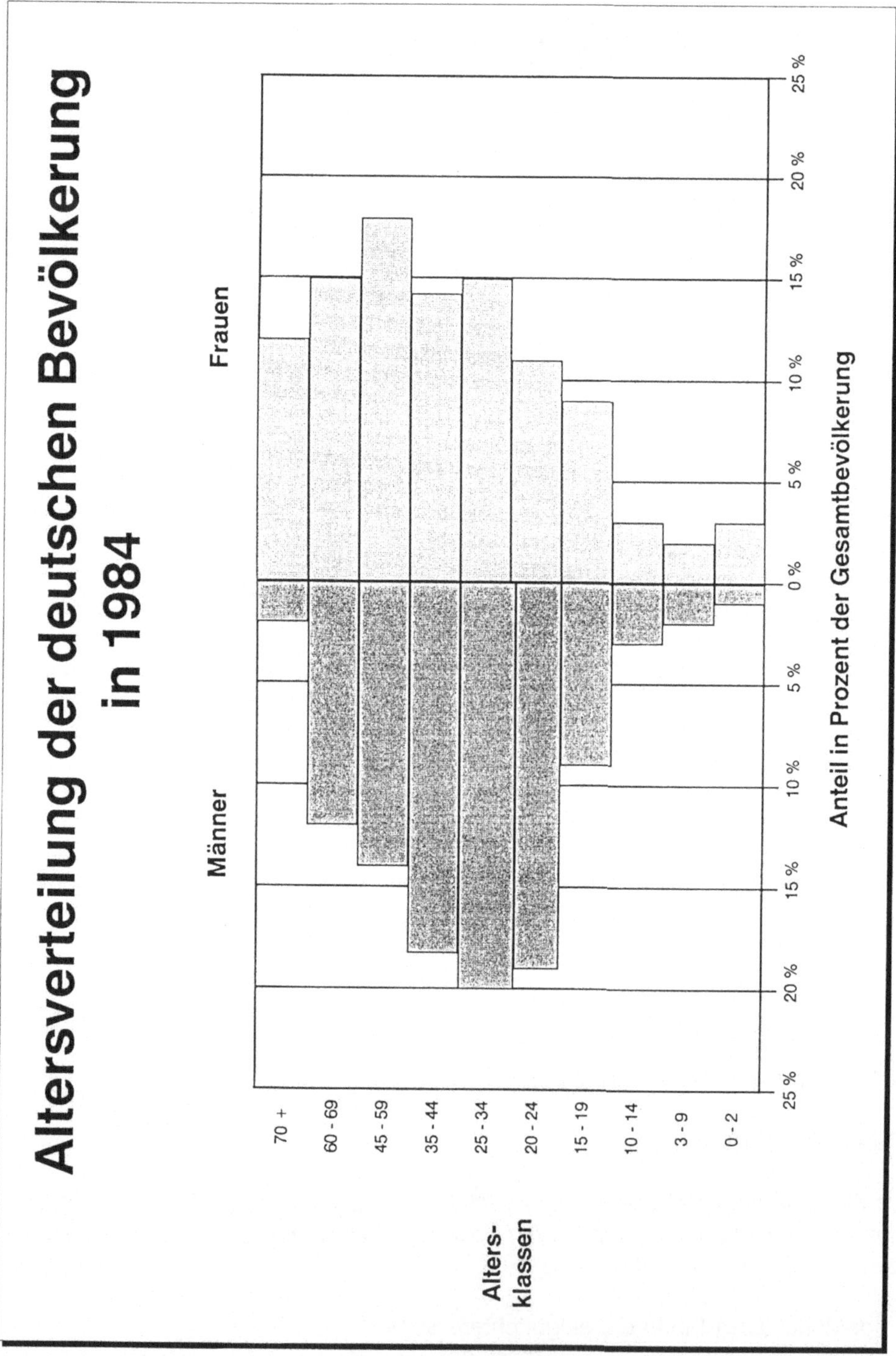

Das fertige Grafik-Chart.

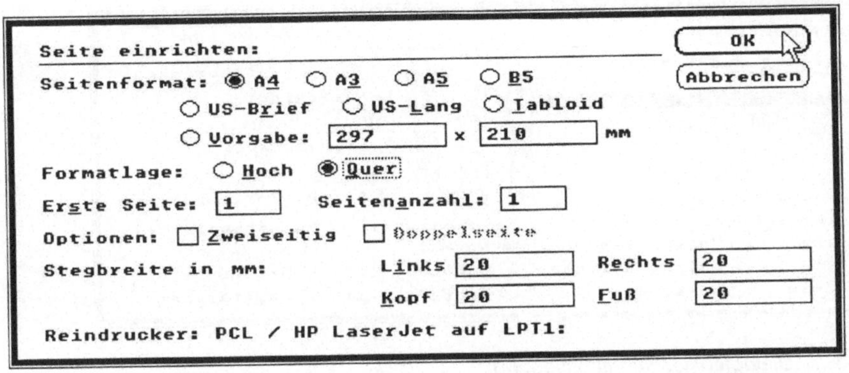

Seite einrichten: OK
Abbrechen
Seitenformat: A4 A3 A5 B5
US-Brief US-Lang Tabloid
Vorgabe: 297 x 210 mm
Formatlage: Hoch Quer
Erste Seite: 1 Seitenanzahl: 1
Optionen: Zweiseitig Doppelseite
Stegbreite in mm: Links 20 Rechts 20
Kopf 20 Fuß 20
Reindrucker: PCL / HP LaserJet auf LPT1:

Abb. 2 - 1 Im *Dialogfenster Seite einrichten* werden die Grundeinstellungen des Seitenlayouts vorgenommen.

2. Schriftart für Titel festlegen.

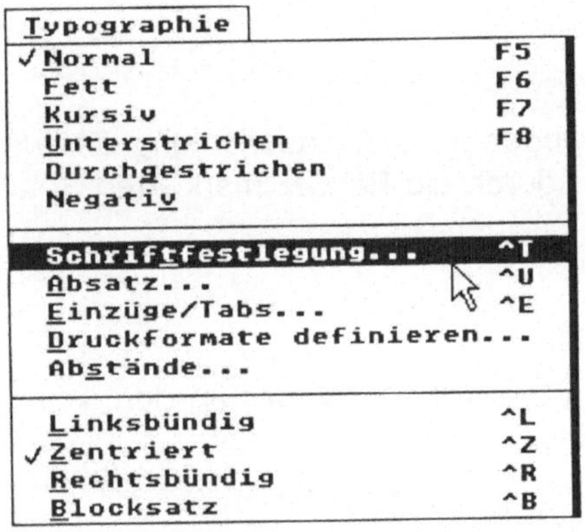

Typographie
✓Normal F5
Fett F6
Kursiv F7
Unterstrichen F8
Durchgestrichen
Negativ
Schriftfestlegung... ^T
Absatz... ^U
Einzüge/Tabs... ^E
Druckformate definieren...
Abstände...
Linksbündig ^L
✓Zentriert ^Z
Rechtsbündig ^R
Blocksatz ^B

Abb. 2 - 2 *Befehlsmenü Typografie* mit dem *Befehl Schriftfestlegung...*

Um die Schriftart des Titels festzulegen, öffnen Sie mit

Befehlsmenü Typografie, Befehl Schriftfestlegung...,

das *Dialogfenster Schriftfestlegung.* Dort wählen Sie für die Schriftart des Titels:

Helv., 30 Point, fett.

Siehe Abb. 2 - 3. Bedenken Sie, daß jeder Befehl auch über Alt-Tasten-Kombinationen erteilt werden kann. In diesem Fall: Alt + T öffnet das Befehlsmenü, ein weiteres T öffnet das Dialogfenster. Alt + S bringt Sie in die Schriftauswahl, Alt + R erlaubt die Auswahl des Schriftgrades mit den Cursorsteuertasten. Alt + F bringt Sie direkt zur Anwahl des Schriftschnittes und wählt Fett sofort an.

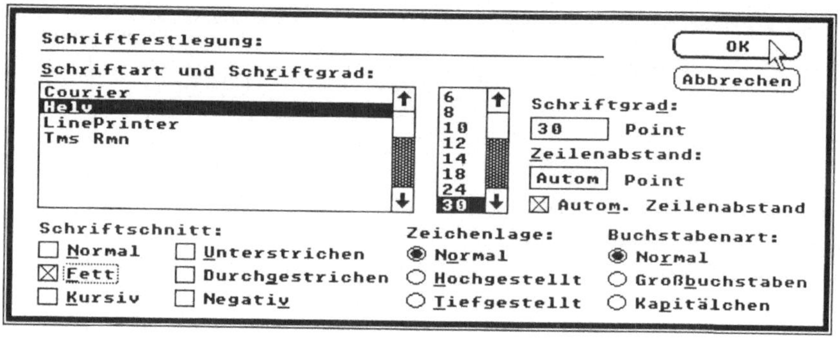

Abb. 2 - 3 *Dialogfenster Schriftfestlegung.*

3. Ausrichtung des Titels festlegen.

Mit der Tastenkombination

Ctrl + Z

legen Sie für den anschließend zu erfassenden Text die Ausrichtung *Zentriert* fest. Der Text des Titels wird innerhalb der durch die Ränder markierten Spalte mittig ausgerichtet.

4. Text des Titels erfassen.

Wählen Sie die Editorfunktion an, plazieren Sie den Textcursor an den Anfang der Seite, und erfassen Sie den Text des Titels.

5. Hilfslinien plazieren.

Stellen Sie sicher, daß im

Befehlsmenü Optionen, Option Hilfslinien

angewählt ist.

Plazieren Sie eine horizontale Hilfslinie 7 cm unterhalb der oberen Papierkante und eine vertikale Hilfslinie 7 cm von der linken Papierkante. Von diesen Linien ausgehend plazieren Sie in Abständen von jeweils 1 cm weitere horizontale Hilfslinien und alle 2 cm weitere vertikale Hilfslinien. Die letzte horizontale Linie liegt auf der Position 18 cm. Die letzte vertikale Hilfslinie liegt auf der Position 27 cm. Eine genaue Erläuterung zur Plazierung von Hilfslinien finden Sie in Beispiel 1. Zum Ergebnis siehe Abb. 2 - 5.

Sichern Sie die Hilfslinien mit

Befehlsmenü Optionen, Befehl Hilfslinien festsetzen

gegen unbeabsichtigte Verschiebung. Siehe Abb. 2 - 4.

Durch Anwahl von

Befehlsmenü Opitonen, Positionierhilfe

erreichen Sie, daß Elemente, die in die Nähe von Hilfslinien, Spaltentrennlinien und Randbegrenzungen kommen, automatisch auf diesen Linien plaziert werden.

6. Titel positionieren und Zentrieren.

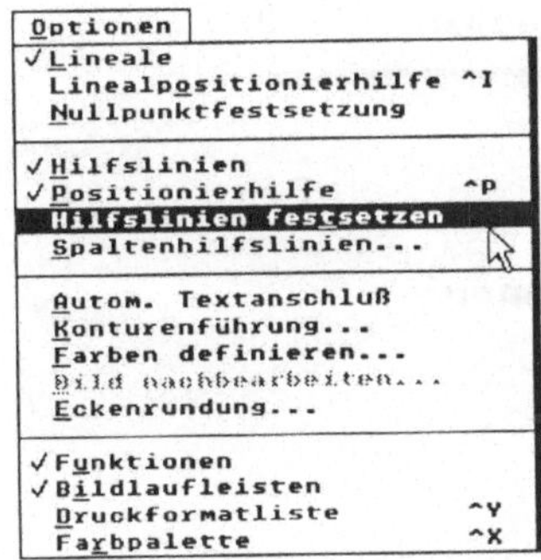

Abb. 2 - 4 *Befehlsmenü Optionen, Befehl Hilfslinien festsetzen.*

Mit dem Mauszeiger wählen Sie den Textblock des Titels an und halten die linke Maustaste niedergedrückt. Sobald die Kreuzmarke erscheint, plazieren Sie den Text 2,5 cm unterhalb der Papieroberkante. Achten Sie dabei darauf, daß Sie den Text horizontal nicht verschieben, so daß die seitlichen Markierungspunkte des Textblockes genau auf der Randmarkierung bleiben.

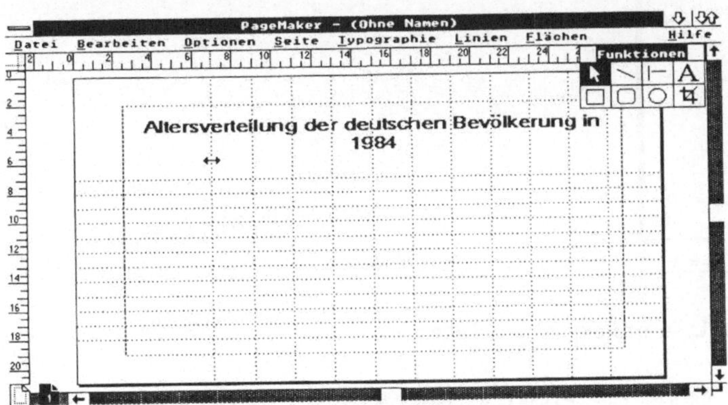

Abb. 2 - 5 Der Bildschirm nach der Plazierung von Hilfslinien und der Zentrierung des Titels.

7. Datei Speichern.

Speichern Sie Ihre Arbeit an diesem Punkt mit

Befehlsmenü Datei, Befehl Speichern unter...

unter dem Namen Chart 1 als Satzdatei. PageMaker vergibt die Endung .PM3.

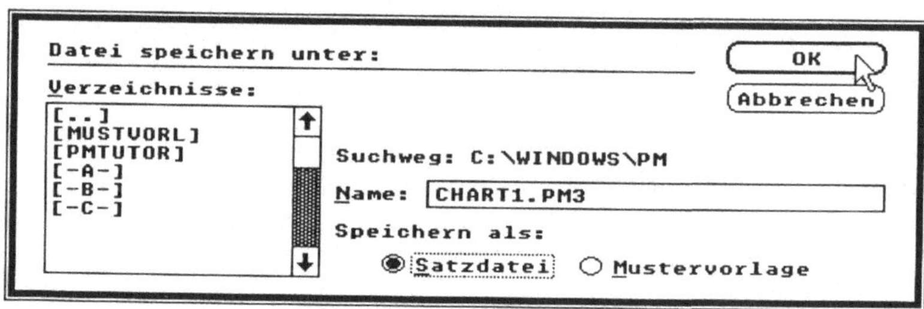

Abb. 2 - 6 *Dialogfenster Datei speichern unter.*

8. Grundelemente des Balkendiagramms zeichnen.

Mit dem Mauszeiger wählen Sie im

Befehlsmenü Linien

eine Linienstärke von 1 Point.

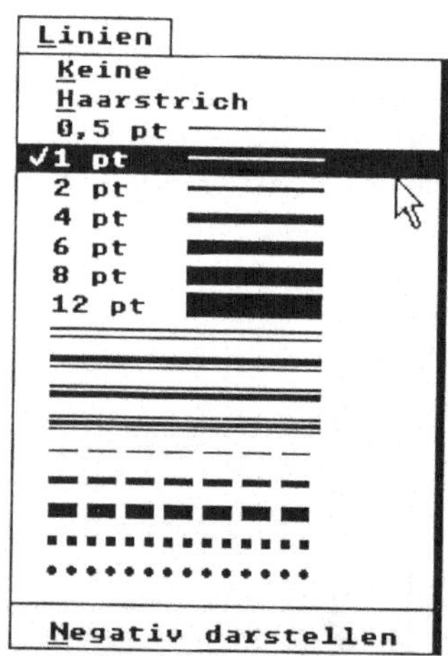

Abb. 2 - 7 Anwahl der Linie im *Befehlsmenü Linien*.

Wählen Sie mit der Maus die Funktion Rechteck an, und zeichnen Sie ein Rechteck, dessen linke obere Ecke auf dem Schnittpunkt der ersten horizontalen mit der ersten vertikalen Hilfslinie liegt. Die rechte Grenze des Rechtecks bildet die letzte vertikale Hilfslinie. Die Untergrenze liegt auf der vorletzten horizontalen Hilfslinie. Um das gezeichnete Rechteck deutlich zu machen, müssen die Hilfslinien in den Hintergrund gestellt werden. Mit

Befehlsmenü Bearbeiten, Befehl Vorgaben wählen...

öffnen Sie das *Dialogfenster Vorgaben wählen* und wählen unter *Hilfslinien* die Option *Hinten* an. Siehe Abb. 2 - 8 und Abb. 2 - 9.

Bearbeiten
Rückgängig unmöglich Alt Bksp
Ausschneiden Umsch+Entf
Kopieren ^Strg+Einfg
Einfügen Umsch+Einfg
Löschen Entf
Alles markieren ^M
Nach vorne stellen ^V
Nach hinten stellen ^H
Vorgaben wählen...

Abb. 2 - 8 *Befehlsmenü Bearbeiten* mit *Befehl Vorgaben wählen*.

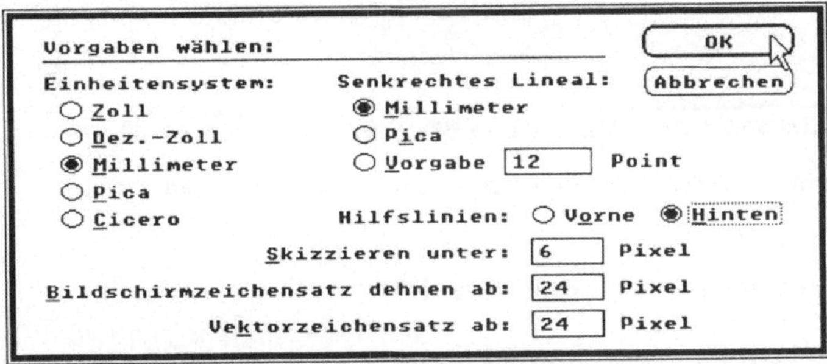

Abb. 2 - 9 Im *Dialogfenster Vorgaben wählen* wurde für die Position *Hilfslinien* die Option *Hinten* angewählt.

Wählen Sie in der Funktionsbox die Linienfunktion für winkelhaltige Linien an. Legen Sie eine Linie auf die linke Begrenzung des Rahmens, und lassen Sie die Linie nach unten 3 mm über den Rahmen hinausragen. Kopieren Sie diese Linie, solange sie noch markiert ist, mit

Befehlsmenü Bearbeiten, Befehl Kopieren (Ctrl. + Entf.)

in den Zwischenspeicher. Mit

Befehlsmenü Bearbeiten, Befehl Einfügen (Umschalt + Einfg.)

fügen Sie eine Kopie der zwischengespeicherten Linie ein und bewegen sie mit der Maus auf die nach rechts folgende Hilfslinie. Plazieren Sie auf jede vertikale

Hilfslinie eine solche Kopie, indem Sie mit

Befehlsmenü Bearbeiten, Befehl Einfügen (Umschalt + Einfg.)

eine entsprechende Anzahl von Kopien einfügen und mit der Maus auf die entsprechende Position verschieben. Zum Ergebnis siehe Abb. 2 - 10.

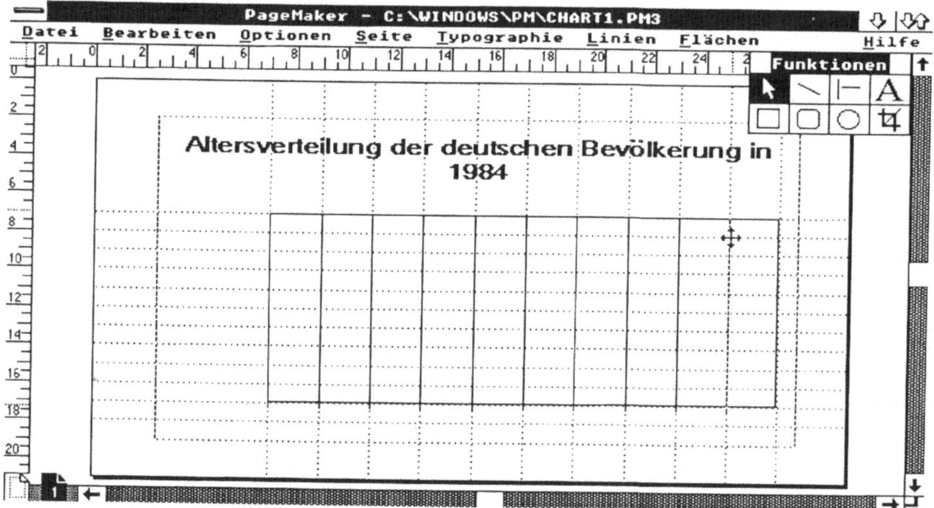

Abb. 2 - 10 Der Bildschirm nach Plazieren des Rahmens und der vertikalen Diagrammlinien.

9. Werte- und Rubrikenachse mit Titeln versehen.

Setzen Sie die Schrift für den im Folgenden zu erfassenden Text im *Dialogfenster Schriftfestlegung* auf Helv., 14 Point, Fett fest. Öffnen Sie dazu das Dialogfenster mit

Befehlsmenü Typografie, Befehl Schriftfestlegung... (Ctrl. + T).

Siehe Abb. 2 - 11.

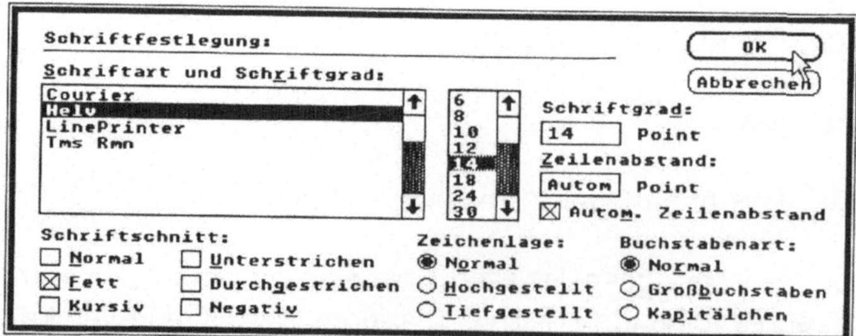

Abb. 2 - 11 *Dialogfenster Schriftfestlegung* mit den Einstellungen für die Achsentitel.

Anschließend wählen Sie die Editorfunktion an und plazieren den Cursor zwischen die letzte horizontale Hilfslinie und den unteren Seitenrand. Beschreiben Sie bei gedrückter linker Maustaste mit dem Textcursor ein Rechteck von der linken bis zur rechten Begrenzung des Diagrammrechteckes mit einer ungefähren Höhe von 1 cm. Innerhalb dieses Rechteckes wird der Text zentriert (Ctrl + Z). Nach dem Lösen der Maustaste tragen Sie den Achsentitel ein.

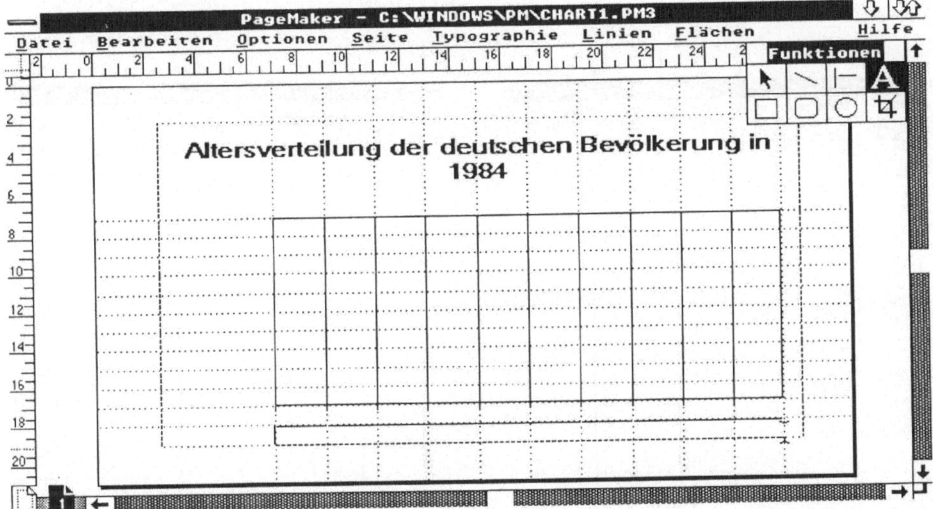

Abb. 2 - 12 Das Rechteck für die Aufnahme des Achsentitels wurde plaziert. Die ganze Seite wird dargestellt.

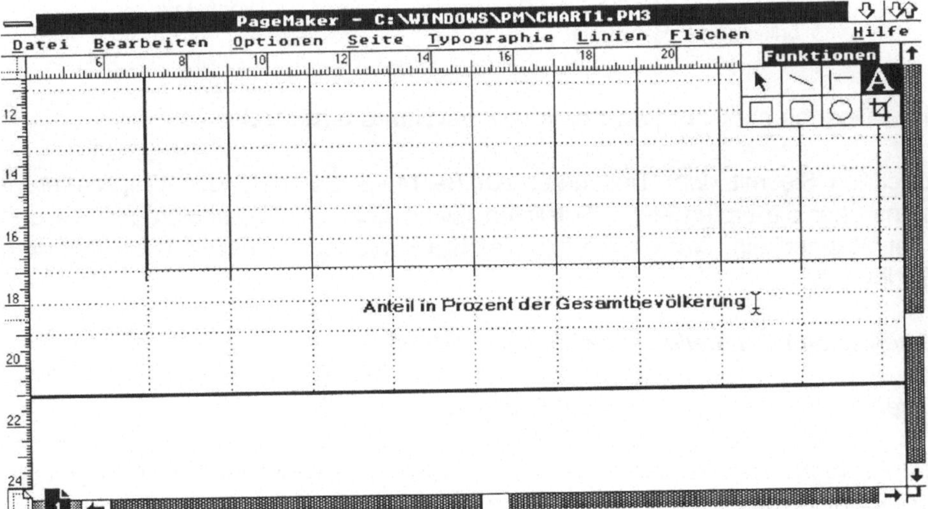

Abb. 2 - 13 Der Text wurde eingetragen. Die Darstellung wurde mit Ctrl. + 7 auf 75 % umgeschaltet.

In der gleichen Weise beschreiben Sie mit dem Textcursor ein Rechteck links neben der vertikalen Rubrikenachse und tragen den Titel der Rubrikenachse ein. Trennen Sie gegebenenfalls manuell, um das Wort Altersklassen auf zwei Schreibzeilen zu verteilen (siehe Abb. 2 - 14).

Falls erforderlich, wählen Sie die Zeigefunktion und plazieren den Titel mit der Maus vertikal zentriert neben die Rubrikenachse (siehe Abb. 2 - 15).

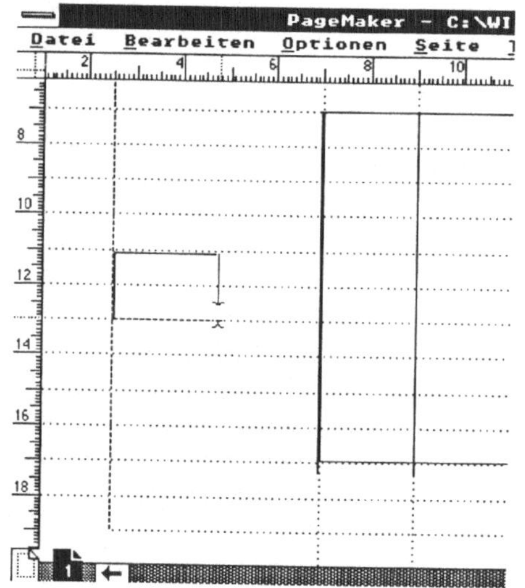

Abb. 2 - 14 Mit dem Textcursor wird das Rechteck für den Titel der Rubrikenachse gezeichnet.

Abb. 2 - 15 Der Titel der Rubrikenachse wird korrekt plaziert.

10. Geschlechtsrubriken der Altersverteilung einsetzen.

Zeichnen Sie mit dem Textcursor ein Rechteck oberhalb des Diagrammrahmens über die ersten sechs Hilfslinien (siehe Abb. 2 - 16), und tragen Sie den Titel "Männer" ein. Wählen Sie den Textblock mit dem Mauszeiger an, kopieren Sie ihn mit

Befehlsmenü Bearbeiten, Befehl Kopieren und

Befehlsmenü Bearbeiten, Befehl Einfügen,

um ihn rechts zur Aufnahme desTitels "Frauen" zu verwenden. Der eingefügte Block erscheint in der Mitte der Seite. Plazieren Sie ihn richtig, und tauschen Sie das Titelwort aus. Siehe Abbildung 2 - 17.

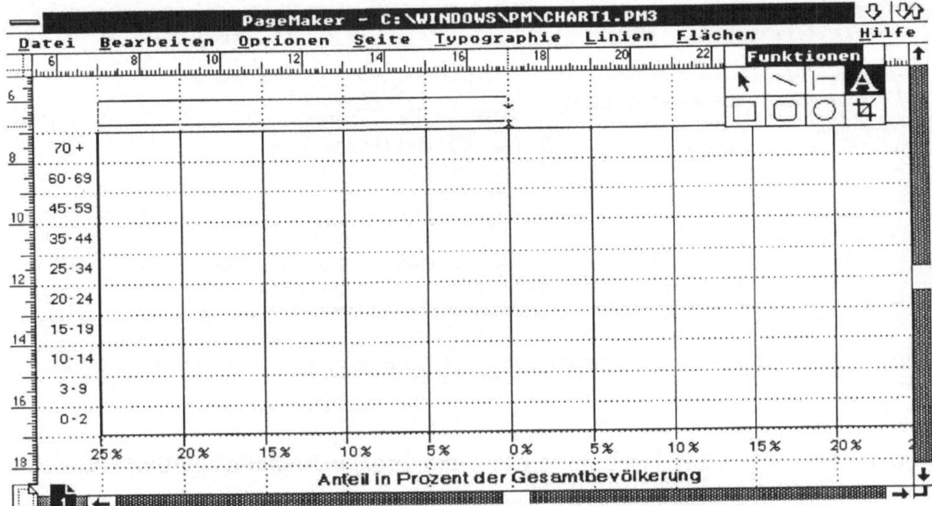

Abb. 2 - 16 Der Rahmen für die Aufnahme des ersten Titels wird gezeichnet.

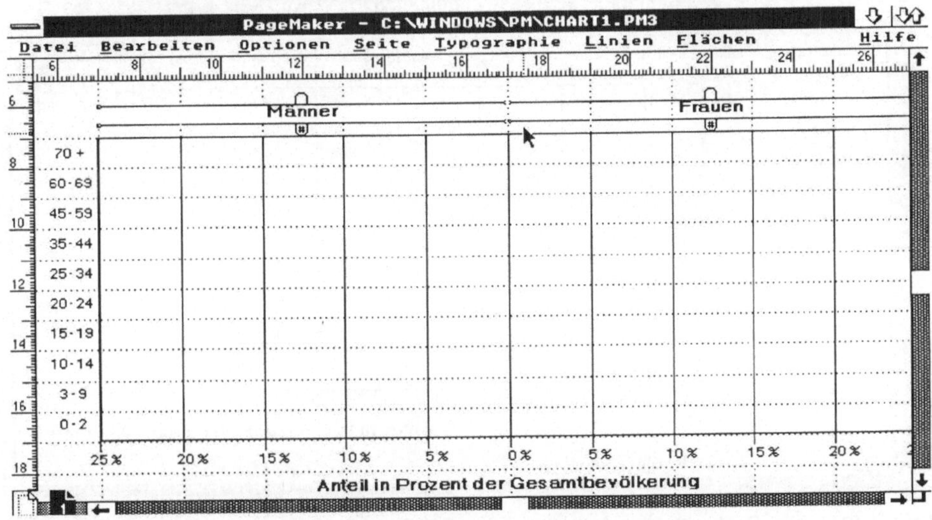

Abb. 2 - 17 Der Textblock wurde kopiert und das Titelwort ausgetauscht.

11. Rubrikenachse mit Altersklassen beschriften.

Legen Sie die Schriftart und die Schriftgröße für die Beschriftung der Achsen ein. Öffnen Sie mit

Ctrl. + T

das Dialogfenster, und geben Sie ein Helv., 10 P., normal, Zeilenabstand 28 P. (Siehe Abb. 2 - 18).

Schriftfestlegung:
Schriftart und Schriftgrad:
Courier
Helv
LinePrinter
Tms Rmn
6 8 10 12 14 18 24 30
OK
Abbrechen
Schriftgrad: 10 Point
Zeilenabstand: 28 Point
Autom. Zeilenabstand
Schriftschnitt:
Normal
Fett
Kursiv
Unterstrichen
Durchgestrichen
Negativ
Zeichenlage:
Normal
Hochgestellt
Tiefgestellt
Buchstabenart:
Normal
Großbuchstaben
Kapitälchen

Abb. 2 - 18 *Dialogfenster Schriftfestlegung* mit den Einstellungen für die Achsenbeschriftung.

Zeichnen Sie mit dem Textcursor ein 1 cm breites Rechteck neben die Rubrikenachse. Siehe Abb. 2 - 19.

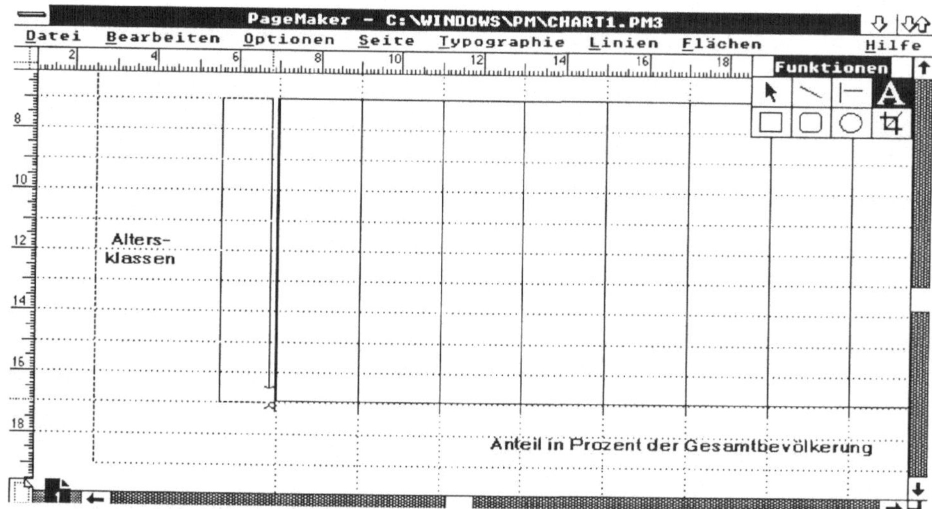

Abb. 2 - 19 Das Rechteck zur Aufnahme der Rubrikenbeschriftung an der Rubrikenachse wurde plaziert.

Tragen Sie die Altersklassen ein, und schließen Sie nach jeder Eingabe mit Return ab.

12. Beschriftung der Werteachse.

Stellen Sie die Textausrichtung mit

Ctrl. + L

auf linksbündig ein.

Plazieren Sie den Cursor an den Zeilenanfang unterhalb der Werteachse, und tragen Sie die Prozentsätze ein, wobei Sie jeweils mit der Tab-Taste einen Tabulator vor jeden Prozentsatz setzen. Siehe Abb. 2 - 20.

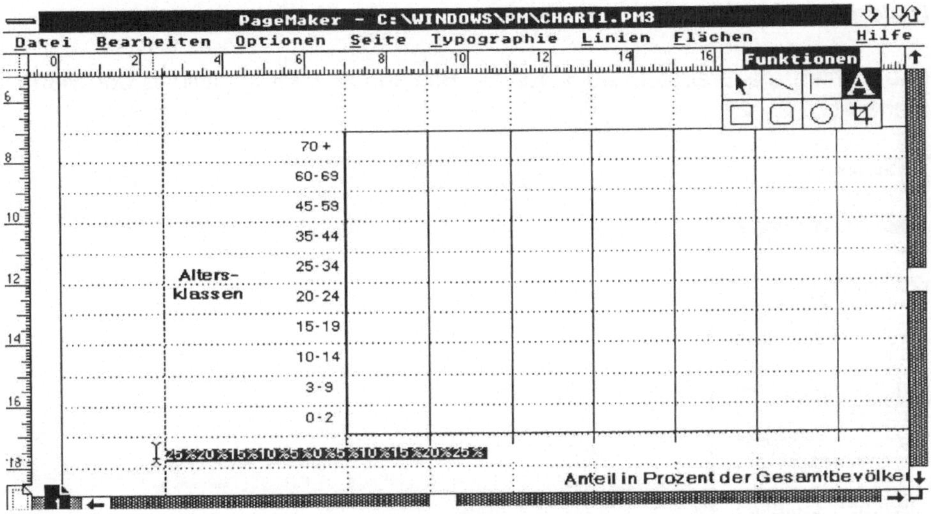

Abb. 2 - 20 Die Prozentsätze und Tabs wurden eingetastet.

Während der Cursor noch in der Zeile steht, definieren Sie die Tabulatorpositionen. Öffnen Sie das *Dialogfenster Einzüge/Tabs...*

mit Ctrl. + E.

Nachdem Sie die vorhandenen Tabulatoren mit

Löschen

entfernt und die Option *Zentriert* angewählt haben, definieren Sie folgende Tabulatorpositionen: 46 mm, 67 mm, 87 mm, 107 mm, 127 mm, 174 mm, 167 mm, 187 mm, 207 mm, 227 mm und 246 mm. Siehe Abb. 2 - 21.

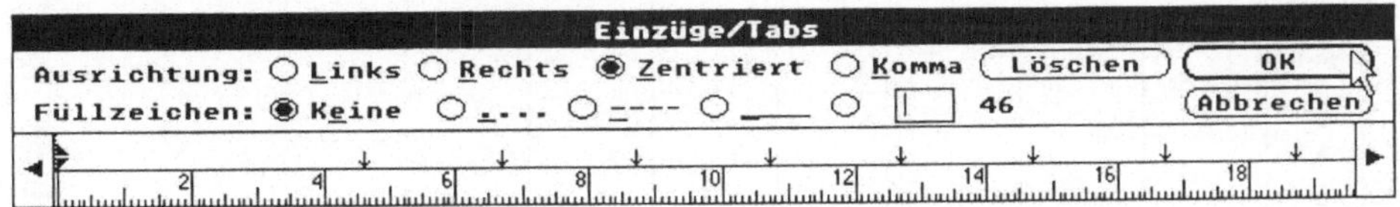

Abb. 2 - 21 *Befehlsmenü Einzüge/Tabs* mit den Tabulatoren für die Beschriftung der Werteachse.

13. Wertebalken des Balkendiagramms zeichnen.

Mit dem Mauszeiger öffnen Sie das

Dialogfenster Flächen

und wählen die Graustufe 30 % für die Balken der Altersverteilung der Männer. Siehe Abb. 2 - 22.

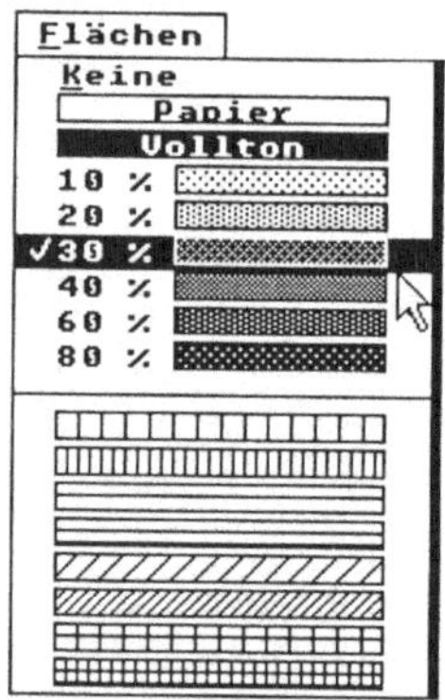

Abb. 2 - 22 *Befehlsmenü Flächen*, Graustufe 30 % angewählt.

Wählen Sie die Rechteckfunktion, und zeichnen Sie die Wertebalken. Von oben (Alter 70 +) nach unten (Alter 0 - 2) müssen sie folgende Werte repräsentieren: 2 %, 12 %, 14 %, 18 %, 20 %, 19 %, 9 %, 3 %, 2 % und 1 %. Siehe Abbildung 2 - 23.

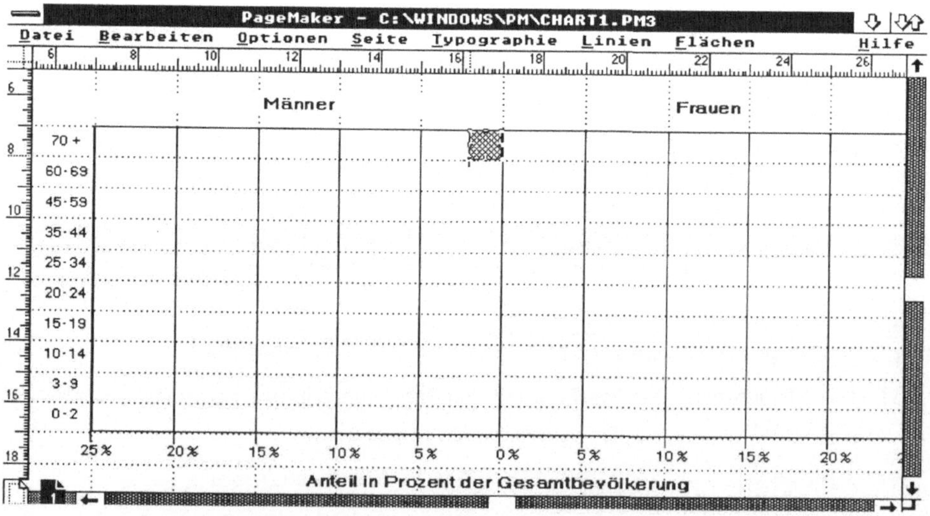

Abb. 2 - 23 Der erste Balken für die Altersverteilung der Männer wurde gezeichnet.

Wählen Sie in

Befehlsmenü Flächen

die Graustufe 20 % für die Balken der Altersverteilung der Frauen. Siehe Abbildung 2 - 24.

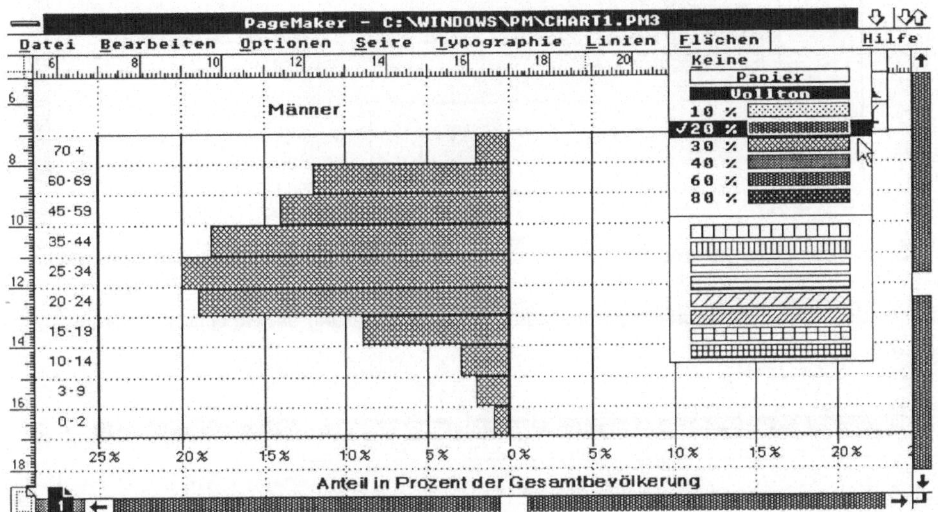

Abb. 2 - 24 *Befehlsmenü Flächen*, Graustufe 20 % angewählt. Links im Bild ist bereits die Altersverteilung der Männer zu sehen.

Zeichnen Sie sukzessive die Wertebalken für die Altersverteilung der Frauen. Von oben nach unten gesehen repräsentieren sie folgende Werte: 12 %, 15 %, 18 %, 13 %, 15 %, 11 %, 8 % , 3 %, 2 % und 3 %. Siehe Abb. 2 - 25.

14. Zentrierung des Diagrammtitels verbessern.

Da es optisch güngstiger ist, den Diagrammtitel über der Mittelachse der Altersverteilung zu zentrieren, ändern Sie die Größe des Textblockes, um eine Zentrierung über dem Diagrammrahmen zu erreichen. Die linken Markierungspunkte des Textblockes werden mit dem Mauszeiger über die linke Begrenzung der Rubriken-Achsen-Beschriftung geschoben. Die rechten Markierungspunkte setzen Sie über die rechte Rahmenbegrenzung. Siehe Abb. 2 - 26.

15. Hilfslinien unsichtbar machen.

Schalten Sie mit

Befehlsmenü Optionen, Befehl Hilfslinien bzw. Alt + O, dann H

die Hilfslinien aus. Siehe Abb. 2 - 26.

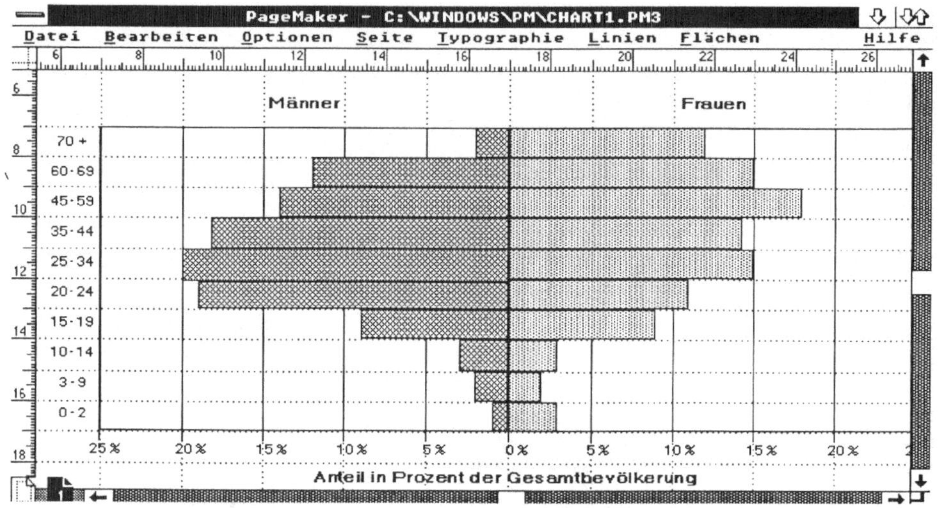

Abb. 2 - 25 Das Diagramm mit der vollständigen Altersverteilung der Gesamtbevölkerung.

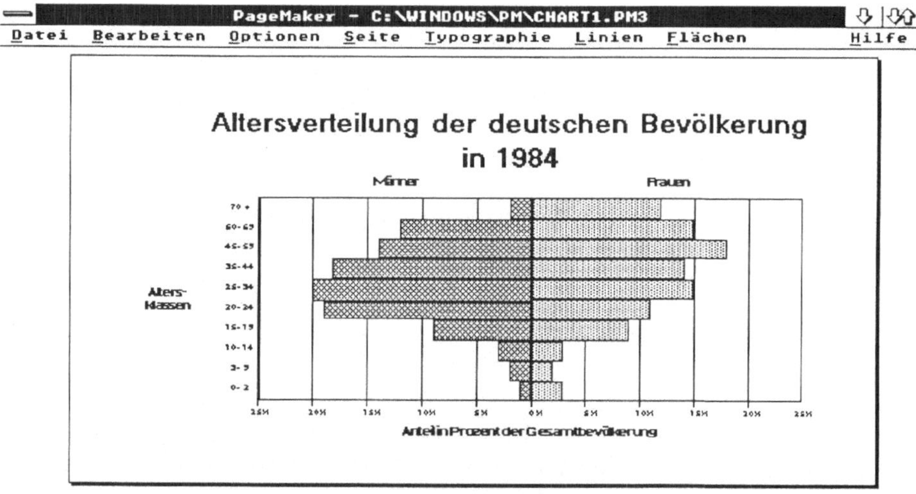

Abb. 2 - 26 Das fertige Diagramm nach Ausschalten der Hilfslinien.

16. Speichern der Arbeit.

Speichern Sie Ihre Arbeit mit Ctrl. + S.

17. Drucken der Arbeit.

Öffnen Sie mit

Befehlsmenü Datei, Befehl Drucken...

das *Dialogfenster Drucken*. Siehe Abb. 2 - 27. Um auch für den Drucker die Einstellung *Quer* für die Formatlage vorzunehmen, öffnen Sie mit

Schaltfläche *Einstellung...*

das Dialogfenster für die Druckereinstellung. Bestätigen Sie die übrigen Einstellungen dieses Dialogfensters (siehe Abb. 2 - 28).

Schließen Sie nacheinander die beiden Dialogfenster, und starten Sie dadurch den Druckvorgang.

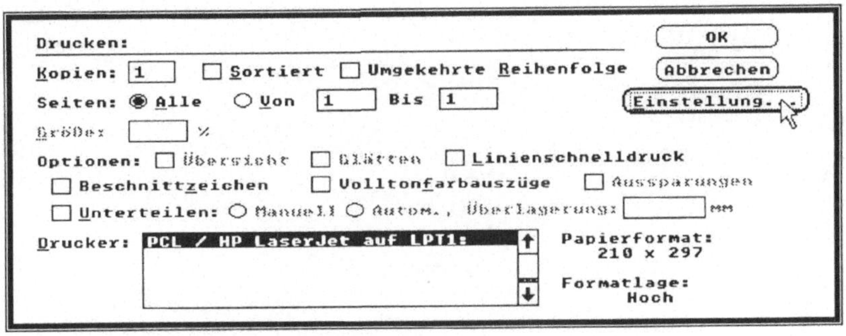

Abb. 2 - 27 *Dialogfenster Drucken* mit Schaltfläche *Einstellung...*

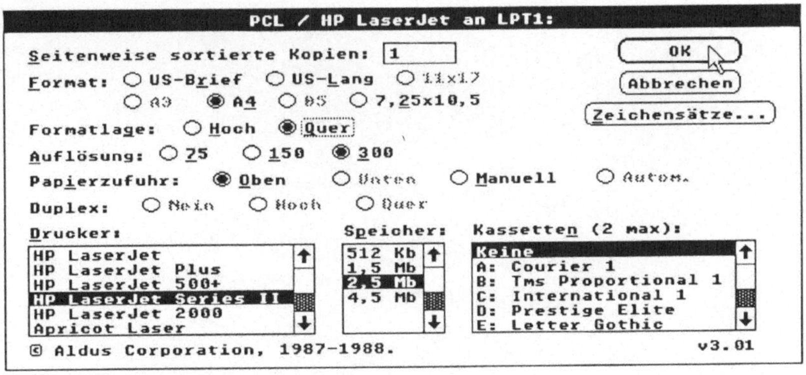

Abb. 2 - 28 Dialogfenster für Druckereinstellung.

18. Sichern Sie die Druckereinstellung durch ein erneutes Speichern der Datei.

Beispiel 3 - ein Waschzettel

Was Sie an diesem Beispiel lernen

Druckformate erzeugen, bearbeiten und anwenden, Text und Bild kombinieren, Text um Bilder herumlaufen lassen, Arbeit mit Bildplatzhaltern, Texte korrigieren, besondere Druckoptionen wie Beschnittzeichen anwenden.

Ein Waschzettel

Als Waschzettel bezeichnet man ein doppelseitiges aktuelles Informationsblatt, das als Handzettel verteilt oder ausgelegt wird. Auch die Beipackung zu einem Produkt ist möglich. Der Waschzettel hat vielfältige Verwendungsweisen. Die häufigste Verwendung dürfte im Bereich der Werbung liegen: Für die Ankündigung von Veranstaltungen, Geschäftseröffnungen, für Verkaufsangebote etc. ist der Waschzettel geeignet. In der Regel weist der Waschzettel eine Kombination aus textlichen und grafischen Elementen auf. Die wesentlichen Informationen sollen schnell erfaßt werden können. Daher werden große Schrifttypen und grafische Elemente verwendet, die die Kernaussagen herausstellen. Unser Beispiel ist das Ankündigungsblatt einer Geschäftseröffnung, das die Kundschaft über das Angebot und die Geschäftszeiten informiert und zu einem Besuch möglichst an einem der ersten Geschäftstage anregen soll.

Der Waschzettel in PageMaker

Der Text für den Waschzettel wurde in Windows Write als fortlaufende Textdatei erfaßt. Die Grafiken stammen aus Grafikanwendungen, teilweise aus Clipart-Paketen, und werden über die Zwischenablage oder als Grafikdateien in PageMaker geladen. Da Waschzettel stets in einem neuen Layout erstellt werden, wird auf die Anwendung von Mustervorlagen und Stammseiten verzichtet. Lediglich für die zwei verwendeten Schrifttypen kommen Druckformate zur Anwendung, da die jeweiligen Textabsätze so am schnellsten zu formatieren sind.

Vorgehensweise:

1. Programm laden, neue Datei anlegen und Seite einrichten.

Am schnellsten legen Sie eine neue Datei durch Eingabe der Tastenkombination

Ctrl + N

Neueröffnung!

Morgen 10.00 Uhr

Compact-Disc- + Video-Verleih

Täglich von

10.00 - 23.00 Uhr

Vorderseite des Waschzettels.

Rückseite des Waschzettels.

an. Im *Dialogfenster Seite einrichten* wählen Sie: *Seitenformat A5* und *Optionen Zweiseitig* an. Die Ränder legen Sie mit 5 mm fest. Siehe Abb. 3 - 1.

Seite einrichten: OK
Abbrechen
Seitenformat: A4 A3 A5 B5
US-Brief US-Lang Tabloid
Vorgabe: 148 x 210 mm
Formatlage: Hoch Quer
Erste Seite: 1 Seitenanzahl: 2
Optionen: Zweiseitig Doppelseite
Stegbreite in mm: Bund 5 Außen 5
Kopf 5 Fuß 5
Reindrucker: PCL / HP LaserJet auf LPT1:

Abb. 3 - 1 *Dialogfenster Seite einrichten* mit den Einstellungen für den Waschzettel. Anschließend befinden Sie sich auf der ersten Seite.

2. Optionen festlegen.

Überprüfen Sie im *Befehlsmenü Optionen*, daß Lineale, Linealpositionierhilfe, Hilfslinien und Positionierhilfe angewählt sind. Die Linealpositionierhilfe bewirkt, daß zu positionierende Objekte nur an der Position eines Linealteilstriches plaziert werden können. Die Positionierhilfe bewirkt, das Objekte von Hilfslinien angezogen werden, wenn sie in deren Nähe gelangen. Siehe Abb. 3 - 2.

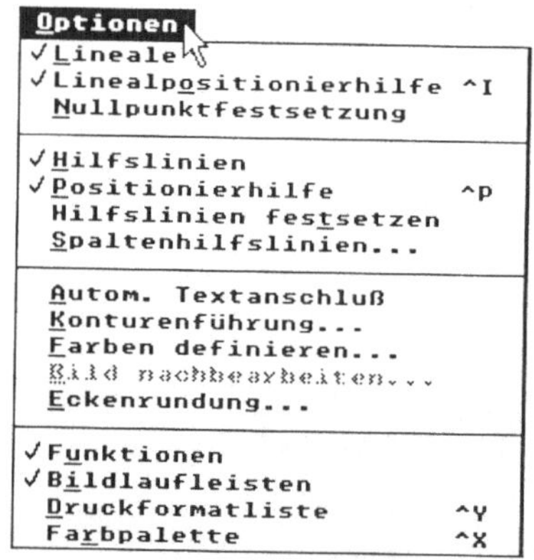

Abb. 3 - 2 *Befehlsmenü Optionen* mit erforderlichen Einstellungen.

3. Hilfslinien auf Seite 1 plazieren.

Klicken Sie mit dem Mauszeiger in den Bereich des horizontalen Lineals, und ziehen Sie eine Hilfslinie auf die Position 6 cm unterhalb der Formatoberkante, eine weitere auf die Position 15 cm unterhalb der Formatoberkante.

4. Hilfslinien auf Seite 2 plazieren.

Wiederholen Sie die Arbeitsschritte unter Punkt 3 auf der zweiten Seite. Diese Hilfslinien sollen dafür sorgen, daß beide Seiten einen gleichen Aufbau aufweisen.

Tip zur Vereinfachung: Wenn Sie das Dokument als einseitiges anlegen, können Sie die Hilfslinien für Seite 1 und 2 (Vorder- und Rückseite) in die Stammseite legen.

Plazieren Sie auf Seite 2 zusätzlich zwei vertikale Hilfslininien jeweils 1 cm vom linken und rechten Rand zur Seitenmitte versetzt. An diesen Hilfslinien sollen später Bildelemente ausgerichtet werden. Siehe Abb. 3 - 3.

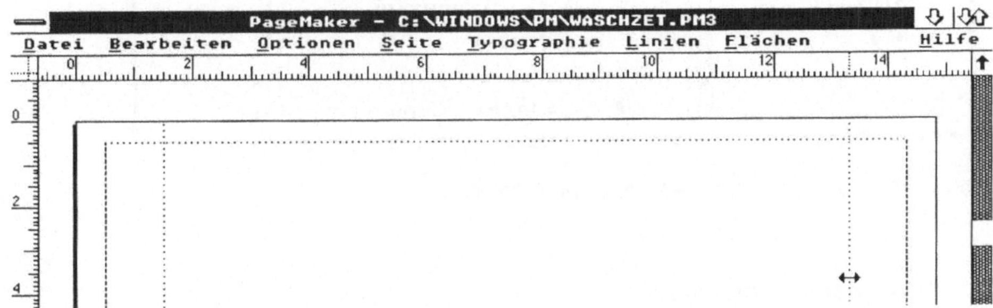

Abb. 3 - 3 Die vertikalen Hilfslinien der Seite 2.

5. Hilfslinien fixieren.

Fixieren Sie die Hilfslinien mit

Befehlsmenü Optionen, Befehl Hilfslinien festsetzen

in ihrer Position. Siehe Abb. 3 - 4.

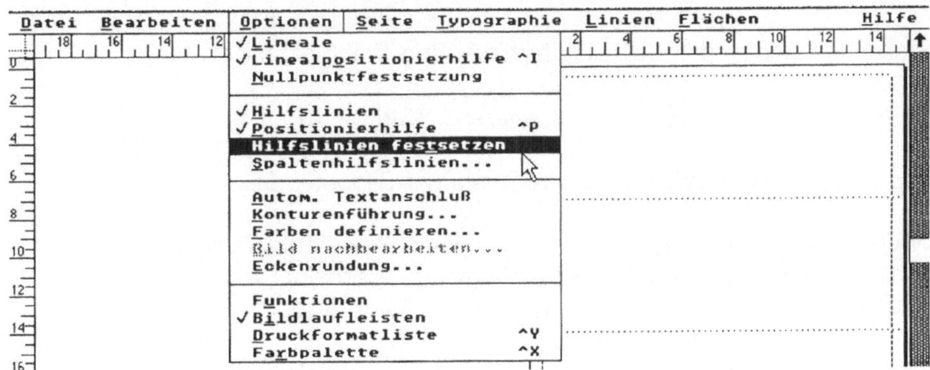

Abb. 3 - 4 *Befehlsmenü Optionen* mit *Befehl Hilfslinien festsetzen.*

6. Datei sichern.

Speichern Sie Ihre Datei mit

Befehlsmenü Datei, Befehl Datei Speichern unter...

mit dem Namen Waschzet als Satzdatei. Die Option *Satzdatei* ist innerhalb des Dialogfensters angewählt, wenn Sie keine andere Eingabe vornehmen. PageMaker vergibt als Dateiendung PM3. Siehe Abb. 3 - 5.

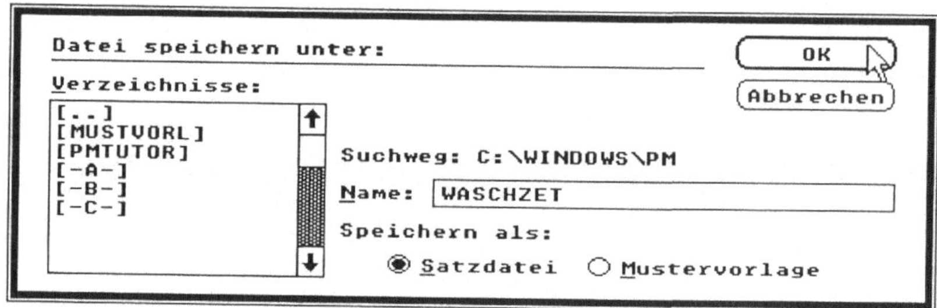

Abb. 3 - 5 *Dialogfenster Datei Speichern unter.*

7. Bildplatzhalter setzen.

Wählen Sie die Rechteckfunktion, und setzen Sie ein Rechteck von der rechten zur linken Randmarkierung zwischen die beiden Hilfslinien. Wenn Sie zuvor ein Raster als Flächenmuster anwählen, ist das Rechteck besser zu erkennen. Dieses Rechteck dient als Platzhalter für eine anschließend zu plazierende Illustration. Beim Austausch gegen die Illustration hat es die Aufgabe, deren Größe von vornherein festzulegen. So ersparen Sie sich die vergleichsweise umständlichere proportionelle Anpassung der Bildgröße an den vorgesehenen Raum innerhalb der Seite.

8. Platzhalter gegen Abbildung tauschen.

Stellen Sie sicher, daß der Bildplatzhalter angewählt ist. Mit

Befehlsmenü Datei, Befehl Positionieren... (Ctrl. + A)

öffnen Sie das Dialogfenster zur Auswahl der Bilddatei. Siehe Abbildung 3 - 6.

Wählen Sie im Dialogfenster die Datei Wasch2.pcx an. Wählen Sie unter *Positionieren* die Option *Bild ersetzen*, die nur erscheint, wenn in der Seite ein Bildplatzhalter angewählt ist. Siehe Abb. 3 - 7 und Abb. 3 - 8.

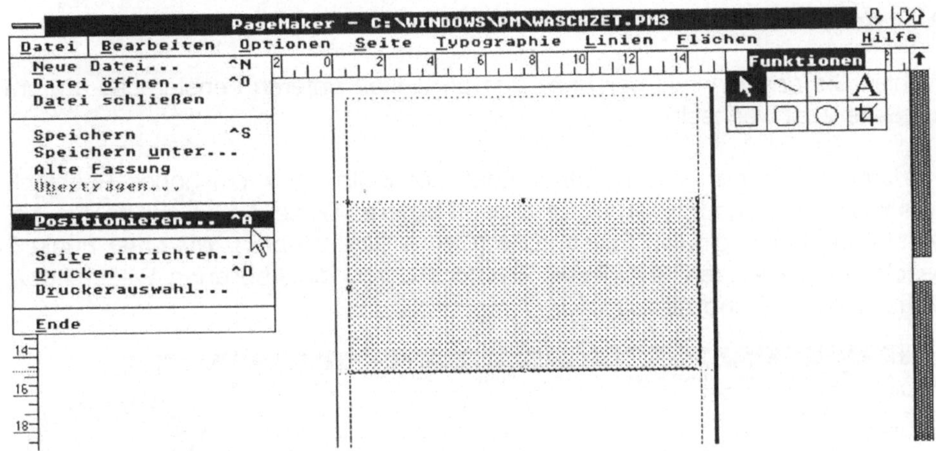

Abb. 3 - 6 Im Bildschirm sehen Sie den Bildplatzhalter. Das *Befehlsmenü Datei* mit dem *Befehl Positionieren* wurde geöffnet.

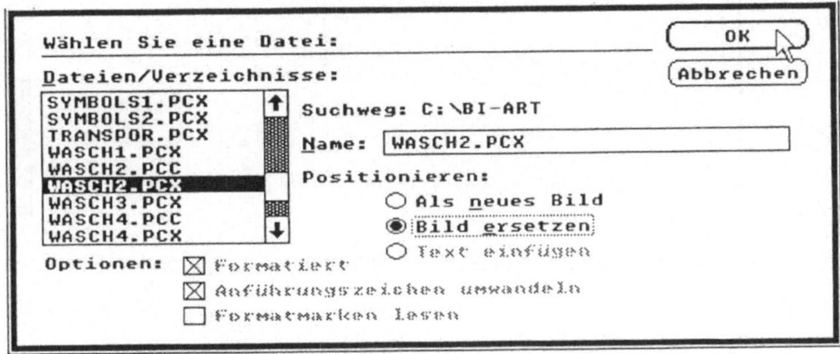

Abb. 3 - 7 Dialogfenster zur Positionierung der Bilddatei.

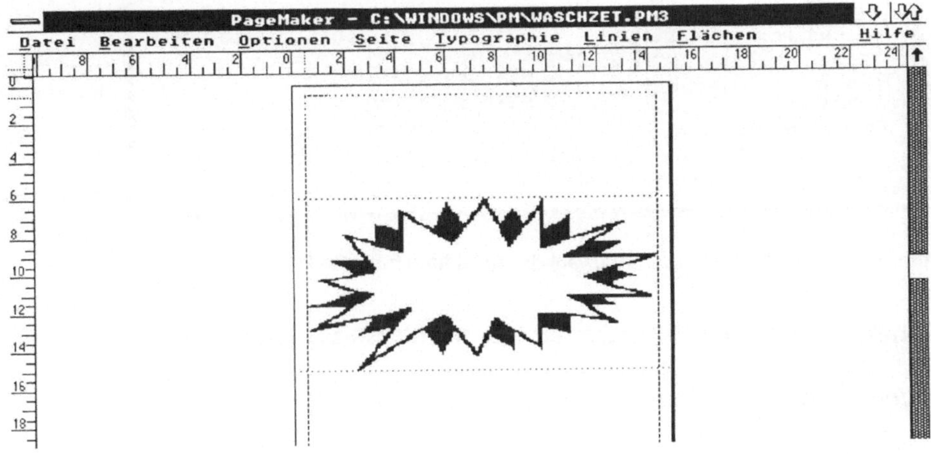

Abb. 3 - 8 Das Bild hat den Bildplatzhalter ersetzt und erscheint in der gewünschten Größe.

9. Noten am linken Rand der Seite 2 plazieren.

Wählen Sie das Sinnbild der Seite 2 in der linken unteren Fensterecke an, um auf Seite 2 zu wechseln.

Plazieren Sie in der linken oberen Ecke der Seite ein 7 cm hohes Rechteck zwischen der Randmarkierung und der Hilfslinie. Diese Arbeit sollten Sie bei Darstellung der originalen Seitengröße (Ctrl. + 1) ausführen. Wie unter Punkt 8 beschrieben, ersetzen Sie dieses Rechteck durch die Abbildung Wasch4.pcx. Siehe Abb. 3 - 9 und Abb. 3 - 10.

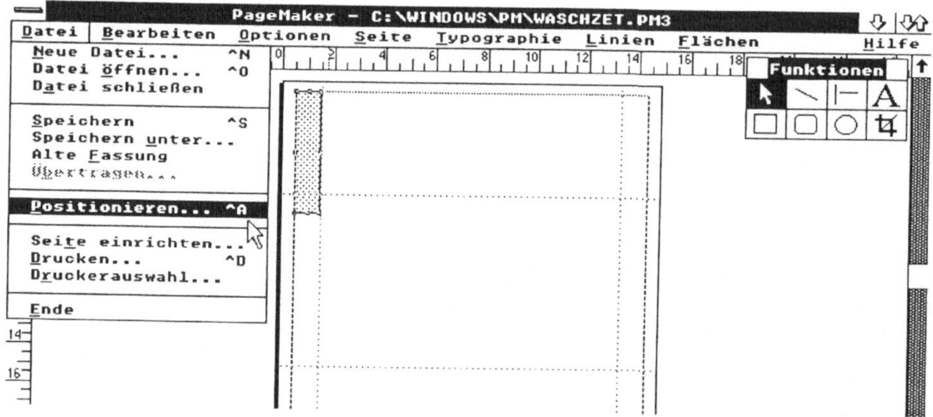

Abb. 3 - 9 Im Bildschirm erscheint Seite 2 mit dem als Bildplatzhalter fungierenden Rechteck.

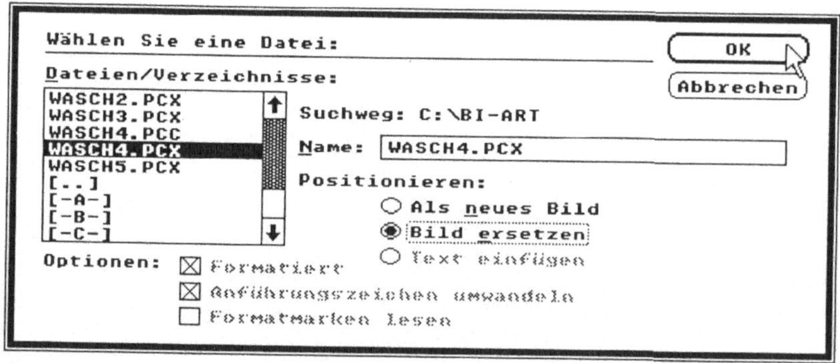

Abb. 3 - 10 Dialogfenster zur Auswahl der Abbildung für Seite 2.

Sobald das Bild den Platzhalter ersetzt hat, stellen Sie es mit

Befehlsmenü Bearbeiten, Kopieren

in den Zwischenspeicher. Siehe Abb. 3 - 11.

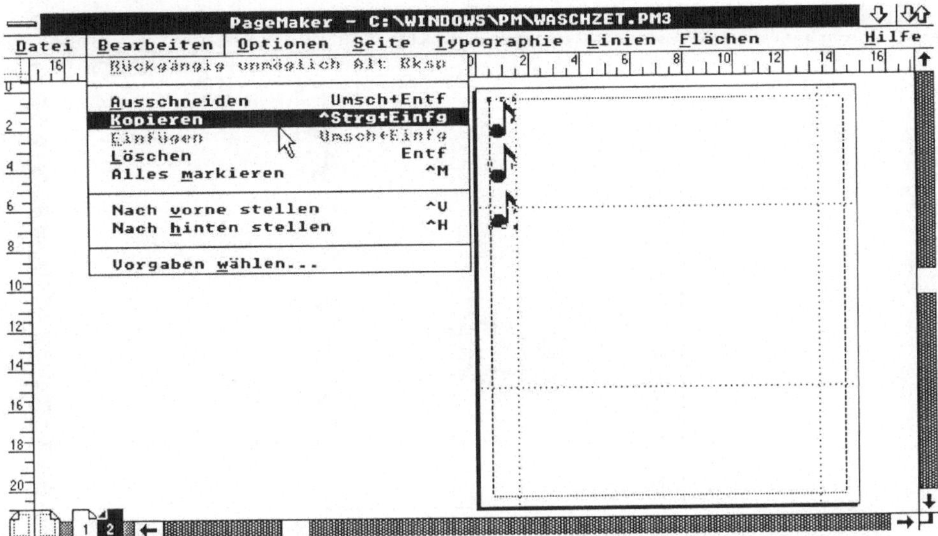

Abb. 3 - 11 *Befehlsmenü Bearbeiten* mit *Befehl Kopieren.*

Kopieren Sie das Bild aus dem Zwischenspeicher mit

Befehlsmenü Bearbeiten, Befehl Einfügen (Umschalt + Einfg.)

zweimal in die Seite, und plazieren Sie die Kopien so, daß die Noten eine durchgehende Leiste am linken Seitenrand bilden.

10. Noten am rechten Rand der Seite 2 plazieren.

Hier gehen Sie ebenso vor wie unter Punkt 9 beschrieben, benutzen aber das Bild Wasch5.pcx.

11. Weitere Bildelemente plazieren.

Plazieren Sie das Bild Wasch1.pcx zentriert auf der zweiten horizontalen Hilfslinie. Öffnen Sie das Dialogfenster für die Dateiauswahl mit Ctrl. + A, und wählen Sie die Datei Wasch1.pcx aus.

Das Bild wird in der Bildschirmmitte erscheinen. Definieren Sie es mit dem Mauszeiger, halten die Maustaste nieder und schieben das Bild in die gewünschte Position. Siehe Abbildung 3 - 12.

12. Textumlauf für Abbildung festlegen.

Wählen Sie Seite 1 und dort die Abbildung mit der Maus an. Den Umlauf des anschließend zu ladenden Textes um das Bild legen Sie im *Dialogfenster Kon-*

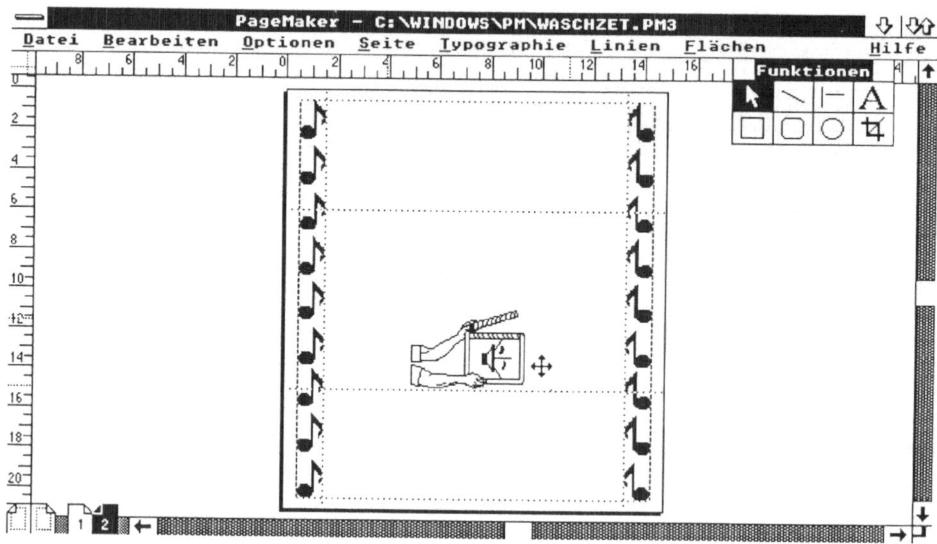

Abb. 3 - 12 Die Abbildung wurde richtig positioniert.

turenführung fest, das mit

Befehlsmenü Optionen, Befehl Konturenführung...

geöffnet wird. Siehe Abb. 3 - 13 und Abb. 3 - 14.

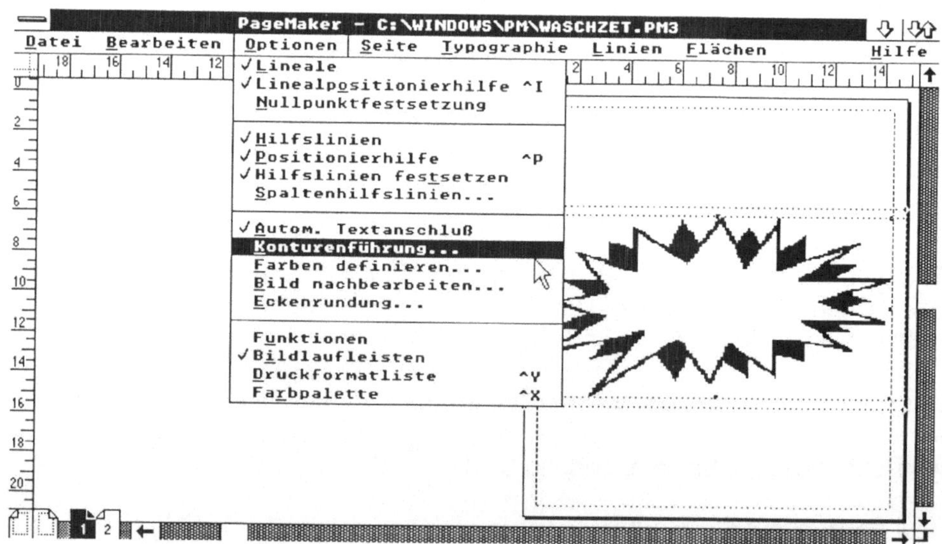

Abb. 3 - 13 *Befehlsmenü Optionen* mit *Befehl Konturenführung...*

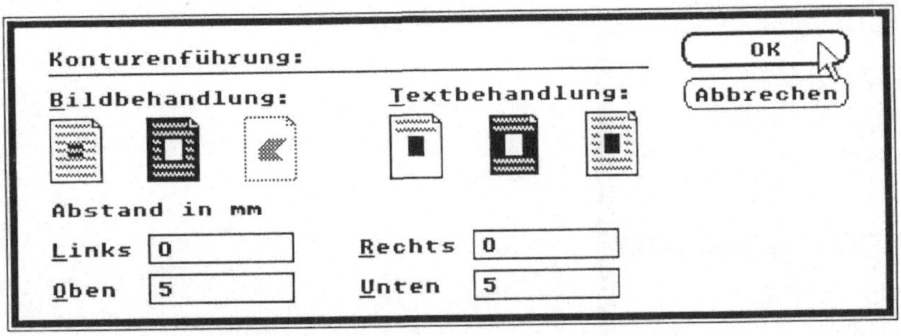

Konturenführung:
Bildbehandlung: Textbehandlung:
OK
Abbrechen
Abstand in mm
Links 0 Rechts 0
Oben 5 Unten 5

Abb. 3 - 14 *Dialogfenster Konturenführung.*

Innerhalb des Dialogfensters wählen Sie unter Bild- und Textbehandlung jeweils das mittlere Sinnbild. Für den oberen und unteren Rand geben Sie 5 mm ein. Durch diese Eingaben erreichen Sie, daß der Text oberhalb und unterhalb des Bildes, nicht jedoch seitlich des Bildes läuft, und von der Bildober- und Bildunterkante einen Abstand von je 5 mm hält. Siehe Abb. 3 - 14.

13. Textdatei laden.

Der Text wurde unter Windows Write fortlaufend erfaßt.

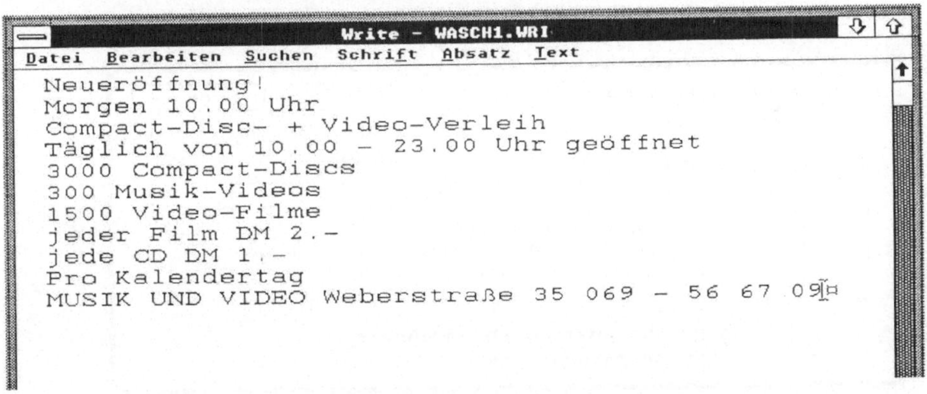

Write - WASCH1.WRI
Datei Bearbeiten Suchen Schrift Absatz Text

Neueröffnung!
Morgen 10.00 Uhr
Compact-Disc- + Video-Verleih
Täglich von 10.00 - 23.00 Uhr geöffnet
3000 Compact-Discs
300 Musik-Videos
1500 Video-Filme
jeder Film DM 2.-
jede CD DM 1.-
Pro Kalendertag
MUSIK UND VIDEO Weberstraße 35 069 - 56 67 09

Abb. 3 - 15 Der Text in Windows Write.

Durch Anwahl von

Befehlsmenü Optionen, Befehl Autom. Textanschluß

erreichen Sie, daß der gesamte in der Datei enthaltene Text automatisch bis zum Dateiende einfließt. (Damit ist in PageMaker ein automatischer Umbruch auch umfangreicher Dokumente möglich.) Siehe Abb. 3 - 16.

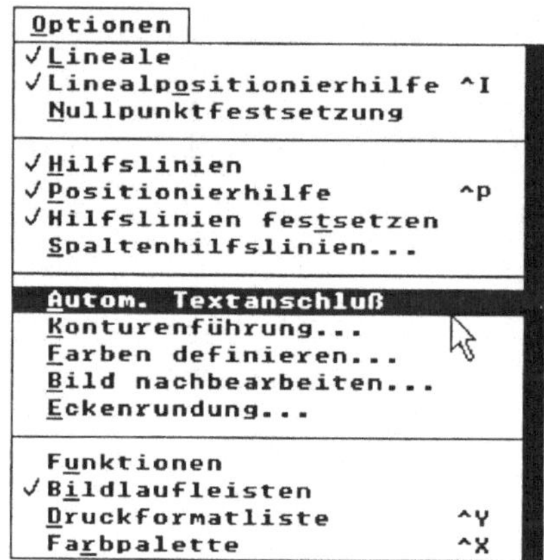

Abb. 3 - 16 *Befehlsmenü Optionen* mit *Befehl Autom. Textanschluß.*

Um den Text zu laden, öffnen Sie mit

Ctrl. + A

das Dialogfenster für die Dateiauswahl, wählen die Textdatei an und schalten die Option *Formatiert* aus. Siehe Abb. 3 - 17.

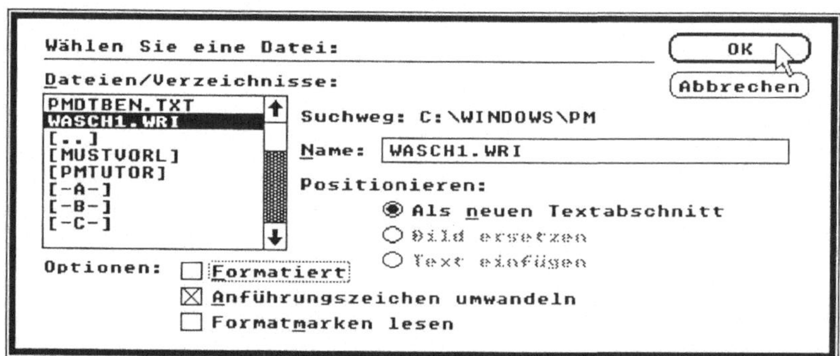

Abb. 3 - 17 Dialogfenster für die Dateiauswahl mit den erforderlichen Einstellungen.

Der Text erscheint mit den zuletzt in PageMaker angewählten Schriftfestlegungen innerhalb der Seiten.

14. Druckformat erzeugen und Text formatieren.

Wählen Sie die Editorfunktion. Definieren Sie mit dem Textcursor den ersten Absatz (erste Zeile). Es reicht in der Regel für die Anwendung von Druckformaten, den Cursor in den Absatz zu setzen oder einige Wörter zu definieren. Mit

Befehlsmenü Typografie, Befehl Druckformate definieren...

öffnen Sie das *Dialogfenster Druckformate definieren.*

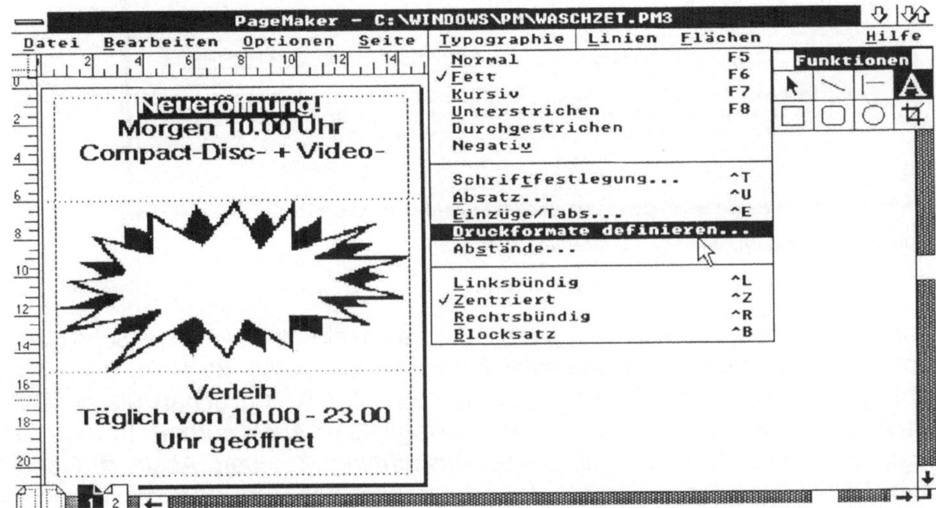

Abb. 3 - 18 Die erste Zeile wurde definiert, das *Befehlsmenü Typografie* mit dem *Befehl Druckformate definieren...* geöffnet.

In der Liste der Druckformate des *Dialogfensters Druckformate definieren* erscheint das Wort Markierung schwarz. Das bedeutet, daß bereits ein Text definiert wurde, auf den sich die folgende Auswahl eines Druckformates auswirkt. Im unteren Teil des Dialogfensters erscheinen die aktuellen Schrifteigenschaften des angewählten Textes. Siehe Abb. 3 - 19.

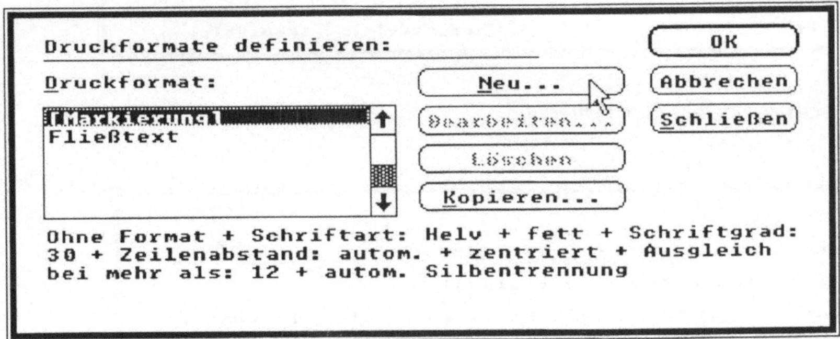

Abb. 3 - 19 *Dialogfenster Druckformate definieren.*

Um ein neues Format zu erzeugen, öffnen Sie durch Anwahl der Schaltfläche *Neu* das weitere *Dialogfenster Druckformate bearbeiten*. Siehe Abb. 3 - 20.

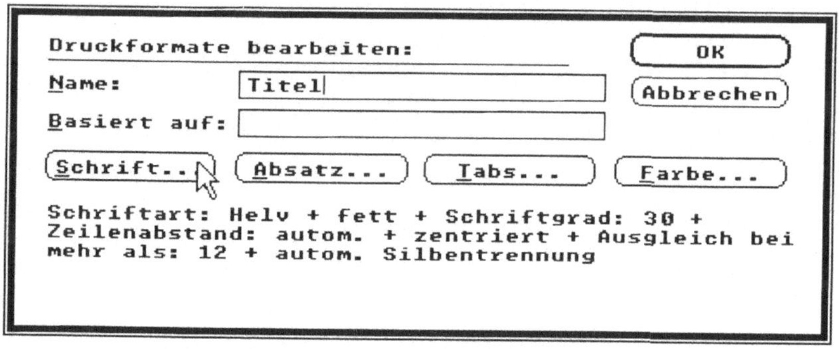

Druckformate bearbeiten:
Name: Titel
Basiert auf:
OK
Abbrechen
Schrift... Absatz... Tabs... Farbe...
Schriftart: Helv + fett + Schriftgrad: 30 + Zeilenabstand: autom. + zentriert + Ausgleich bei mehr als: 12 + autom. Silbentrennung

Abb. 3 - 20 *Dialogfenster Druckformate bearbeiten.*

Tragen Sie den Namen des neuen Formates ein. In dem mit Schaltfläche *Schrift...* zu öffnenden Dialogfenster geben Sie ein *Helv., 30 Point, fett*. Siehe Abb. 3 - 21. Schließen Sie das Dialogfenster mit OK und öffnen Sie anschließend mit der Schaltfläche *Absatz* das *Dialogfenster Absatzformat.* In dem *Dialogfenster Absatzformat* geben Sie ein *Ausrichtung: Zentriert, Abstand: Oben 5 mm*. Die übrigen Einstellungen bleiben erhalten. Schließen Sie das Dialogfenster mit OK. Siehe Abb. 3 - 22.

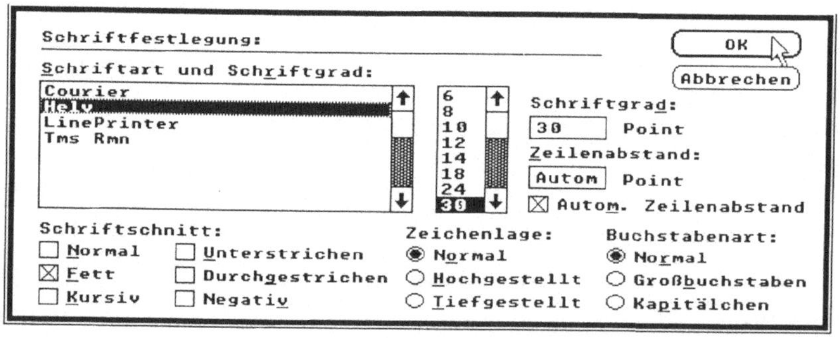

Schriftfestlegung:
Schriftart und Schriftgrad:
Courier
Helv
LinePrinter
Tms Rmn
6 8 10 12 14 18 24 30
OK
Abbrechen
Schriftgrad: 30 Point
Zeilenabstand: Autom Point
Autom. Zeilenabstand
Schriftschnitt: Normal, Fett, Kursiv, Unterstrichen, Durchgestrichen, Negativ
Zeichenlage: Normal, Hochgestellt, Tiefgestellt
Buchstabenart: Normal, Großbuchstaben, Kapitälchen

Abb. 3 - 21 *Dialogfenster Schriftfestlegung.*

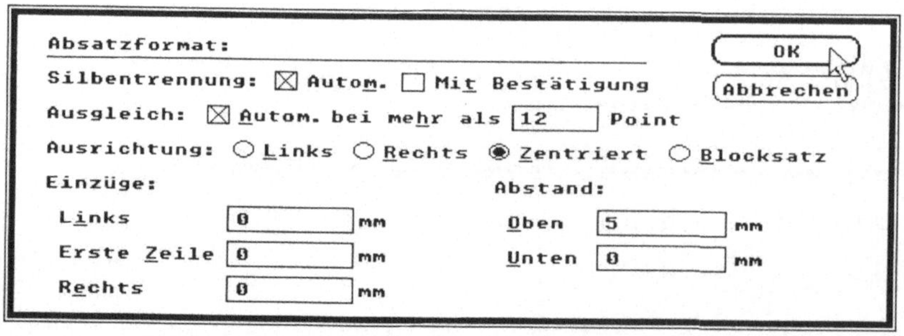

Absatzformat:
Silbentrennung: Autom. Mit Bestätigung
Ausgleich: Autom. bei mehr als 12 Point
Ausrichtung: Links Rechts Zentriert Blocksatz
OK
Abbrechen
Einzüge:
Links 0 mm
Erste Zeile 0 mm
Rechts 0 mm
Abstand:
Oben 5 mm
Unten 0 mm

Abb. 3 - 22 *Dialogfenster Absatzformat.*

Im *Dialogfenster Druckformat definieren* erscheint das neu erzeugte Druckformat aktiviert. Im unteren Bereich des Dialogfensters erscheinen die Formateigenschaften. Siehe Abb. 3 - 23. Sobald Sie auch dieses Dialogfenster schließen, übernimmt der erste Textabsatz die Eigenschaften des neuen Formates.

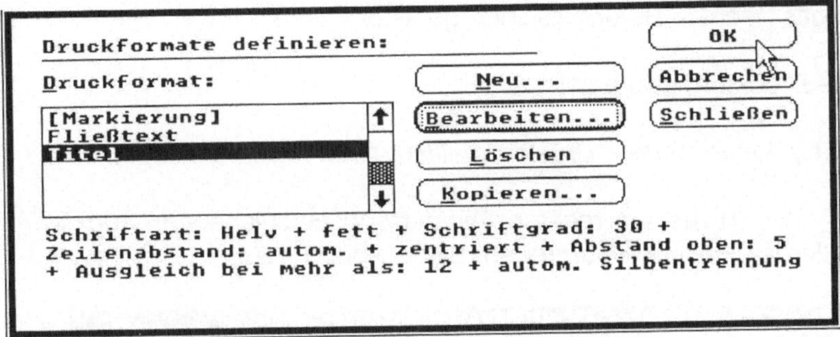

Abb. 3 - 23 Das *Dialogfenster Druckformat definieren* zeigt das neu erzeugte Druckformat und seine Eigenschaften.

15. Weiteres Druckformat erzeugen.

Definieren Sie den zweiten Textabsatz, und erzeugen Sie ein weiteres Druckformat mit dem Namen Untertitel. Verfahren Sie auch bei diesem Druckformat wie soeben beschrieben, geben Sie jedoch im *Dialogfenster Schrift* Helv. 24 Point, fett ein und im *Dialogfenster Absatzformat Abstand: Oben 10 mm.* Alle anderen Eigenschaften werden so wie die des Formates Titel festgelegt.

Tip: Wenn Sie im Dialogfenster Druckformate bearbeiten unter der Position Basiert auf: das Format Titel eintragen, übernimmt PageMaker die Eigenschaften automatisch.

Druckformate bearbeiten:
OK
Name: Untertitel
Abbrechen
Basiert auf:
Schrift... Absatz... Tabs... Farbe...
Schriftart: Helv + fett + Schriftgrad: 24 + Zeilenabstand: autom. + zentriert + Abstand oben: 10 + Ausgleich bei mehr als: 12 + autom. Silbentrennung

Abb. 3 - 24 *Dialogfenster Druckformate bearbeiten* mit den Eingaben für das Format *Untertitel.*

16. Text mit vorhandenen Druckformaten formatieren.

Definieren Sie den dritten Textabsatz, indem Sie den Textcursor in die dritte Zeile setzen und dreimal schnell hintereinander die linke Maustaste drücken. Der Text wird bis zu dem Wort "Verleih" (Absatzende) definiert, da hinter diesem Wort das nächste Return-Zeichen getastet wurde.

Öffnen Sie die Druckformatliste mit

Befehlsmenü Optionen, Befehl Druckformatliste (Ctrl. + Y).

Siehe Abb. 3 - 25. In der am rechten Fensterrand erschienenen *Druckformatliste* wählen Sie das Format *Untertitel* an. Siehe Abb. 3 - 26.

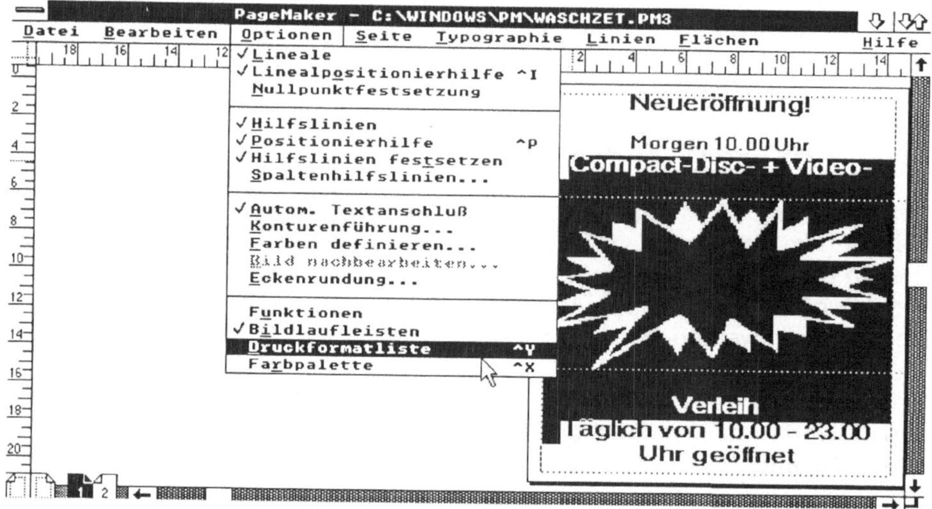

Abb. 3 - 25 Im Bildschirm sehen Sie die Zeilendefinition und das *Befehlsmenü Optionen* mit dem *Befehl Druckformatliste*.

Abb. 3 - 26 Im Bildschirm sehen Sie den bereits korrekt formatierten dritten Absatz und die *Druckformatliste*.

Den folgenden Absatz formatieren Sie auf die gleiche Weise mit dem Druckformat *Titel*. Siehe Abb. 3 - 27.

Abb. 3 - 27 Im Bildschirm sehen Sie den korrekt formatierten Absatz 4 und die *Druckformatliste*.

17. Texte der Seite 2 formatieren.

Definieren Sie in Seite 2 die einzelnen Textabsätze mit dem Mauszeiger, und formatieren Sie die ersten 3 Zeilen als Titel, die folgenden 3 Zeilen als Untertitel und die letzten 3 Zeilen als Titel. Zum Ergebnis siehe Abb. 3 - 31.

18. Textumlauf auf Seite 2 einstellen.

Wechseln Sie durch Anwahl des Sinnbildes auf die Seite 2. Wählen Sie das Bild in der Seitenmitte an, und öffnen Sie mit

Befehlsmenü Optionen, Befehl Konturenführung...

das *Dialogfenster Konturenführung.* Siehe Abb. 3 - 28.

Wählen Sie innerhalb des Dialogfensters unter *Bildbehandlung* das mittlere, unter *Textbehandlung* ebenfalls das mittlere Sinnbild. Als Abstand unten geben Sie 5 mm ein. Die übrigen Abstände setzen Sie auf 0 mm. Siehe Abb. 3 - 29.

Der Text läuft nun um das Bild herum, und zwar aufgrund der Einstellung im Dialogfenster Konturenführung lediglich oberhalb und unterhalb, nicht jedoch seitlich.

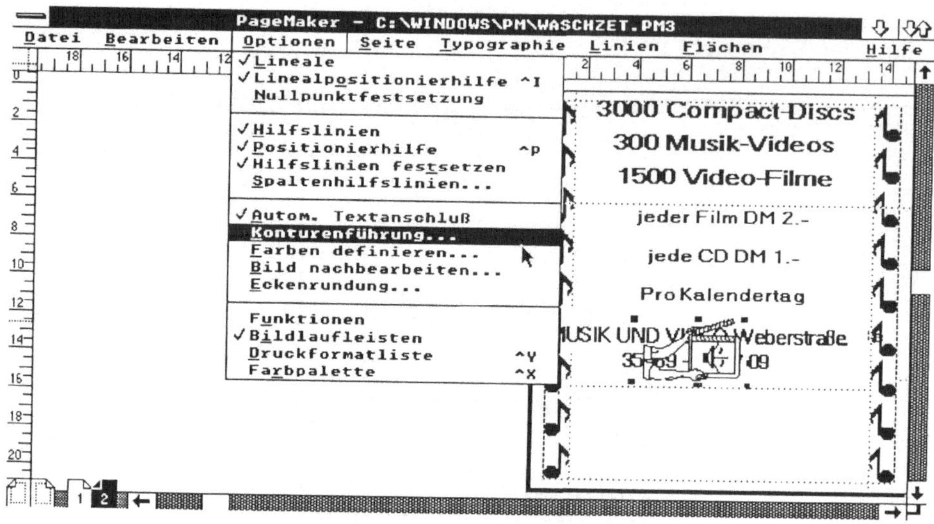

Abb. 3 - 28 Im Bildschirm sehen Sie Seite 2 mit der selektierten Abbildung und das *Befehlsmenü Optionen.*

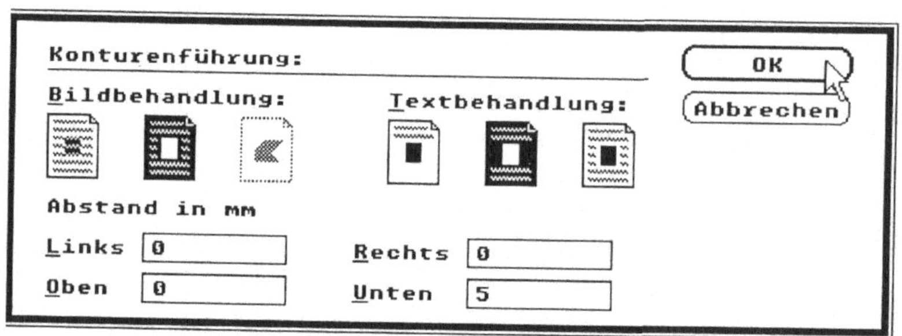

Abb. 3 - 29 Das *Dialogfenster Konturenführung* mit den Einstellungen für die Abbildung der Seite 2.

19. Zeilenlänge in Seite 2 verkürzen.20.

In Abbildung 3 - 28 erkennen Sie an der letzten Textzeile, daß Textblock und Schmuckrand den gleichen Raum einnehmen. Da sich der Schmuckrand aus mehreren Einzelelementen zusammensetzt, verwenden Sie in diesem Fall nicht das *Dialogfenster Konturenführung*, um den Text auf Abstand zu halten.
Wählen Sie mit dem Mauszeiger den Textblock der Seite 2 an. Fassen Sie nacheinander jeweils einen der rechten und einen der linken Markierungspunkte des Textblockes und verschieben Sie die rechte bzw. linke Markierung bis zur Deckung mit der vertikalen Hilfslinie. Siehe Abb. 3 - 30.

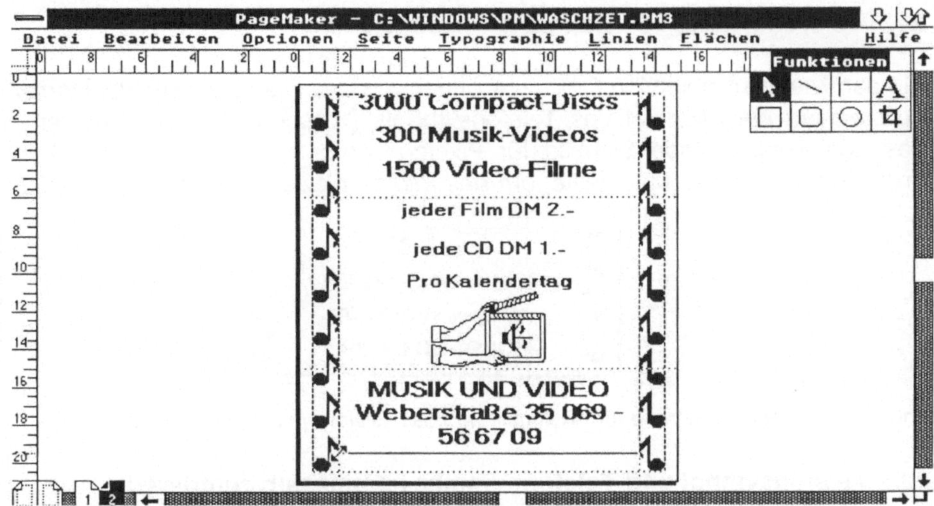

Abb. 3 - 30 Aufgrund einer Verkürzung der Zeilenlänge läuft der Text nun korrekt zwischen den Schmuckrändern.

20. Letzten Textabsatz trennen.

Straße und Telefonnummer sollen in getrennten Zeilen/Absätzen erscheinen. Plazieren Sie den Textcursor vor der Telefonnummer, und drücken Sie die Return-Taste. Siehe Abb. 3 - 30 und Abb. 3 - 31.

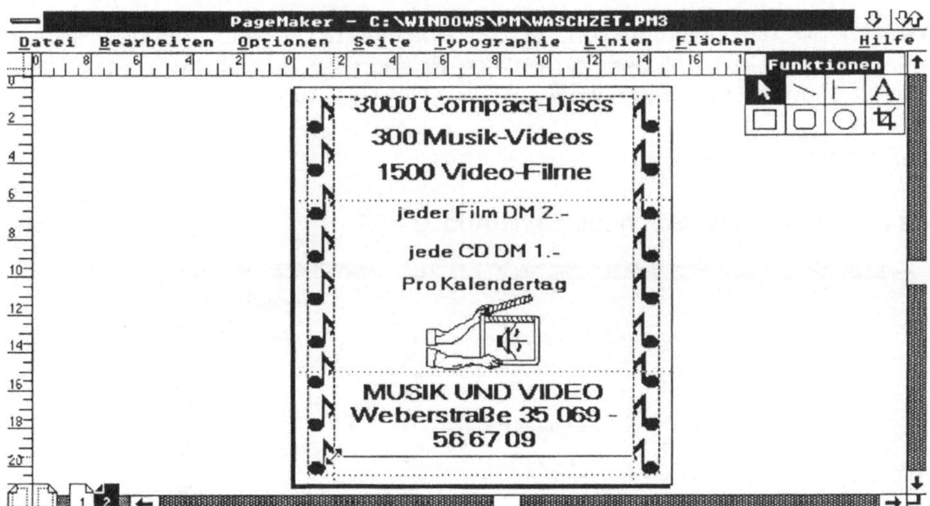

Abb. 3 - 31 Im Bildschirm sehen Sie den korrekt formatierten Text.

21. Telefonsymbol vor die letzte Textzeile setzen.

Mit der Tastenkombination Ctrl. + A öffnen Sie das *Dialogfenster Positionieren* und wählen die Bilddatei des Telefonsymbols (Wasch3.pcx) an. Plazieren Sie das nun erscheinende Sinnbild für Pixelgrafik vor der letzten Textzeile, und drücken Sie die linke Maustaste, um das Bild zu plazieren. Siehe Abb. 3 - 32.

Abb. 3 - 32 Mit dem Sinnbild für Pixelgrafik wird das Telefonsymbol positioniert.

22. Telefonsymbol und Telefonnummer gemeinsam zentrieren.

Geben Sie vor der Telefonnummer durch fünfmalige Eingabe von

Ctrl. + Umschalt + Rücktaste

5 Wortzwischenräume fester Größe ein. Postionieren Sie das Telefonsymbol unmittelbar vor der Telefonnummer.

23. Waagerechte Trennlinie in Seite 2 plazieren.

Wählen Sie die Linienfunktion für winkelhaltige Linien an. Zeichnen Sie eine waagerechte Linie von der horizontalen Position 2,5 cm zur horizontalen Position 12,5 cm auf der ersten waagerechten Hilfslinie. Wählen Sie im

Befehlsmenü Linien

als *Linienstärke Haarstrich* an. Siehe Abb. 3 - 33.

Abb. 3 - 33 Im Bildschirm sehen Sie die fertige Seite 2 des Waschzettels.

24. Schriftzug in das Sternbild setzen.

Gehen Sie durch Anwahl des Sinnbildes zur Seite 1. Legen Sie die Schriftgröße für den Schriftzug "Musik und Video" fest. Mit der Tastenkombination Ctrl. + T öffnen Sie das *Dialogfenster Schriftfestlegung* und geben ein Tms Rmn, 30 Point, fett.

Wählen Sie den Editor, und zeichnen Sie innerhalb des Sternbildes ein Rechteck wie in Abb. 3 - 34 zu sehen ist.

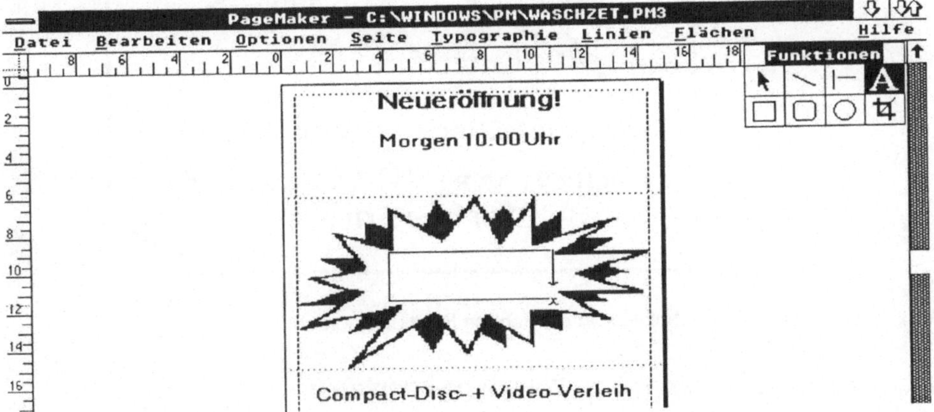

Abb. 3 - 34 Mit dem Textcursor wird der Textblock für die Aufnahme des Schriftzuges gezeichnet.

Erfassen Sie den Text. Anschließend wählen Sie die Zeigefunktion, klicken den Text an und bewegen ihn mit gedrückter Maustaste in das Zentrum der Abbildung. Siehe Abb. 3 - 35.

Abb. 3 - 35 Der Schriftzug wird in der Abbildung zentriert.

25. Pfeilsymbol plazieren.

Stellen Sie über ein Grafikprogramm das Pfeilsymbol für die rechte untere Seitenecke in die Zwischenablage und fügen es mit

Befehlsmenü Bearbeiten, Befehl Einfügen (Umschalt + Einfg.)

in die Seite ein. Plazieren Sie das Pfeilsymbol durch Anwahl und Bewegung mit dem Mauszeiger in die untere Rechte Ecke des Formates. Siehe Abb. 3 - 36.

Abb. 3 - 36 Das Pfeilsymbol wird in die richtige Position gebracht.

26. Unterstreichungslinie zu Zeile 2 positionieren.

Wählen Sie die Linienfunktion für winkelhaltige Linien. Zeichnen Sie eine waagerechte Linie im Abstand von 3 mm unterhalb der Unterlängen der zweiten Textzeile.

Den Linientyp legen Sie mit

Befehlsmenü Linen

fest. Siehe Abb. 3 - 37.

Abb. 3 - 37 Anwahl des Linientyps in *Befehlsmenü Linien.*

27. Buchstabenabstand der ersten Textzeile vergrößern.

Zur Hervorhebung soll die erste Textzeile breiter laufen. Um dies zu erreichen, wird der Buchstabenabstand vergrößert. Da PageMaker eine generelle Veränderung des Buchstabenabstandes nur für vollständige Textblöcke - nicht für Absätze - kennt, verändern Sie die Abstände innerhalb der ersten Textzeile individuell für jedes Zeichenpaar. Plazieren Sie den Textcursor jeweils zwischen 2 Buchstaben, und drücken Sie

Ctrl. + Umschalt + Rücktaste + Rücktaste.

Dadurch werden 2 Spatien von je einer Einheit (= 1/24 Geviert) zusätzlich zwischen den Zeichen eingefügt. Siehe Abb. 3 - 38.

Abb. 3 - 38 Der Buchstabenabstand der ersten 3 Zeichen wurde bereits vergrößert.

28. Ästhetische Korrektur.

Da die letzten beiden Zeilen der Seite besser balanciert wirken, wenn die Uhrzeiten und das Wort "Uhr" in einer Zeile erscheinen, führen Sie folgende Korrekturen durch. Vor den Uhrzeiten wird ein Zeilenumbruch gesetzt, das Wort "geöffnet" wird gelöscht (siehe Abb. 3 - 39).

29. Datei speichern.

Speichern Sie Ihre Datei mit der Tastenkombination Ctrl. + S.

Abb. 3 - 39 Im Bildschirm sehen Sie die fertige Seite 1 und das *Befehlsmenü Datei* mit dem *Befehl Drucken...*

30. Arbeitsergebnis ausdrucken.

Drucken Sie Ihr Arbeitsergebnis mit

Befehlsmenü Datei, Befehl Drucken...

Siehe Abb. 3 - 39. Im *Dialogfenster Drucken* wählen Sie unter *Optionen Beschnittzeichen* an. (Das angewählte Format A5 wird auf einem A4 Drucker ausgedruckt. Die Beschnittzeichen zeigen an, wie das Papier beschnitten werden muß.) Siehe Abb. 3 - 40.

Drucken:
OK
Kopien: 1 ☐ Sortiert ☐ Umgekehrte Reihenfolge
Abbrechen
Seiten: ◉ Alle ○ Von 1 Bis 2
Einstellung...
Größe: %
Optionen: ☐ Übersicht ☐ Glätten ☐ Linienschnelldruck
☒ Beschnittzeichen ☐ Volltonfarbauszüge ☐ Aussparungen
☐ Unterteilen: ○ Manuell ○ Autom., Überlagerung: mm
Drucker: PCL / HP LaserJet auf LPT1:
Papierformat: 210 x 297
Formatlage: Hoch

Abb. 3 - 40 *Dialogfenster Drucken.*

Beispiel 4 - ein Bericht

Was Sie an diesem Beispiel lernen

Arbeit mit Mustervorlagen, Anpassen einer Mustervorlage an einen installierten Drucker, Ersetzen eines Textplatzhalters innerhalb der Editorfunktion, Ersetzen eines Textplatzhalters mit dem *Befehl Datei positionieren...*, Ersetzen eines Bildplatzhalters mit dem *Befehl Datei positionieren...*, Arbeit mit Druckformaten zur Absatzformatierung.

Ein Bericht

Der Bericht ist eine sehr vielseitige Publikationsform: Für Geschäftsergebnisse und -entwicklungen, Forschungsergebnisse wissenschaftlicher Institute, Research-Ergebnisse in Unternehmensberatungen und Marktforschungsunternehmen, Planungen und Rechenschaftsberichte jeglicher Art wird diese Darstellungsform gewählt. Berichte können ein- oder mehrspaltig angelegt werden. Die Gliederung kann nach der wissenschaftlichen Notierung (z. B. 1.1.1) oder mit unterschiedlich formatierten ersten, zweiten und dritten Überschriften gestaltet werden. Desktop Publishing erleichtert die Illustration von Berichten mit gezeichneten oder über einen Scanner eingelesenen Abbildungen. Zu einem guten Bericht gehört in der Regel ein Inhaltsverzeichnis, gegebenenfalls auch ein Literaturverzeichnis, ein Abbildungsverzeichnis, etc.

Der Bericht mit PageMaker

Wir erstellen den Bericht auf Basis einer mit PageMaker gelieferten Mustervorlage. Es handelt sich um eine Mustervorlage im Format A4, einseitig, zweispaltig mit den Randeinstellungen 25 mm links, rechts und Fuß, 28 mm Kopf. Die Stammseite enthält folgende Elemente: Einstellung für Zweispaltigkeit, Fußzeile mit dem Platzhalter der Seitennummer, Kopfzeile mit Firmennamen und Datum. Eine erste Seite enthält Titel, Untertitel, Autorname und Inhaltsverzeichnis. Eine zweite Seite enthält Grundtext und einen Untertitel für die dritte Gliederungsebene. Eine dritte Seite zeigt darüberhinaus einen Bildplatzhalter für eine einspaltige Abbildung und den dazugehörigen Abbildungstitel. Eine vierte Seite zeigt den Platzhalter für eine zweispaltige, eine fünfte Seite den Platzhalter für eine ganzseitige Abbildung. Außerdem findet man hier einen alternativen Abbildungstitel in größerer Schrift für eine ganzseitige Abbildung. Die Eigenschaften der sich wiederholenden Textelemente wie Überschriften und Grundtext sind als Druckformate (Makros zur Absatzformatierung) Bestandteil der Mustervorlage. Die Textelemente dienen lediglich als Textplatzhalter, die die Plazierung eines Textelementes festlegen. Sie werden später durch die Originaltexte ersetzt. Die Mustervorlage reduziert auf Grund ihrer Text- (weiter auf Seite 109)

Verband der Gasturbinenbauer September 1988

Die Luftspeicher-Gasturbine -
Eine neue Möglichkeit der Spitzenstromerzeugung

Von Dipl.-Ing. H.-Chr. Herbst, Hamburg

Inhalt

Erste Seite des Berichtes.

Verband der Gasturbinenbauer September 1988

1. Konventionelle Spitzenlastanlagen

Als Anlagen zur Deckung von Spitzenlast in den Netzen der Elektrizitätsversorgung haben sich seit vielen Jahren die Gasturbinen und die hydraulischen Pumpenspeicherturbosätze als besonders nützlich erwiesen.

Ihre hervorragende Eignung für diesen Zweck ergibt sich aus ihren spezifischen Eigenschaften, die sich wie folgt aufzählen lassen.

Gasturbinenanlagen

Vorteile: Niedrige Investitionskosten, d.h. niedriger Kapitaldienst je installiertem kW; kurze An- und Abfahrzeiten, daher geringe An- und Abfahrwärmeverluste; hohe Laständerungsgeschwindigkeit; wenig Hilfsmaschinen, daher geringer Eigenbedarf; einfacher Aufbau, daher besonders geeignet für vollautomatischen und ferngesteuerten Betrieb.

Nachteile: Schlechter Wirkungsgrad bei der Umsetzung der thermischen Energie aus edlen Brennstoffen; mäßige Regelfähigkeit.

Pumpspeicheranlagen

Vorteile: Sehr kurze An- und Abfahrzeiten; hohe Laständerungsgeschwindigkeit; gute Regelfähigkeit; kein Brennstoffverbrauch, da in beiden Energieflußrichtungen nur elektrohydraulische Umsetzung stattfindet; wenig Eigenbedarfsverbraucher; hervorragende Eignung für vollautomatischen und ferngesteuerten Betrieb;

Verwendung billiger Zuwachsenergie als Pumpstrom; guter Wirkungsgrad.

Nachteile: Meist sehr hohe Investitionskosten.

Bei beiden Anlagentypen ergibt die Kombination der Vor- und Nachteile als Ergebnis aus der Summe der Kapitalkosten und des Energieaufwandes im allgemeinen günstige Gestehungskosten für die erzeugte Arbeit.

Der Einsatz der Pumpspeicherung ist ferner durch die Tatsache begünstigt worden, daß er es ermöglicht, die Erzeugung von Spitzenlast zeitlich in Lastsenken zu verschieben. Dadurch wird in einem Versorgungssystem weniger hochwertige, kapitalintensive thermische Erzeugungskapazität benötigt und die Ausnutzung der im übrigen vorhandenen Grundlaskapazität verbessert.

Nun sind aber hydraulische Pumpspeicherkraftwerke an das Vorhandensein geodätischer Höhenunterschiede gebunden. Im Flachland stand daher als spezielle Spitzenlastmaschine bisher nur die Gasturbine zur Verfügung.

2. Die Luftspeicher-Gasturbine

Um den Vorteil der Pumpspeicherung auch in ebenen Landstrichen nutzen zu können, hat man sich bereits seit vielen Jahren mit dem Problem der Luftspeicher-Gasturbine beschäftigt. Die Einschaltung eines Druckspeichers zwischen den Luftverdichter und die Brennkammer eines Gasturbinenaggregates ermöglicht es, die Förderung der Verbrennungsluft zeitlich vom Gasturbinenbetrieb zu trennen. Da diese Luftförderung bei einer Einwellengasturbine etwa zwei Drittel der Wellenleistung beansprucht, die mit hochwertigem Brennstoff aufgebracht werden muß, läßt sich ein erheblicher wirtschaftlicher Effekt erzielen, wenn man die Luft durch einen elektrischen Verdichterantrieb mit billiger Zuwachsarbeit während lastschwacher Stunden fördert. Ein weiterer Vorteil dieses Verfahrens liegt darin, daß die sonst für die Luftverdichtung erforderliche Wellenleistung nunmehr zusätzlich als Nutzleistung von der Gasturbine dargeboten werden kann. Hierdurch erklärt sich der abrupte Sprung in der Leistung von heute etwa max. 70 - 90 MW bei einer konventionellen Einwellengasturbine auf rd. 300 MW bei in der Planung befindlichen Luftspeicher-Gasturbosätzen.

Das Energieflußbild (Bild 1) zeigt einen Vergleich zwischen diesen Verhältnissen bei einer konventionellen Einwellengasturbine und bei einer Luftspeicher-Gasturbine gleicher Wellenleistung, beide jedoch ohne Abgaswärmetauscher.

Bei der konventionellen Maschine repräsentiert 1/3 der von der Welle geleisteten Arbeit die Nutzarbeit mit einem Wirkungsgrad von 26 % der aufgewandten Energie, die zu 100 % aus dem Brennstoff kommt. Bei der Luftspeicheranlage werden nur 66 % des Energieaufwandes durch Brennstoff gedeckt, 34 % dagegen werden als Verdichterarbeit aus dem Netz entnommen. Die Arbeit der Turbinenwelle steht voll aus Nutzarbeit zur Verfügung und macht 40 % des gesamten Energieaufwandes aus. Dieser Wirkungsgrad kann als sehr gut bezeichnet werden. Allerdings ist darauf hinzuweisen, daß bei dieser Betrachtung der Wirkungsgrad der Umsetzung der Primärenergie in den Pumpstrom vernachlässig worden ist. Dies ist zwar physikalisch nicht ganz korrekt, aber dennoch gerechtfertigt, weil bei der Betrachtung der Wirtschaftlichkeit des Verfahrens die Kosten der Verdichterarbeit auf die elektrische Arbeitseinheit bezogen eingeführt werden.

3.1 Gleichdruckspeicher

Der Gleichdruckspeicher ist ein Verdrängungsspeicher, bei dem Wasser als Verdrängungsmedium verwendet wird. Beim Füllen drückt die Luft das Wasser aus dem Speicher in ein oberirdisches Wasserbecken; bei der Entnahme im Nutzleistungsbetrieb strömt das Wasser in den Speicher zurück. Die Höhe der Wasservorlage, d.h. die Spiegeldifferenz zwischen Untertagespeicher und obertätigem Wasserbecken bestimmt hier den Luftdruck im Speicher.

Zweite Seite des Berichts.

Verband der Gasturbinenbauer September 1988

Er sollte, wie Optimierungsrechnungen ergeben haben, bei etwa 45 bar liegen. Die Spiegeldifferenz, d.h. die Teufe der Speicherkaverne ist also mit 450 bis 460 m anzusetzen (Bild 2).

Eine solche mit Wasservorlage betriebene Speicheranlage kann nur im bergmännischen Schacht- und Stollenbau in felsigem Untergrund erstellt werden. Der vertikale Schacht, durch den das Wasser in den Speicher und zurück geführt wird, hat einen Durchmesser von etwa 6 m.

Der Speicherraum selbst besteht aus einem Stollen mit rd. 5,5 m Durchmesser, der je Vollastbetriebstunde ein Volumen von etwa 30000 m^3, entsprechend einer Länge von 1250 m haben muß [1]. Er wird mit Hilfe von Vollschnittmaschinen so erstellt, daß er im Grundriß einer langgestreckten Spirale gleicht. Bei der Anlage sind besondere Vorkehrungen zu treffen, um den Speicherraum wirksam gegen Luftverluste durch klüftigen Fels abzudichten sowie auch, um Störungen der Speicherdynamik durch Inlösunggehen der Speicherluft im Wasser der Vorlage zu verhindern.

Die Luftspeicher-Gasturbinenanlage mit Gleichdruckspeicher läßt sich günstig mit einem hydraulischem Pumpspeicherkraftwerk kombinieren, indem man das Unterwasserbecken des letzteren als obertätigen Wasservorrat für den Gleichdruckspeicher verwendet. Füll- und Entleerungszyklen der beiden Kraftwerke verlaufen dann gleichsinnig und ermöglichen konstengünstige Anordnungen [2]. Das RWE plant den Bau einer solchen Kraftwerkskombination an der Westgrenze der Bundesrepublik.

3.2 Gleitdruckspeicher

Gleitdruckspeicherung muß überall dort angewandt werden, wo das Gleichdruckverfahren nicht ausgeführt werden kann, d.h. wo keine Möglichkeit besteht, in der durch die Höhe der Säule der Verdrängungsflüssigkeit vorgegeben Teufe einen künstlichen Hohlraum anzulegen. Solche Verhältnisse müssen in den deutschen Küstenländern durchweg vorausgesetzt werden. Es ist dort nirgends in den geforderten 450 - 460 m unter Tage eine für Gleichdruckspeicherung geeignete geologische Formation anzutreffen.

Frühere Bodenuntersuchungen bei der Erforschung möglicher Erdöllagerstätten haben jedoch im gesamten norddeutschen Raum zwar sehr wenig Erdöl und Erdgas, aber einen sehr großen Reichtum Salzlagerstätten aufgezeigt. Der Austrockungsrückstand der Küstenmeere zur Zeit des geologischen Mittelalters ist dort durch den Druck des darüber abgelagerten Deckgebirges an vielen Stellen aus mehreren Tausend Meter Tiefe in Gestalt sehr ausgedehnter Salzstöcke bis wenige Hunderte von Metern unter die Erdoberfläche hochgedrückt worden. Durch die natürliche Umkleidung mit wasserdichten Gesteinsschichten und durch ihre Entstehungsgeschichte sind diese Salzstöcke für den Bau von allen Arten von Lagerräumen, bei denen es auf absolute Dichtigkeit ankommt, hervorragend geeignet.

Eine Kaverne im Salz muß aus naheliegenden Gründen als trockener Speicher betrieben werden (Bild 3). Hier muß sich je nach Füllungszustand ein anderer Luftdruck einstellen. Der vor der Turbine benötigte Luftdruck zuzüglich der geodätischen Druckhöhe und der Rohrleitungsverluste stellt die untere Grenze des Speicherbetriebsdruckes dar. Ist beispielsweise die Turbine für einen Eintrittsdruck von 45 bar bei Vollast ausgelegt und soll die Anlage täglich 2 Vollastbetriebsstunden zu leisten in der Lage sein, so muß der Speicher so weit gefüllt werden, daß sein Druck während dieser 2 Stunden höher als die genannten 45 bar liegt. Fällt der Speicherdruck unter diesen Wert, so kann auch dann noch für eine gewisse Zeit die Turbine weiterfahren. Sie wird aber die volle Leistung nicht mehr erreichen können; dieselbe wird vielmehr mit dem Speicherdruck stetig absinken. Im gefüllten Zustand wird der Speicherdruck um einen Wert höher als der Enddruck sein, der dem Produkt aus der planmäßigen Vollastbetriebszeit und der für die betreffende geologische Formation zugelassenen Druckabsenkungsgeschwindigkeit entspricht. Soll z.B. die Vollastbetriebzeit 2 h betragen und liegt der Druckgradient bei 10 bar/h, so liegt der Druck des gefüllten Speichers um 20 bar über dem unteren Grenzdruck (nomineller Leerzustand). Wegen dieser Betriebsweise wird bei einer Anlage mit Gleitdruckspeicher der spezifische Aufwand an Verdichterarbeit höher liegen als bei einem Gleichdruckspeicherwerk.

Da der Speicherinhalt nur teilweise genutzt werden kann, muß auch das Volumen eines Gleitdruck-

Bild 1. Energieflußschema von Gasturbinenprozessen

Dritte Seite des Berichtes.

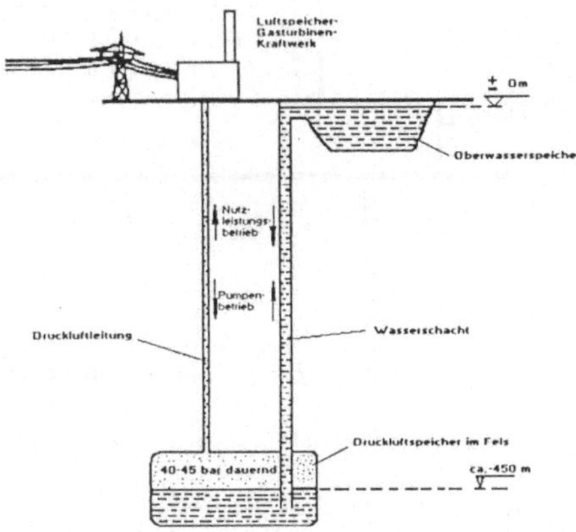

Bild 2. Gasturbinenanlage mit Gleichdruckspeicher

speichers verhältnismäßig größer sein, als das eines Gleichdruckspeichers. Die spezifischen Zahlen sind ungefähr

0,12 - 0,20 M^3/kWh für den Gleichdruckspeicher
0,45 - 0,65 M^3/kWh für den Gleitdruckspeicher.

Dennoch ist ein Speicher im Salz durchaus wettbewerbsfähig, da die spezifischen Kosten für eine Erstellung um ein Mehrfaches geringer sind, als die Aufwendungen für den bergmännischen Aufbruch einer Felskaverne.

Das wirtschaftlichste Mittel zur Herstellung von Salzkavernen ist die Soltechnik.

Eines der möglichen Solverfahren ist in Bild 4 schematisch dargestellt. Im Tiefbohrverfahren wird ein Loch bis zur geplanten Teufe des Kaverntops durch ein einzementiertes Futterrohr ausgekleidet. Dieses dient der Stabilisierung des Bohrloches und der notwendigen Abdichtung während des Solvorganges ebenso wie während des späteren Speicherbetriebes. In das Futterrohr werden mit Hilfe des Solkopfes konzentrisch angeordnet der Schutzrohrstrang und der Solstrang eingehängt. Die durch diese Anordnung gebildeten Ringräume dienen der Zufuhr von Frischwasser, der Abfuhr der Sole und dem Aufbringen der sogenannten Schutzflüssigkeit. Das Bild zeigt das Verfahren des Aussolens in direkter Zirkulation. Hier wird das Frischwasser durch den Solstrang dem tiefsten Punkt der Kaverne zugeführt und die Sole durch den Ringraum zwischen Solstrang und Schutzstrang nach oben abgeleitet. Das Süßwasser löst das Salz vorzugsweise im unteren Bereich der Kaverne und wird als Sole mit abnehmender Lösefähigkeit nach oben gedrückt. Dadurch wird sich zunächst die im Bild dargestellte Birnenform bilden. Durch Höherziehen des Solstranges kann nun der Schwerpunkt der Lösungsarbeit nach oben verschoben um das Profil der Kaverne der idealen Zylinderform besser angenähert werden. Im unteren Bereich bleibt dann gesättigte Sole stehen und verhindert hier weiteres Herauslösen.

Bei der indirekten Zirkulation ist die Strömungsrichtung umgekehrt. Das Frischwasser tritt durch den Ringraum zwischen Schutzstrang und Solstrang in den oberen Bereich der Kaverne ein, löst dort das Salzgestein und sinkt als spezifisch schwere und sich zunehmend sättigende Sole nach unten. Die Sole wird durch den Solstrang nach oben geführt. Dieses Verfahren liefert naturgemäß eine Hohlraumstruktur, die zunächst im oberen Bereich breiter ist als unten.

Für die Kontrolle der Kavernenkontur gibt es Geräte, die nach dem Echolotprinzip funktionieren. Mit diesen stellt man mehrmals während der Solzeit das erreichte Querschnittprofil in verschiedenen definierten Höhen fest. Der Steuerung der Kavernenform dient ferner die sogenannte Schutzflüssigkeit. Es handelt sich hierbei um eine spezifisch leichte Flüssigkeit, die sich dem Salz gegenüber neutral verhält, zumeist Dieselöl oder Füssiggas. Hiermit läßt sich durch Verändern der Höhenlage des Schutzstranges ein gewünschter Flüssigkeitsspiegel einstellen, oberhalb dessen keine Lösungstätigkeit mehr erfolgt.

Vierte Seite des Berichtes.

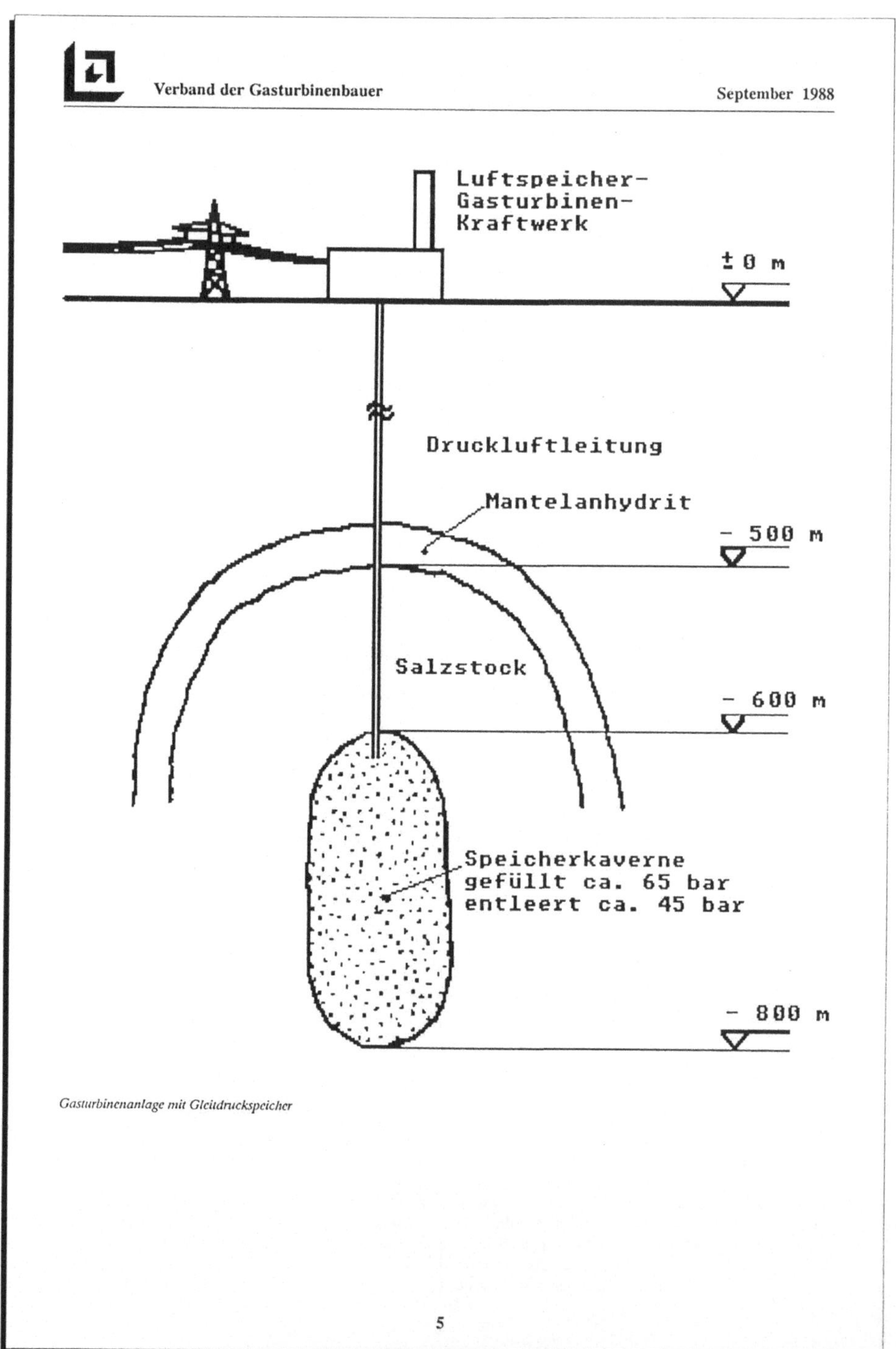

Fünfte Seite des Berichtes.

und Bildplatzhalter sowie auf Grund der Druckformate den Formatierungsaufwand für den Bericht auf ein Minimum.

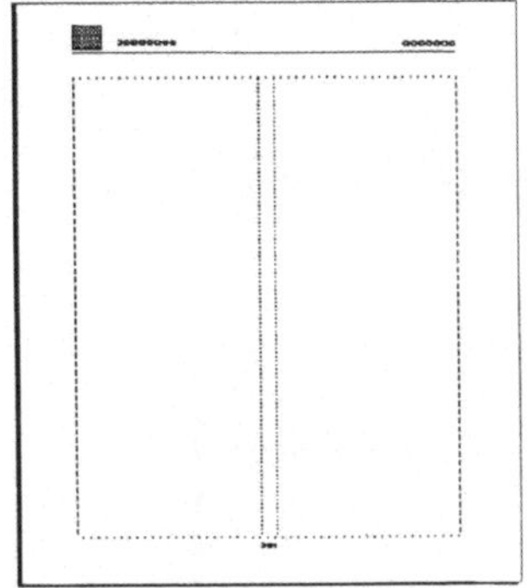

Stammseite.

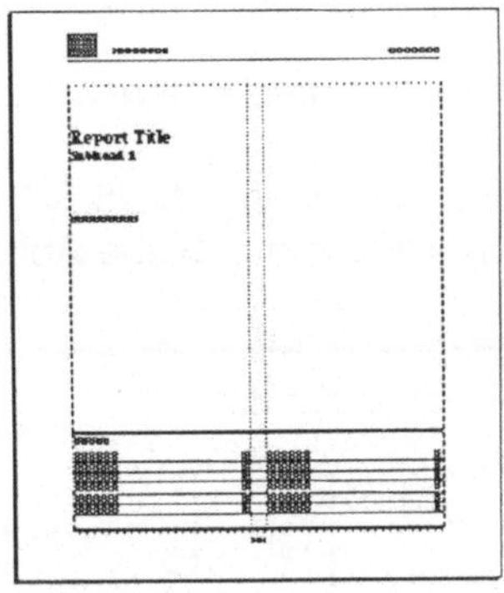

Seite 1.

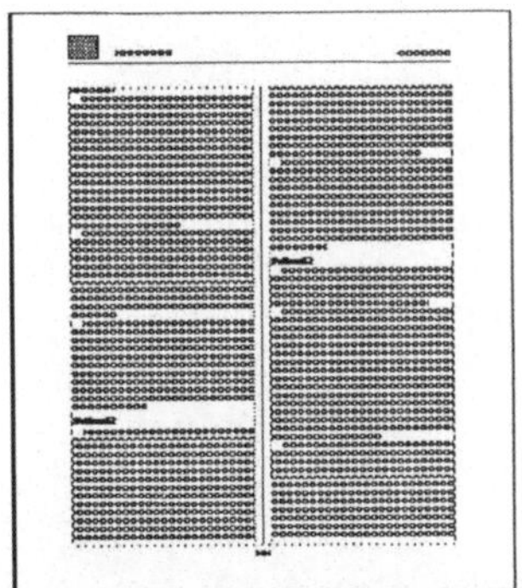

Seite 3.

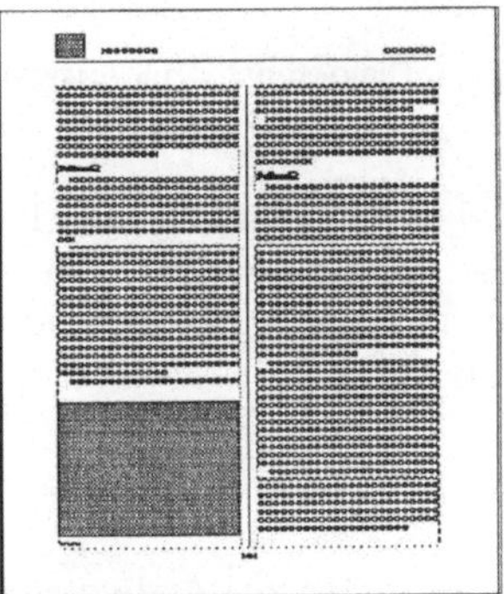

Seite 3.

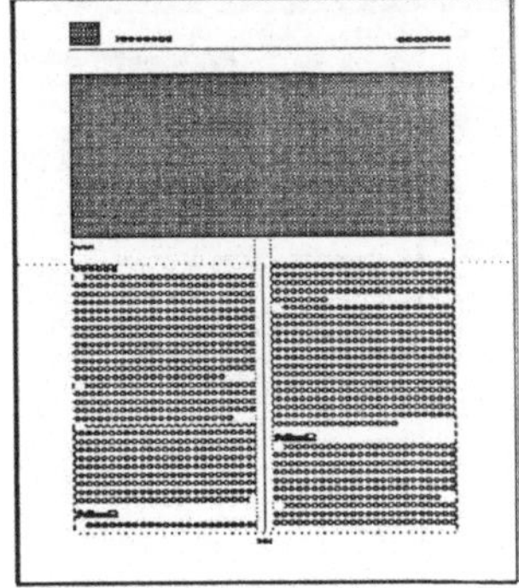

Seite 4.

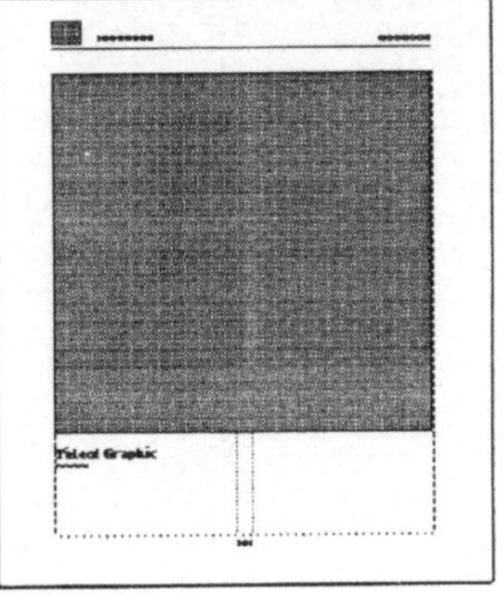

Seite 5.

Abb. 4 - 1 Vollständige Darstellung der Mustervorlage.

Vorgehensweise:

1. Mustervorlage laden und Drucker einrichten.

Nachdem Sie PageMaker geladen haben, öffnen Sie mit

Befehlsmenü Datei, Befehl Datei öffnen...

aus dem Verzeichnis MUSTVORL die Mustervorlage für einen Bericht (GBericht.pt3) als Original. Siehe Abb. 4 - 2.

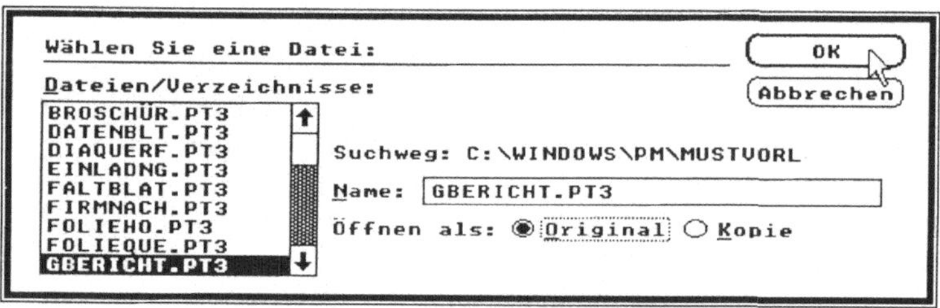

Abb. 4 - 2 Dialogfenster mit Auswahl der Mustervorlage.

Die Datei wird geladen. Da die Mustervorlagen ohne Einrichtung eines Reindruckers erstellt wurden, ist im nächsten Schritt der von Ihnen benutzte Drucker als Reindrucker anzuwählen (in unserem Fall ein PCL-Drucker). Öffnen Sie hierzu mit

Befehlsmenü Datei, Befehl Druckerauswahl...

das Dialogfenster zur Auswahl eines Druckers. Siehe Abb. 4 - 3.

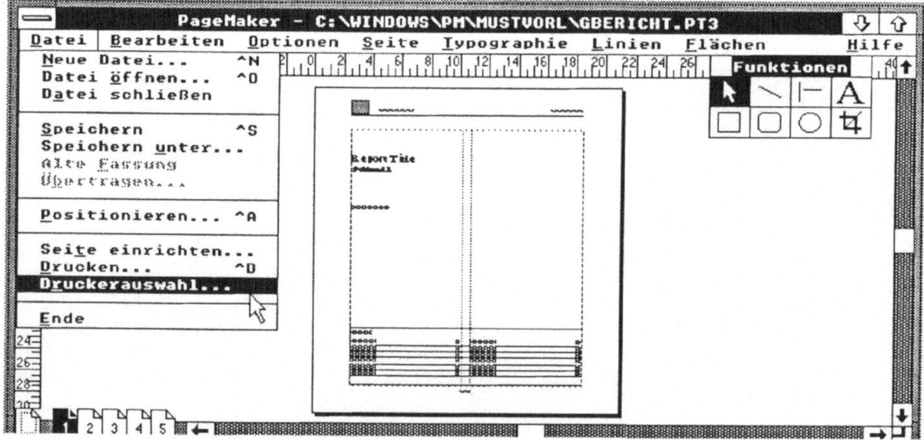

Abb. 4 - 3 Im Bildschirm sehen Sie die Mustervorlage und das *Befehlsmenü Datei* mit dem *Befehl Druckerauswahl...*

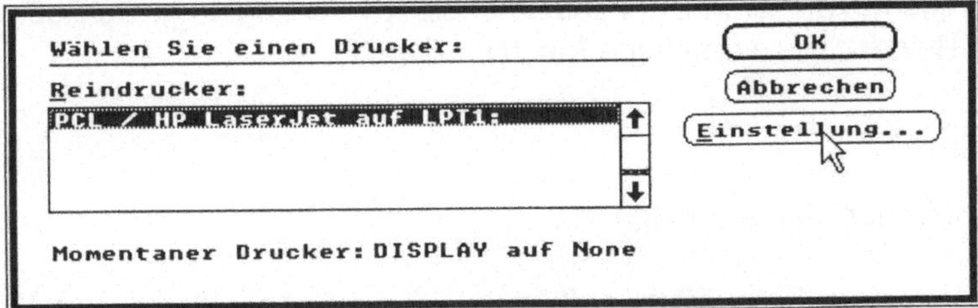

Abb. 4 - 4 Das Dialogfenster zur Auswahl des Druckers.

Wählen Sie die Schaltfläche *Einstellung...* innerhalb des Dialogfensters an. Siehe Abb. 4 - 4. In dem folgenden Dialogfenster für den Drucker (in unserem Fall PCL/HP LaserJet an LPT 1) stellen Sie ein Format A4, Formatlage hoch, Auflösung 300 DPI, Druckertyp (hier HP LaserJet Series II) und Speicherkapazität (hier 2,5 MB) sowie bei Arbeit mit Schriftkassetten den verwendeten Kassettentyp. Siehe Abb. 4 - 5.

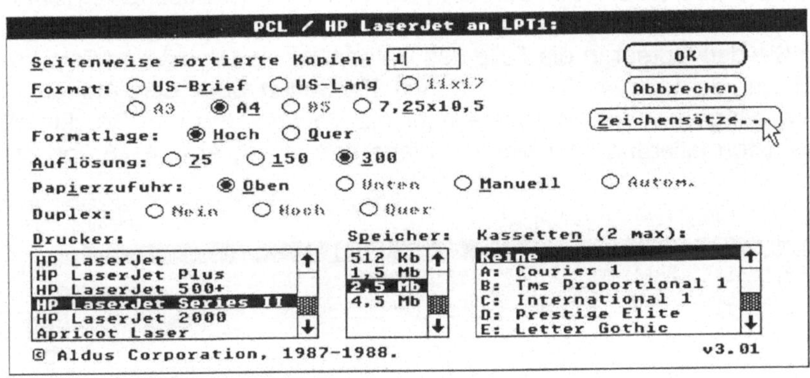

Abb. 4 - 5 Das Dialogfenster für die Druckereinstellung.

Um zu überprüfen, ob die zu verwendenden Softfonts zur Verfügung stehen, wählen Sie die Schaltfläche *Zeichensätze...* Siehe Abb. 4 - 5 und Abb. 4 - 6. Verlassen Sie das *Dialogfenster Zeichensätze installieren,* und schließen Sie die übrigen Dialogfenster mit OK.

Zeichensätze installieren

PCL / HP LaserJet an LPT1:
Tms Rmn 8pt
Tms Rmn 8pt Fett
Tms Rmn 8pt Fett Quer
Tms Rmn 8pt Kursiv
Tms Rmn 8pt Kursiv Quer
Tms Rmn 8pt Quer
Tms Rmn 10pt
Tms Rmn 10pt Fett
Übertragen
Kopieren
Löschen
Permanent Bedarfsbed.
Verlassen
Zeichensätze...
© Aldus Corporation, 1988.

Abb. 4 - 6 *Dialogfenster Zeichensätze installieren.*

PageMaker bringt die Meldung: Zeichensatzdatenbank wird angelegt. Schließen Sie die mit einem Reindrucker versehene Mustervorlage.

2. Mustervorlage kennenlernen.

Laden Sie eine Kopie der Mustervorlage mit

Befehlsmenü Datei, Befehl Datei öffnen... (Ctrl. + O)

Stellen Sie die Druckformatliste mit

Befehlsmenü Optionen, Befehl Druckformatliste (Ctrl. + Y)

im Bildschirm dar.

Stellen Sie die Mustervorlage in Originalgröße dar (Ctrl. + 1), wählen Sie den Editor an, und plazieren Sie den Cursor in die Titelzeile. Da diese Zeile nicht mit einem Druckformat formatiert wurde, zeigt die Druckformatliste [*Ohne Format*] an. Setzen Sie den Cursor in die Zeile des Untertitels, die Druckformatliste zeigt *Subhead 1* an. So können Sie sich Schritt für Schritt über den Aufbau der Druckformatvorlage und insbesondere über die Verwendung von Druckformaten zur Absatzformatierung informieren. Siehe Abb. 4 - 7, Abb. 4 - 8 und Abb. 4 - 9.

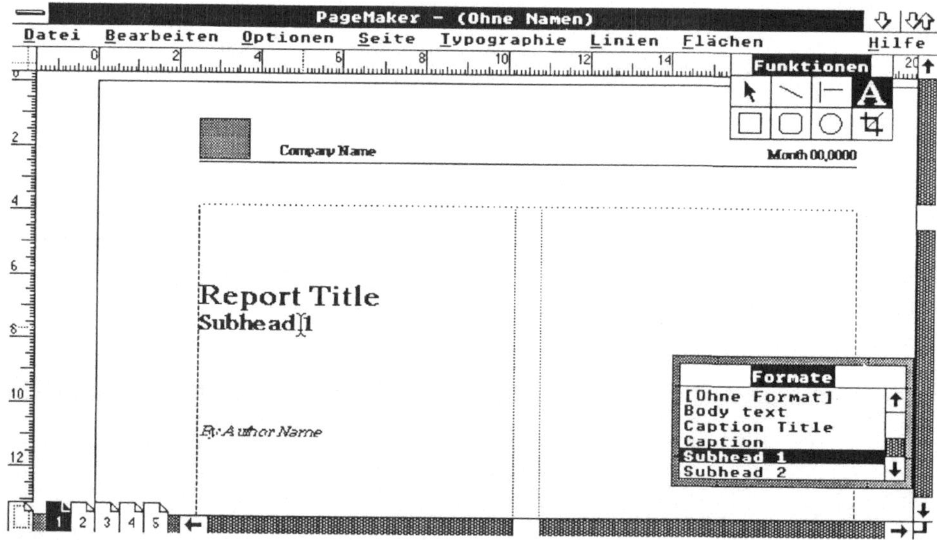

Abb. 4 - 7 Im Bildschirm steht der Cursor in der Zeile des Untertitels, die Druckformatliste zeigt das Druckformat des Absatzes an.

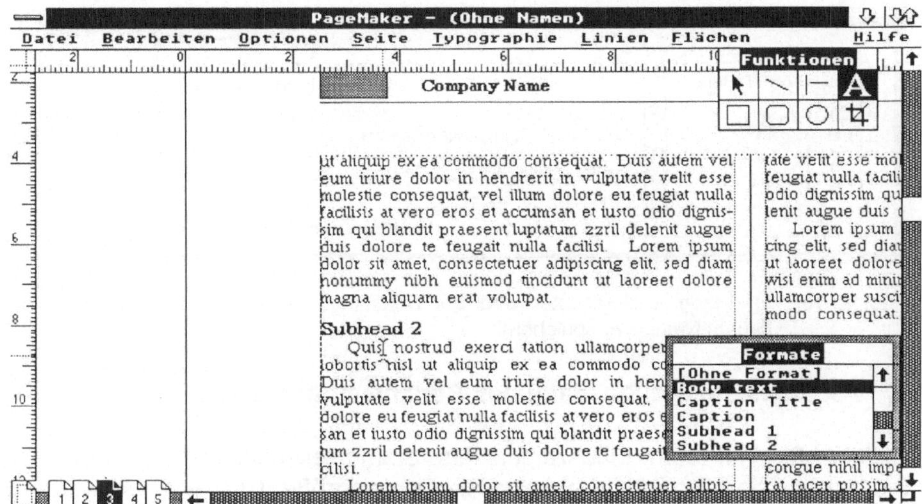

Abb. 4 - 8 Anhand der Druckformatliste erkennen Sie, daß der Cursor in einem Grundtextabsatz steht.

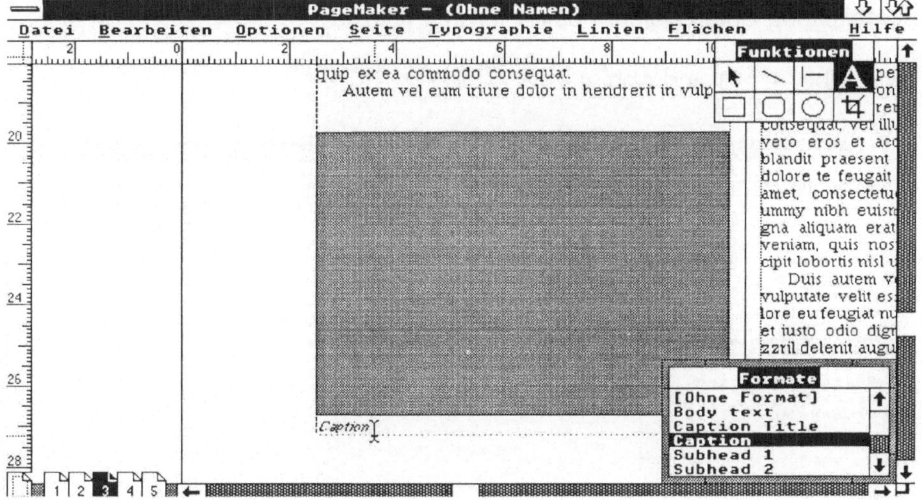

Abb. 4 - 9 Die Druckformatliste zeigt nun, daß der Cursor in dem Absatz eines Abbildungstitels steht.

3. Satzdatei anlegen.

Speichern Sie die Kopie der Mustervorlage mit

Befehlsmenü Datei, Speichern unter... (Ctrl. + S)

als Satzdatei unter neuem Namen (Bericht1). Siehe Abb. 4 - 10.

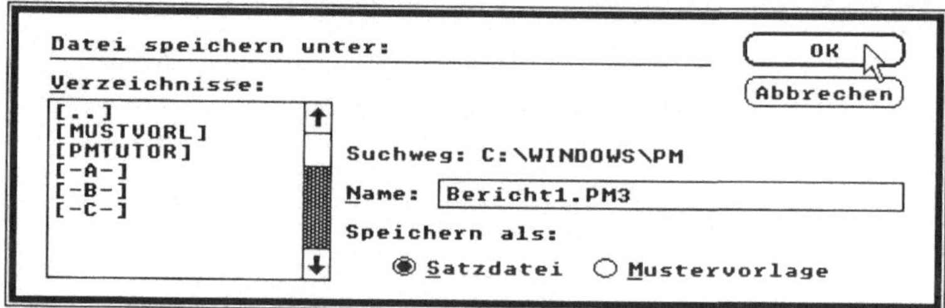

Abb. 4 - 10 In diesem Dialogfenster wird der Dateiname eingegeben, um die Datei unter neuem Namen zu speichern.

4. Stammseite der Satzdatei des Berichtes bearbeiten.

Wählen Sie mit dem Mauszeiger das Stammseitensinnbild an. Sobald die Stammseite dargestellt wird, wählen Sie Originalgröße (Ctrl. + 1). Aktivieren Sie den Bildplatzhalter des Logos oben links auf der Seite, und ersetzen Sie ihn durch das gewünschte Logo. Das Befehlsmenü für die Dateiauswahl öffnen Sie mit

Befehlsmenü Datei, *Befehl Positionieren...* (Ctrl. + A).

Siehe Abb. 4 - 11 und Abb. 4 - 12.

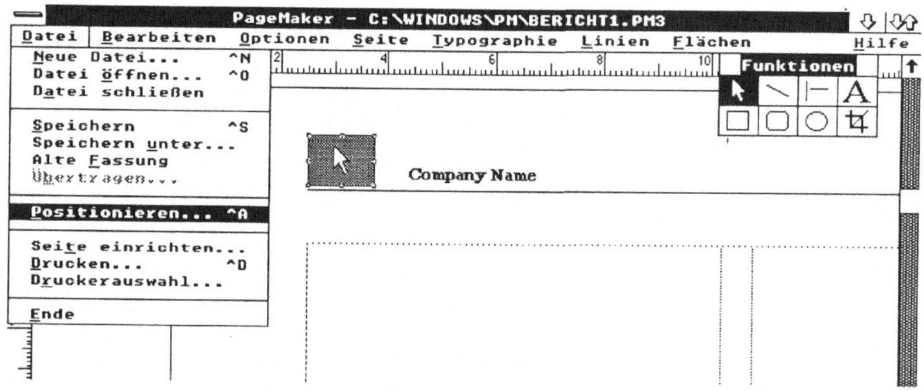

Abb. 4 - 11 Im Bildschirm sehen Sie den aktivierten Bildplatzhalter und das *Befehlsmenü Datei* mit dem *Befehl Positionieren...*

Wählen Sie die Editorfunktion, und plazieren Sie den Textcursor links in der Kopfzeile, löschen den Text und ersetzen ihn durch den Firmen- bzw. Herausgebernamen des Berichtes. Rechts ersetzen Sie das Datum durch das aktuelle Erscheinungsdatum. Die eingegebenen Texte übernehmen die Schriftattribute der Platzhalter, d. h. Tms Rmn, 10 Punkt, normal. Siehe Abb. 4 - 13. Speichern Sie Ihre Datei.

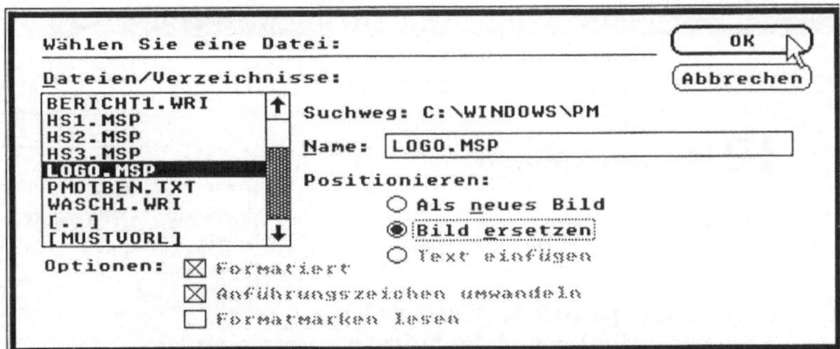

Abb. 4 - 12 Im Dialogfenster für die Dateiauswahl wurde der Name des Logos und die Option *Bild ersetzen* angewählt.

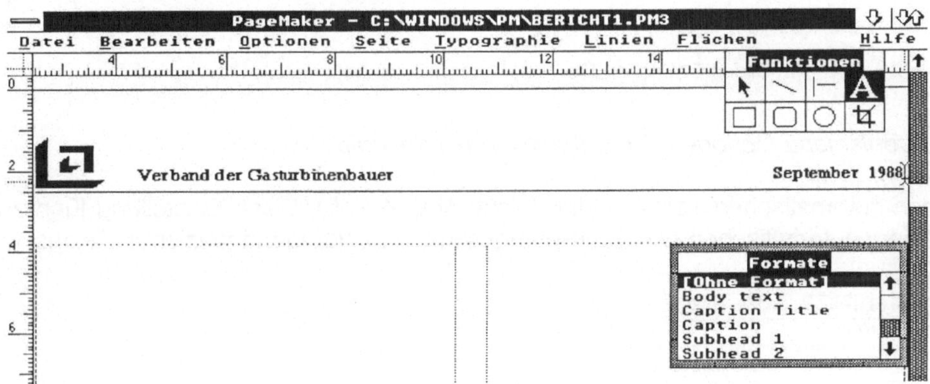

Abb. 4 - 13 Im Bildschirm sehen Sie die bearbeitete Kopfzeile des Berichtes.

5. Erste Berichtsseite bearbeiten.

Wählen Sie das Sinnbild der Seite 1 an. Sie sehen, daß die Stammseitenelemente in der ersten Seite erscheinen. Ersetzen Sie die Platzhalter für Titel, Untertitel und Autorname durch die von Ihnen gewünschten Texte. Verwenden Sie hierzu die Editorfunktion. Siehe Abb. 4 - 14.

Da die Erstellung des Inhaltsverzeichnisses den Abschluß des Seitenumbruchs voraussetzt, werden Sie es zum Abschluß der Arbeiten erstellen. Es steht Ihnen natürlich frei, bereits zum jetzigen Zeitpunkt Ihre Gliederungspunkte, die Seitenzahlen aber später einzusetzen.

6. Zweite Berichtsseite bearbeiten.

Wählen Sie das Sinnbild der zweiten Seite an, um diese Seite darzustellen. Zur Vorbereitung für das Plazieren der Textdatei wählen Sie mit

Abb. 4 - 14 Im Bildschirm sehen Sie Titel, Untertitel und Autorzeile.

Befehlsmenü Optionen, Befehl Autom. Textanschluß

den automatischen Textanschluß (siehe Abb. 4 - 15). Diese Einstellung führt zu einem automatischen Umbruch des gesamten nachfolgend plazierten Textes.

Abb. 4 - 15 *Befehlsmenü Optionen* mit *Befehl Autom. Textanschluß.*

Mit dem Mauszeiger wählen Sie den ersten Textblock der Seite an. Mit

Befehlsmenü Datei, Befehl Positionieren

öffnen Sie das Dialogfenster zur Textauswahl. Siehe Abb. 4 - 15. Laden Sie die gewünschte Datei (Bericht1.wri), wobei Sie die Option *Formatiert* ausschalten und die Option *Ganzen Textabschnitt ersetzen* einschalten. Der Text der positionierten Datei ersetzt nun den Text des angewählten Platzhalters. Da es sich beim restlichen Text der Mustervorlage um einen fortlaufenden Textplatzhalter handelt, und die Option Textanschluß automatisch aktiv ist, läuft die gesamte Textdatei anstelle des Platzhalters in die Seiten ein. Siehe Abbildungen 4 - 16 und 4 - 17.

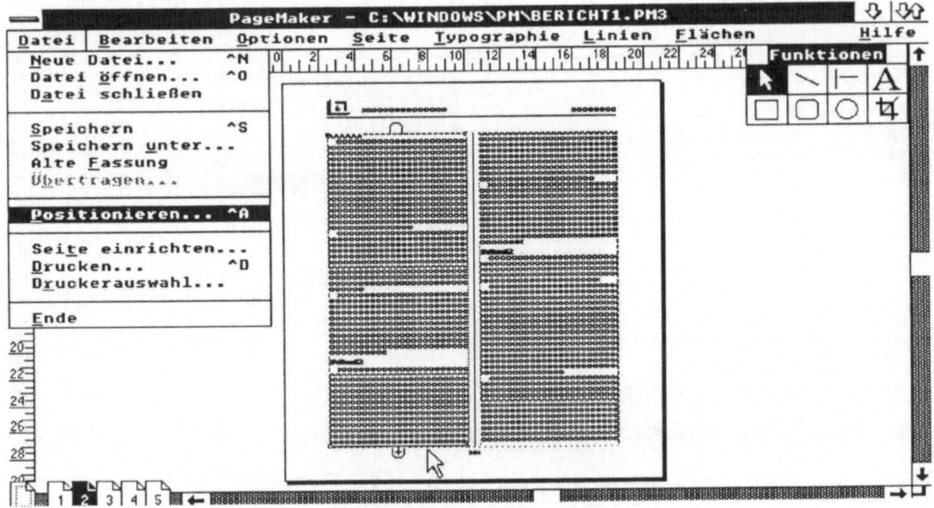

Abb. 4 - 16 Der Textplatzhalter wird aktiviert, um ihn durch die Textdatei zu ersetzen.

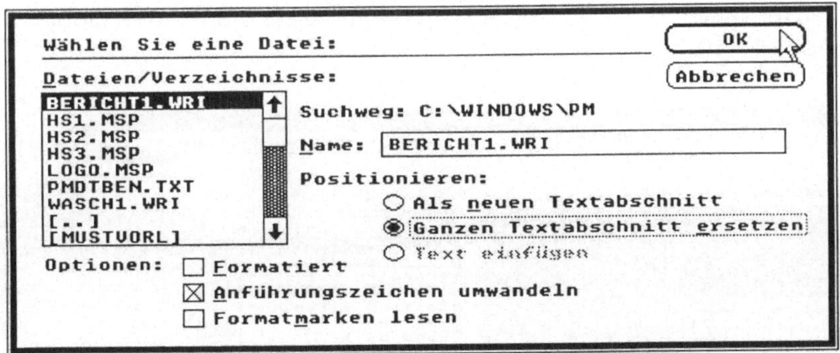

Abb. 4 - 17 Dialogfenster für die Dateiauswahl mit den Einstellungen für das Positionieren der Textdatei.

7. Text formatieren.

Stellen Sie den Text in Originalgröße dar (Ctrl. + 1), und plazieren Sie nach Anwahl der Editorfunktion den Textcursor in den ersten zu formatierenden Absatz. Der einlaufende Text sollte das Format des ersten Absatzes vollständig übernommen haben. Überprüfen Sie in der Druckformatliste, ob der erste Textabsatz mit dem gewünschten Format (*Subhead 2*) formatiert wurde. Siehe Abbildung 4 - 18.

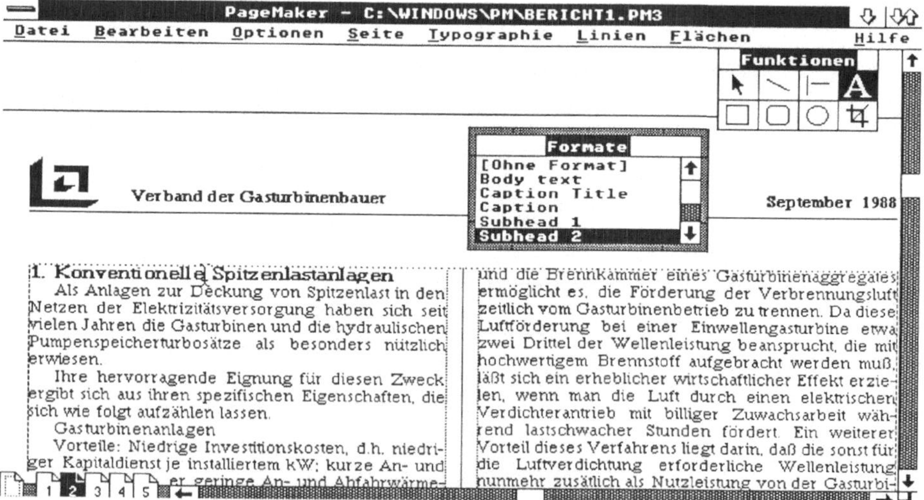

Abb. 4 - 18 Seite 2 im Bildschirm. Der erste Absatz hat das Format *Subhead 2* übernommen.

Definieren Sie den Textabschnitt bis zur nächsten Überschrift, indem Sie den Cursor zu Beginn der ersten Zeile plazieren, die Umschalt-Taste niederdrücken und mit niedergedrückter Umschalt-Taste den Cursor ein weiteres Mal am Ende der letzten Zeile plazieren. In der Druckformatliste wählen Sie *Body Text* an. Siehe Abb. 4 - 19.

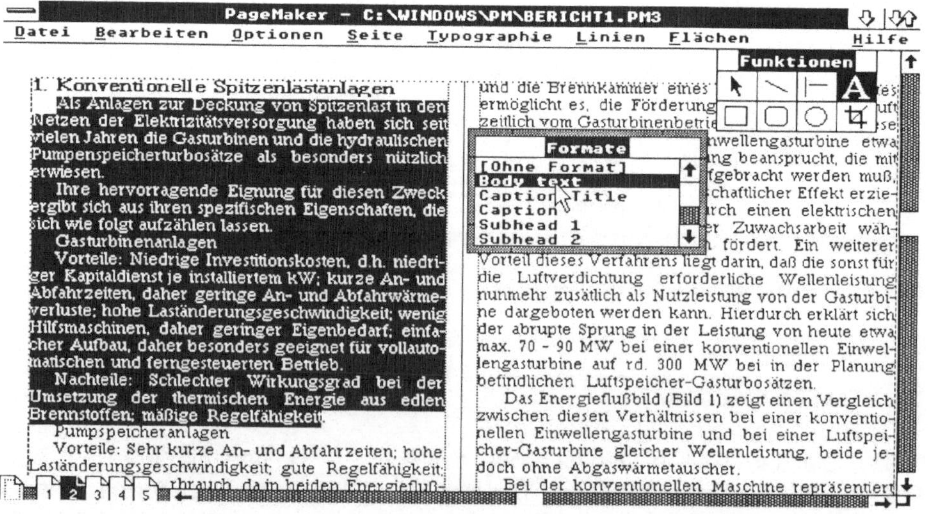

Abb. 4 - 19 Der Textabschnitt wurde definiert und das Druckformat Body Text angewählt.

Definieren Sie nacheinander die folgenden Überschriften und Grundtextabschnitte, und formatieren Sie die Überschriften mit dem Format *Subhead 2* und den Grundtext mit dem Format *Body Text*. Beschränken Sie sich dabei nicht nur auf den Text der Seite 2. Siehe Abbildung 4 - 20.

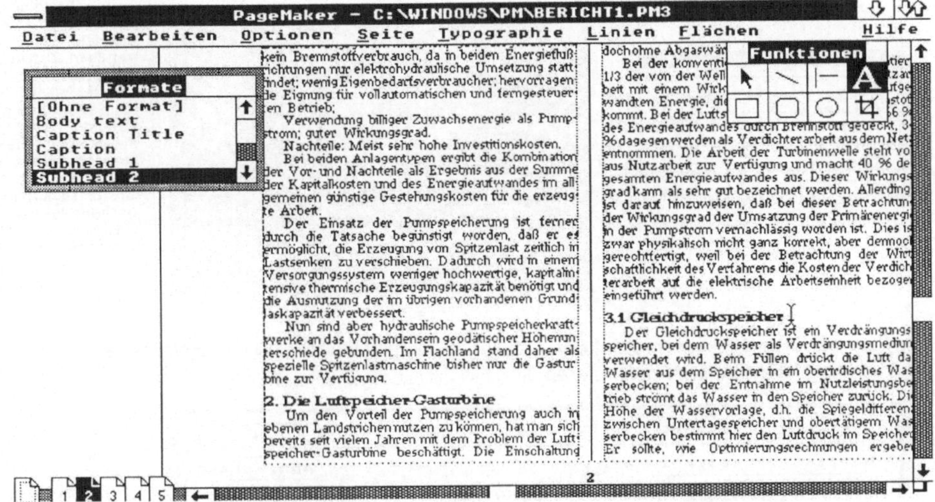

Abb. 4 - 20 Der Bildschirm zeigt den korrekt formatierten Text.

8. Abbildungen plazieren.

Wählen Sie das Sinnbild der Seite 3 an, um diese Seite darzustellen. Definieren Sie den Bildplatzhalter in der ersten Spalte unten. Die gepunktete Linie oberhalb des Bildplatzhalters zeigt Ihnen an, das Text auf Grund der Einstellungen im Dialogfenster Konturenführung bis zu dieser Grenze läuft.

Öffnen Sie das Dialogfenster für die Dateiauswahl mit

Befehlsmenü Datei, Befehl Positionieren... (Ctrl. + A).

Siehe Abb. 4 - 21.

Im Dialogfenster für die Dateiauswahl wählen Sie die zu plazierende Bilddatei (Hs1.msp) und schalten die Option *Bild ersetzen* ein. Siehe Abb. 4 - 22.

Sobald das Bild erschienen ist, (siehe Abb. 4 - 23) plazieren Sie den Textcursor vor dem Abbildungstitel, löschen denselben und ersetzen ihn durch den gewünschten Titel.

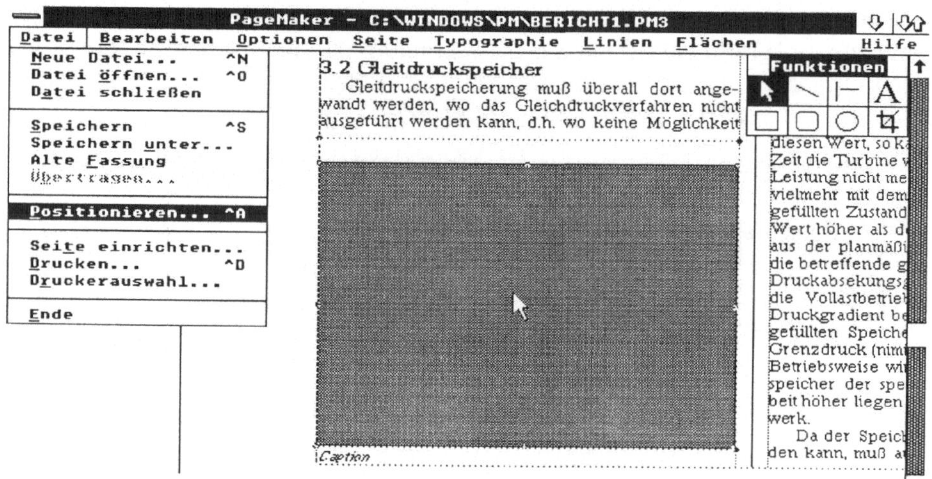

Abb. 4 - 21 Der Bildschirm zeigt den definierten Bildplatzhalter und das *Befehlsmenü Datei* mit dem *Befehl Positionieren...*

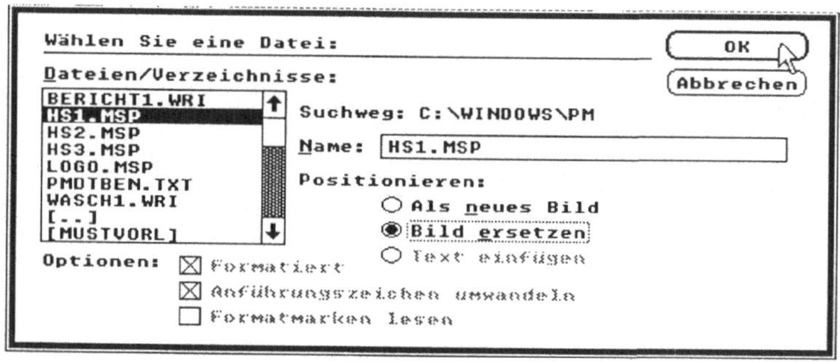

Abb. 4 - 22 Das Dialogfenster zur Dateiauswahl mit den erforderlichen Einstellungen.

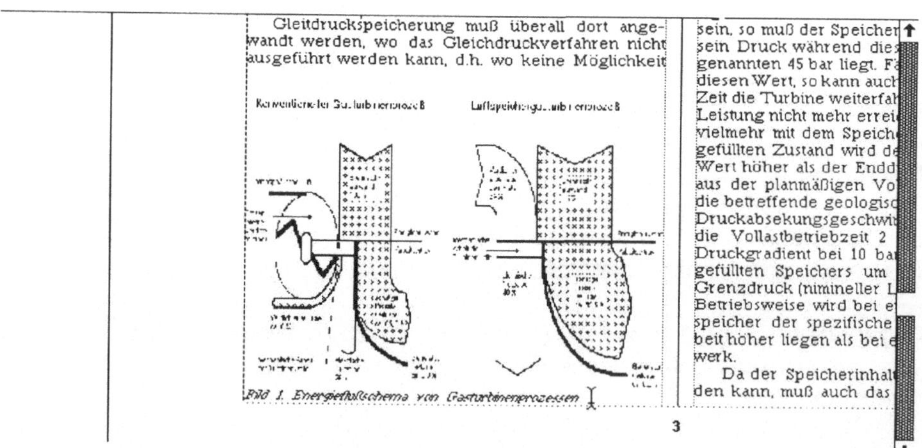

Abb. 4 - 23 Im Bildschirm sehen Sie die geladene Illustration mit dem korrekten Abbildungstitel.

Verfahren Sie anlog, um die Abbildungen auf den Seiten 4 und 5 zu plazieren. Auf der Seite 5 löschen Sie den Platzhalter eines alternativen Abbildungstitels "Title of Graphic" und verschieben den nachfolgenden Abbildungstitel etwas nach oben. Siehe Abb. 4 - 24. Speichern Sie Ihre Datei.

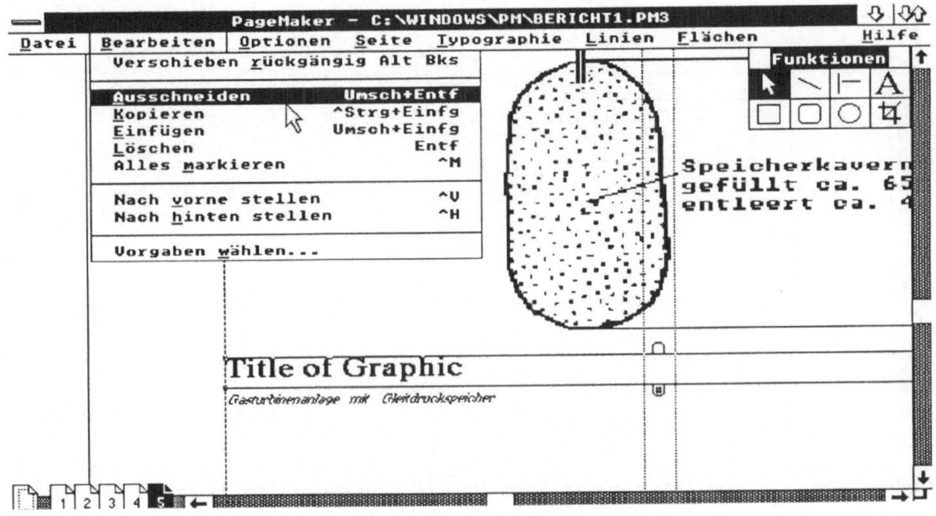

Abb. 4 - 24 Der nicht benötigte Textplatzhalter wird gelöscht.

9. Inhaltsverzeichnis erstellen.

Wählen Sie das Sinnbild der Seite 1 an, um diese Seite darzustellen. Stellen Sie das untere Drittel der Seite in Originalgröße dar (Ctrl. + 1).

Tip: Die einfachste Art, einen bestimmten Seitenbereich in Originalgröße darzustellen, besteht darin, mit dem Mauszeiger und der rechten Maustaste den gewünschten Bereich anzuklicken. Durch erneutes Klicken auf die rechte Maustaste wird die ganze Seite dargestellt.

Ersetzen Sie das Wort "Contents" durch das Wort "Inhalt". Löschen Sie in der linken Spalte die ersten vier Positionen, und tragen Sie den gewünschten Text und die Seitenzahlen ein. Achten Sie darauf, nicht das Absatzendezeichen am Ende jeder Zeile zu löschen, denn für jeden Absatz ist bereits die erforderliche Tabulatorposition vordefiniert worden. Vor der Seitenzahl drücken Sie die Tabulatortaste. Da das Inhaltsverzeichnis nur vier Positionen aufweist, löschen Sie den restlichen Text des Textplatzhalters.

Anschließend definieren Sie den Textblock des Inhaltsverzeichnisses, fassen ihn an dem unteren Anfasser und verschieben diesen, bis die letzten zwei der vier Zeilen verschwinden. Siehe Abb. 4 - 25.

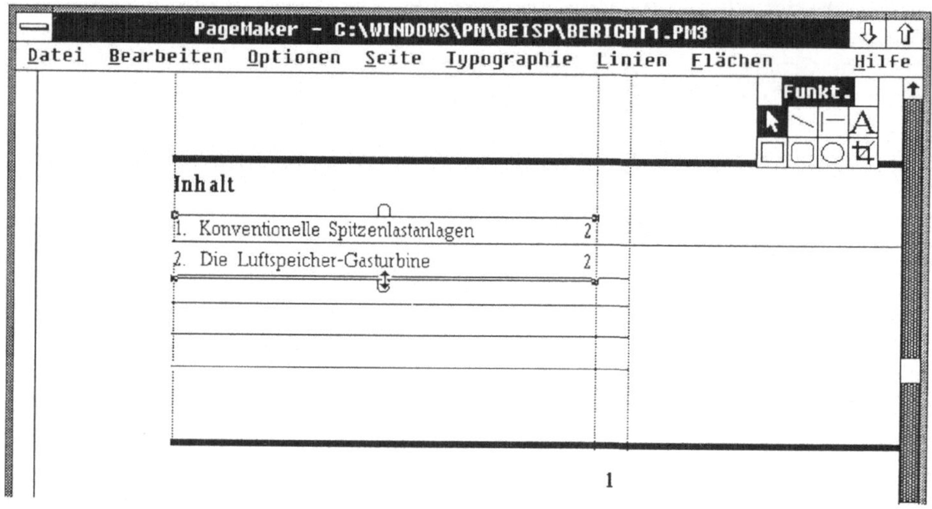

Abb. 4 - 25 Der Textblock mit zwei Zeilen des Inhaltsverzeichnisses.

Klicken Sie mit dem Mauszeiger auf das Pluszeichen des unteren Textanfassers. Setzen Sie den verwandelten Mauszeiger in der rechten Spalte oben auf. Sobald Sie mit der Maustaste klicken, laufen die weiteren zwei Zeilen in Spalte 2 ein. Plazieren Sie den Text korrekt auf die Linien. Siehe Abb. 4 - 26.

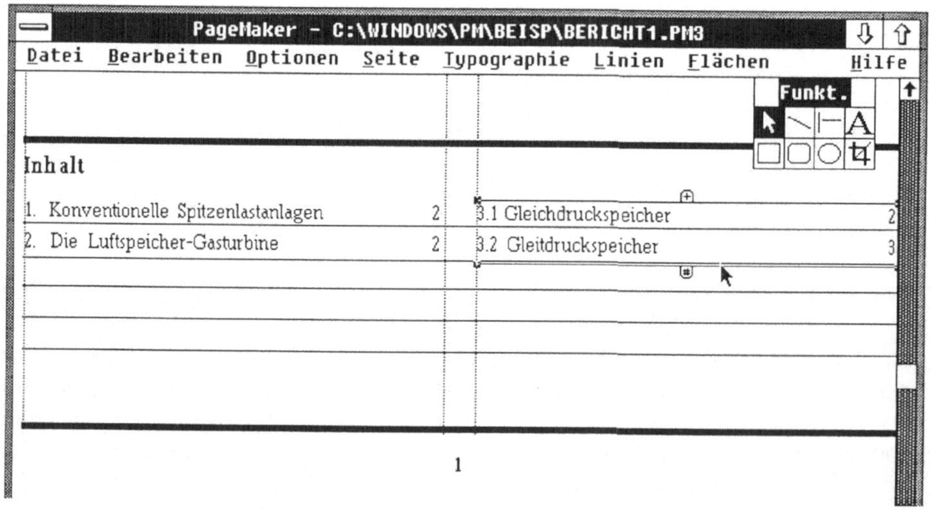

Abb. 4 - 26 Der Textblock in Spalte 2.

Definieren Sie die letzte der sechs dünnen waagerechten Linien und löschen Sie diese Linie mit

Befehlsmenü Bearbeiten, *Befehl Ausschneiden* (Umschalt + Entf.).

Wählen Sie die Darstellungsgröße Ganze Seite (Rechte Maustaste). Beschreiben Sie ein Rechteck mit dem Mauszeiger, um alle Elemente, die zwischen den beiden starken waagerechten Linien stehen, zu definieren. In Darstellungsgröße Original, fassen Sie mit dem Mauszeiger den gesamten definierten Block an und verschieben die Kreuzmarke so, daß der Block zwischen den starken waagerechten Linien zentriert ist. Siehe Abb. 4 - 27.

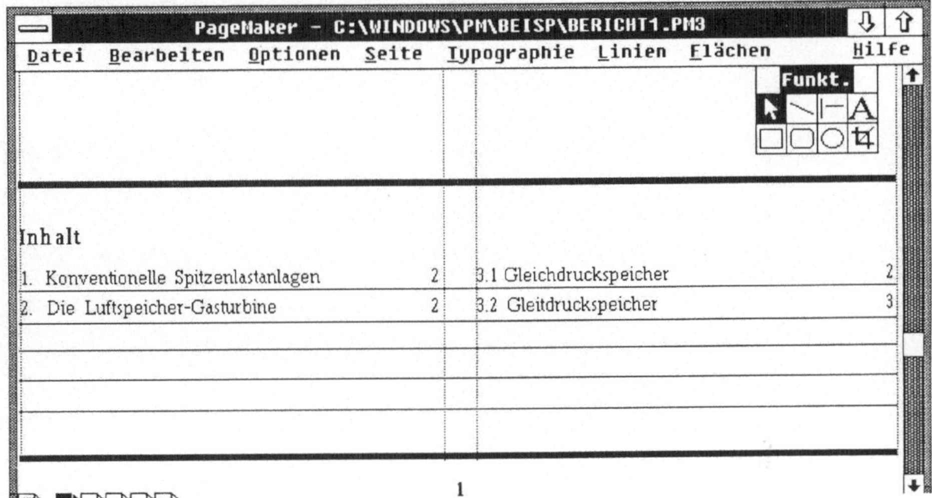

Abb. 4 - 27 Der Bildschirm zeigt das fertige Inhaltsverzeichnis.

10. Datei speichern und Drucken.

Speichern Sie Ihre Datei (Ctrl. + S), und drucken Sie (Ctrl. + D).

PageMaker und Drucker

Druckerinstallation

Die für die Installation der Druckersteuerdateien erforderlichen Informationen finden Sie im Abschnitt Installation.

Einrichten eines PCL-Druckers

Die für die Beispiele dieses Buches bei Verwendung eines PCL-Druckers erforderlichen Einstellungen werden bei der Beschreibung der Beispiele ausführlich dokumentiert.

Einrichten eines PostScript-Druckers

Um den PostScript-Drucker als Reindrucker anzuwählen, öffnen Sie mit

Befehlsmenü Datei, *Befehl Druckerauswahl...*

das Dialogfenster für die Druckerauswahl, und wählen Sie den PostScript-Drucker an.

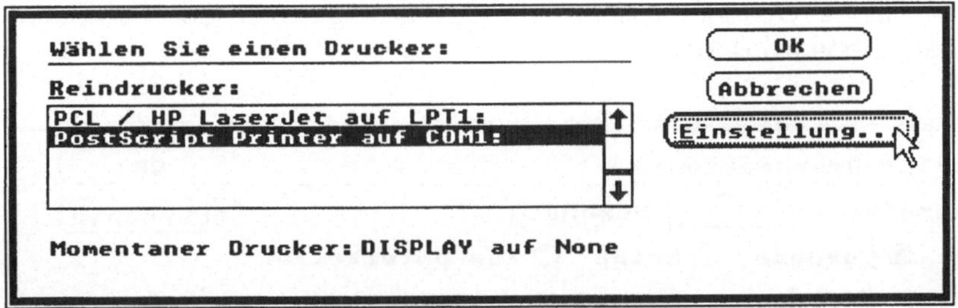

Dialogfenster für die Druckerauswahl.

Mit Schaltfläche *Einstellung* öffnen Sie das Dialogfenster für die Einstellung des angewählten Druckers. Da PostScript-Drucker untereinander nicht völlig identisch sind, müssen Sie hier angeben, welchen PostScript-Drucker Sie verwenden. Ist Ihr Drucker nicht aufgeführt, versuchen Sie einen anderen Drucker anzuwählen. Beginnen Sie dabei mit dem Apple LaserWriter. Ein wesentlicher Punkt, in dem verschiedene Drucker sich unterscheiden, ist die Anzahl der fest im Drucker gespeicherten Schriften. Informieren Sie sich, welcher der anzuwählenden Drucker dem von Ihnen verwendeten am ehesten entspricht.

Außerdem geben Sie an: Formatlage, Papierformat, Bildauflösung und Papierzufuhr. Als Auflösung werden Sie in der Regel 300 DPI angeben. Wenn Sie zu Korrekturzwecken eine niedrigere Auflösung wünschen, geben Sie beispielsweise 150 DPI an. Einige PostScript-Drucker drucken mit höherer Auflösung, so beispielsweise der VT 600 von AM Varitype mit einer Auflösung von 600 DPI. Geben Sie den für Ihren Drucker korrekten Wert an. Wählen Sie bei Papierzufuhr entweder *Manuell* (Einzellblattzufuhr) oder den verwendeten Papierschacht. Die angezeigte Option *Jedes kleine Format* bezeichnet eine Papiereingabekassette für ein Format A4 oder kleiner. Siehe Abbildung.

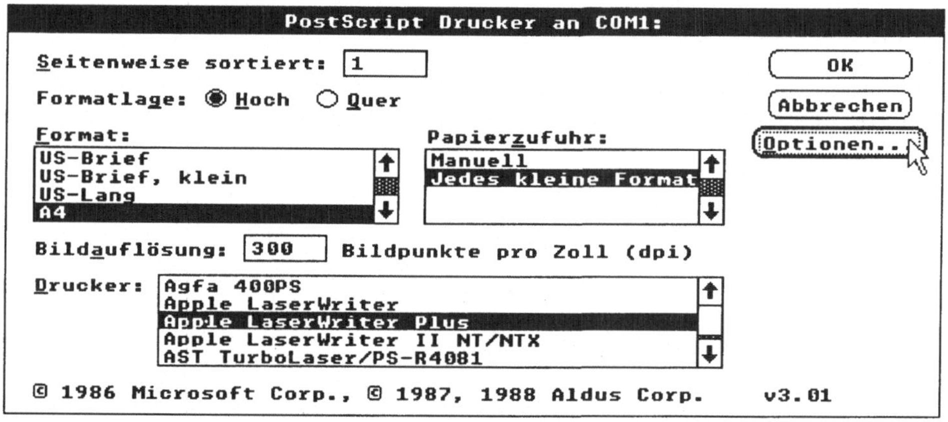

PostScript Drucker an COM1:
Seitenweise sortiert: 1
Formatlage: Hoch Quer
Format: US-Brief, US-Brief, klein, US-Lang, A4
Papierzufuhr: Manuell, Jedes kleine Format
Bildauflösung: 300 Bildpunkte pro Zoll (dpi)
Drucker: Agfa 400PS, Apple LaserWriter, Apple LaserWriter Plus, Apple LaserWriter II NT/NTX, AST TurboLaser/PS-R4081
OK
Abbrechen
Optionen...
© 1986 Microsoft Corp., © 1987, 1988 Aldus Corp. v3.01

Das Dialogfenster für die Einrichtung von PostScript-Druckern.

Mit der Schaltfläche *Optionen* öffnen Sie das Dialogfenster der PostScript-Druckoptionen. Siehe Abbildung.

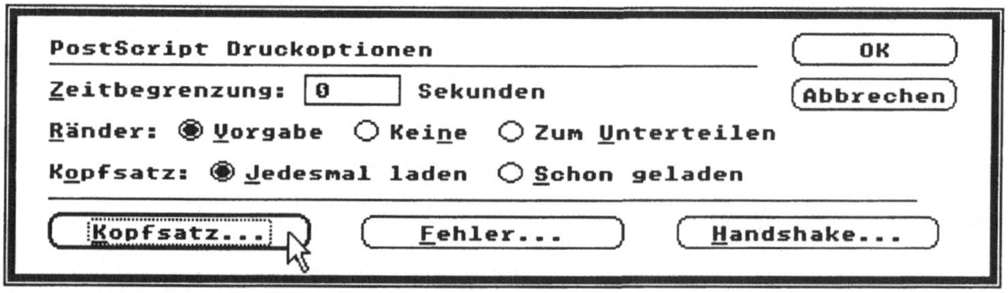

PostScript Druckoptionen
Zeitbegrenzung: 0 Sekunden
Ränder: Vorgabe Keine Zum Unterteilen
Kopfsatz: Jedesmal laden Schon geladen
Kopfsatz... Fehler... Handshake...
OK
Abbrechen

Dialogfenster PostScript Druckoptionen.

Bei Benutzung eines Apple LaserWriter oder LaserWriter Plus öffnen Sie hier mit der Schaltfläche *Handshake...* ein weiteres Dialogfeld und wählen Hardware an. Siehe Abbildung. Nur dadurch ist ein einwandfreies Arbeiten von PageMaker mit den genannten Apple-Druckern gewährleistet. Die Systemanfrage *Quittungsart ändern?* dient der Bestätigung der Handshake-Änderung.

Dialogfeld für die Optionen zum Handshake.

Falls Sie eine Arbeit in einem großen Format auf mehrere kleinere Seiten verteilt drucken möchten, wählen Sie im *Dialogfenster PostScript Druckoptionen* zu Position *Ränder* die Option *Zum Unterteilen*. Mit der Position *Zeitbegrenzung* können Sie die Druckzeit beim Netzwerkeinsatz begrenzen. Mit der Position *Kopfsatz* können Sie das Laden des PostScript-Druckvorsatzes und dadurch die Druckdauer beeinflussen. Mit der Schaltfläche *Fehler* können Sie die Ausgabe eines Fehlerprotokolls bei PostScriptfehlern steuern. Falls Sie der Meinung sind, daß eine dieser Funktionen für Sie von Bedeutung ist, finden Sie eine detaillierte Erläuterung in dem Handbuch PageMaker 3.0 - Ergänzungsband S. 4.38 ff. Schließen Sie die geöffneten Dialogfenster sukzessive mit OK.

PageMaker, PCL-Drucker und Schriften

PCL-Drucker verfügen in der Regel über wenige fest integrierte Zeichensätze. Im Unterschied zu PostScript-Druckern werden für Sie häufig Schriftkassetten angeboten. Wird eine dieser Schriftkassetten verwendet, ist bei der Druckereinrichtung anzugeben welche. Alternativ dazu stehen Softfonts zur Verfügung, die vom PC in den Drucker geladen werden können. Solche Schriften werden u. a. von Bitstream, Hewlett Packard und s.a.x.-Software angeboten. Alle Anbieter stellen auch eine Installationssoftware zur Verfügung, die außer dem Laden der Schriften auch das Erstellen der Bildschirmzeichensätze sowie der Schriftmaßtabellen übernimmt. Die Installationsprogramme der Firmen Bitstream und s.a.x. wurden von den Autoren getestet. Sie gewährleisten eine erfolgreiche Schriftinstallation und sind leicht zu bedienen. Das Installationsprogramm der Firma s.a.x. ist das Softwarepaket Outline, das außer der Zusammenstellung von Softfontkassetten auch die Modifikation der Schriften, beispielsweise die Erstellung von Outline- und Schattenschriften ermöglicht.

PageMaker, PostScript-Drucker und Schriften

PostScript-Drucker werden in der Regel mit einer größeren Anzahl fest installierter Zeichensätze geliefert. Beispielsweise der Drucker QMS PS 810 mit den Schriftfamilien Times, Palatino, Helvetica, AvantGarde, Bookman, Courier und NewCentury Schoolbook in unterschiedlichen Zuschnitten sowie mit den Zeichensätzen Zapf Chancerey, Zapf Dingbats und Zapf Set. Siehe Abbildung.

Resident Fonts

Times-Roman	AvantGarde-Book
Times-Bold	**AvantGarde-Demi**
Times-Italic	*AvantGarde-BookOblique*
Times-BoldItalic	***AvantGarde-DemiOblique***
Palatino-Roman	Bookman-Light
Palatino-Bold	**Bookman-Demi**
Palatino-Italic	*Bookman-LightItalic*
Palatino-BoldItalic	***Bookman-DemiItalic***
ZapfChancery-MediumItalic	Courier
ZapfDingbats	**Courier-Bold**
SymbolSet	*Courier-Oblique*
	Courier-BoldOblique
Helvetica	NewCenturySchlbk-Roman
Helvetica-Bold	**NewCenturySchlbk-Bold**
Helvetica-Oblique	*NewCenturySchlbk-Italic*
Helvetica-BoldOblique	***NewCenturySchlbk-BoldItalic***
Helvetica-Narrow	
Helvetica-Narrow-Bold	
Helvetica-Narrow-Oblique	
Helvetica-Narrow-BoldOblique	

Standard-Schriftenauswahl für den QMS-PS 810 mit Ausnahme der Sonderzeichensatz.

Wünschen Sie über die residenten Fonts hinaus weitere Zeichensätze, so können diese als Softfonts vom PC in den Drucker geladen werden. Solche Softfonts werden beispielsweise von Adobe oder Bitstream einschließlich einer

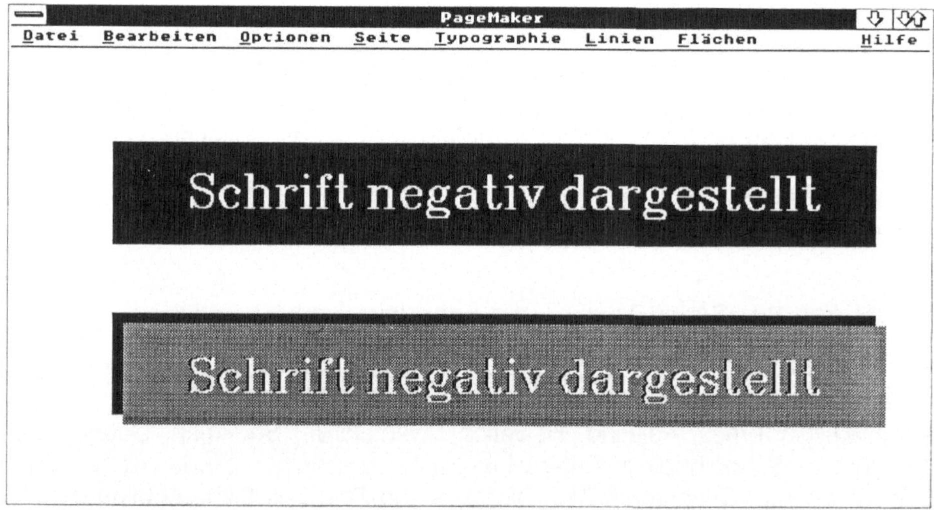

PostScriptdrucker verfügen über eine Reihe zusätzlicher Darstellungsmöglichkeiten. Zu diesen gehören die hier gezeigte Negativdarstellung ebenso wie die Möglichkeit, Schriftzüge aus Originalsatzschriften zu rotieren.

Installationssoftware geliefert, die auch geeignete Bildschirmzeichensätze und Schriftmaßtabellen erzeugt. Wichtig ist es, bei der Installation anzugeben, daß die Schriften unter Microsoft Windows Verwendung finden.

Konzeptdrucker und Reindrucker

Reindrucker ist immer der Drucker, der vor dem Einrichten einer Datei mit der PageMaker-Druckerauswahl angewählt war bzw. nachträglich angewählt wird, und für den die Datei von PageMaker aufbereitet wurde. Nur auf dem Drucker, für den die Datei aufbereitet wurde, kann Sie so ausgedruckt werden, wie sie im Bildschirm dargestellt wird.
In der Windows-Systemsteuerung kann abweichend von dem in PageMaker verwendeten Reindrucker ein anderer Drucker als Standarddrucker angewählt sein. Für die Ausgabe von PageMaker Dateien ist ein solcher Drucker als Konzeptdrucker anzusehen, da die Ausgabe in der Regel nicht den Gestaltungsvorgaben entsprechen wird. PageMaker wird versuchen, den Drucker so weit wie möglich für eine originalgetreue Ausgabe der Satzdatei auszunutzen. So werden beispielsweise die Zeilenumbrüche erhalten, so daß Zeilen dort enden, wo Sie bei einer Ausgabe auf dem Reindrucker enden würden, und nicht dort, wo sie bei der Ausgabe mit der jeweiligen Schrift des Standarddruckers bei einer korrekten Füllung der Zeilen enden könnten. Damit soll nur ein Beispiel gegeben sein. Der Unterschied zwischen Konzeptdrucker und Reindrucker kann alle Festlegungen des Befehlsmenüs Typografie betreffen, darüberhinaus auch Linienstärken und andere Grafikfunktionen.

Eine abweichende Installation von Konzept- bzw. Standarddrucker und Reindrucker ist sinnvoll, wenn Sie selbst über keinen Reindrucker verfügen, Ihre Dateien also auf einem fremden Reindrucker ausgeben lassen, sich aber anhand eines Konzeptausdruckes ein ungefähres Bild von Ihrer Satzarbeit machen möchten. Reindrucker kann auch eine Setzmaschine sein. So können Sie beispielsweise einen PCL-Drucker oder einen anderen Drucker als Konzeptdrucker benutzen, wenngleich Sie als Reindrucker einen PostScript-Drucker angewählt haben, um über PostScript Fotosatzbelichtungen erstellen zu lassen.

Teil 3 - Fortgeschrittene Layoutpraxis

Schriftsatz, Abbildungen und Layoutgestaltung

Die Information

Das Stichwort Information setzen wir an den Anfang des Abschnittes über Schriftsatz, Grafik und Layoutgestaltung, weil nicht nur Informatiker "diesen Stoff" bearbeiten und seine optimierte Weitergabe und Verarbeitung zum Ziel haben. Vor der "Erfindung" der Informatik waren es Typografen und Setzer, die sich mit der damals noch nicht so genannten Informationsverarbeitung beschäftigten. Kaum ein Zufall daher, daß - von der Kriegstechnik und ihren ballistischen Kalkulationen einmal abgesehen - die grafische Industrie eine der ersten Branchen war, in denen das Informationszeitalter sich Ende der 60er und Anfang der 70er Jahre in Gestalt elektronischer Satzautomaten richtig durchsetzte. Wenngleich man beim Stichwort Satzautomat eher an die effektivierte Verarbeitung von Informationen durch Beschleunigung der Arbeitsprozesse denkt, so ist doch die lesbare, sehbare und verstehbare Aufbereitung von Informationen immer das Hauptziel der Setzer gewesen. Desktop Publishing, das nach Matrix-, Thermo- und anderen Druckern ehrlicherweise als Wiederentdeckung der Typografie für die Informationsverarbeitung bezeichnet werden sollte, sowie die neuen grafischen Benutzeroberflächen für EDV-Systeme sind die praktische Anerkennung, daß Anfang und Ende jeder Informationskette Personen sind, die vielleicht leicht zu beeinflussen, aber nur dann zu erreichen sind, wenn Benutzerschnittstellen und Medien sich menschlichen Gewohnheiten und Eigenarten anpassen. Das gilt ganz unabhängig von der viel beschworenen steigenden Informationsflut. Typografiefähige Drucker als EDV-Ausgabemedium - sie zeugen von Respekt zumindest vor dem ersten und Hauptgrundsatz der Typografen: Schrift soll lesbar sein. Wenn darüberhinaus "die Schrift", die Sie setzen, außerdem auch noch "gut aussieht" dürfen Sie zufrieden sein.

Wie erreicht man sein Ziel als Typograf?

Mit dem vorhergehenden Absatzes wollten wir darauf aufmerksam machen, daß Sie ihr Ziel dann schon halb erreicht haben, wenn Sie ein gestaltetes

Schriftstück als geeignetes Medium für die beabsichtigte Aussage bezeichnen können. Das impliziert viel. Nehmen Sie ein Buch - sagen wir einen Roman. Es is lesbar, wenn Schriftgröße, Wort- und Zeilenabstand in einem ausgewogenen Verhältnis zueinander und zur Länge der Textzeile stehen - wenn Überschriften den Text strukturieren, ohne den einheitlichen Eindruck des von der ersten zur letzten Seite fortlaufenden Textes zu stören. Wenn darüberhinaus durch eine geschickte Auswahl des Schriftschnittes, durch den Einsatz von Schmuckelementen etc. Inhalt und Gestaltung ein harmonisches Ganzes bilden, ist auch der zweite Teil der Aufgabe bewältigt. Das Buch ist schön.
Sehen Sie Desktop Publishing bitte nicht als Herausforderung an "eine künstlerische Ader" an, die Sie möglicherweise gerade bei sich nicht entdecken mögen. Betrachten Sie es einfach als Erweiterung jener Gestaltungsmöglichkeiten, die Sie immer schon eingesetzt haben, wenn Sie im weitesten Sinne mit Text und Grafik gearbeitet haben. Nutzen Sie es als Werkzeug für die Aussagen, auf die es Ihnen ankommt. Wenn Sie darüberhinaus Spaß an Gestaltung finden, um so besser.
Typografische Lehrbücher sind in erster Linie Schulen des Sehens. Sie setzen sich zur Aufgabe, das bewußt zu machen, was der auf den Inhalt konzentrierte Leser im Alltag nur unbewußt wahrnimmt. Die Verteilung von Schwarz und Weiß, bedruckter und unbedruckter Flächen in einer Seite spielt dort ebenso eine Rolle wie der richtige Einsatz der Schrifttypen und eine Reihe typografischer Konventionen. Neue, angewohnte Denkkategorien kommen zum Einsatz, wenn die Anordnung typografischer Zeichen unter ästhetischen Gesichtpunkten betrachtet als rythmisch oder unrythmisch, harmonisch oder kontrapunktisch eingestuft werden. Wer selbst Druckschriften gestalten will, sollte überall, wo er mit Druckschriften zu tun hat, die andere gestaltet haben, neben dem Inhalt auch die Form beachten. Vieles ist eine Frage des Übens, Ausprobierens und des aktiven Beobachtens. Abgesehen davon, daß das Werkzeug und die Technik beherrscht sein wollen. Bei letzterem zu helfen, ist das Ziel dieses Buchs.

Text und Bild

Den Text als das Hauptsächliche anzusehen, womit der Typograf zu tun hat, ist falsch. Vielleicht resultiert diese Denkgewohnheit daraus, daß traditionelle Typografie sich aus rein technischen Gründen mit dem Text viel leichter tat. Der mechanische Satzautomat hat längst sein Hundertjähriges gefeiert, die drucktechnische Reproduktion von Halbtonabbildungen (Fotografien) blieb bis in unsere Tage ein aufwendiges Verfahren. Auch mag der Primat des Textes daher rühren, daß Bücher in der Regel von Autoren geschrieben werden - ihr Metier ist nun einmal das Wort. Nur in Kunstbänden und in Büchern, die selbst Kunstwerke sind, steht das Bild als gleichberechtigter Informationsträger neben dem Text. Wenn überhaupt Ausnahmen zu finden sind, dann im Sachbuchbereich, wo Bücher häufig als reine Verlagsproduktionen aus einem Team hervorgehen, in dem Texter, Photografen und Zeichner Hand in Hand arbeiten. Vielen Büchern widerfährt ein schlimmes Schicksal. Sie werden illustriert. Dieser

Sprachgebrauch spricht für sich. Je preiswerter ein Buch, desto mehr hat der Sprachgebrauch im übrigen Recht. Das Illustrieren ist gängige Praxis, d. h. man sucht aus Archiven ein zum Text irgendwie passendes Bildmaterial zusammen und stellt es an mehr oder weniger passenden Stellen ein. Vom Bild als eigenständigem Träger einer Aussage kann dabei schon deshalb keine Rede sein, weil der Autor bei der Niederlegung seiner Gedanken das Bildmaterial gar nicht zur Verfügung hatte. Ein Bild sagt mehr als tausend Worte - gilt dort nicht. Häufig findet man gute, preiswerte Bücher, deren Textaussage in dem veralteten Bildmaterial ein wenig geeignetes Aushängeschild findet. Damit soll das falsche Extrem beschrieben sein, kein Apell zu Erstellung von Bilderbüchern ergehen. Beziehen Sie Abbildungen als selbständigen Träger Ihrer Aussage - ganz gleich bei welcher Art von Druckschrift - stets von vornherein mit ein. Überlegen Sie stets, was kann besser durch ein Bild, was besser durch Worte gesagt werden, oder sagen Sie es auf beide Arten, und Sie werden mit Sicherheit verstanden. PageMaker gibt Ihnen in Verbindung mit Text- und Grafikprogrammen unter Windows die Möglichkeit, parallel textlich und grafisch zu arbeiten. Lassen Sie sich jedoch angesichts neuer Möglichkeiten nicht zu visuellen Exzessen hinreißen. Auch wenn im Überfluß an Bildern Beliebigkeit aufkommt, entsteht der Eindruck, es sei "illustriert" worden. Wo Worte eindeutiger und exakter als Bilder sind, sollten Sie das tragende Gerüst einer Darstellung sein. Wo Bilder genauer zeigen was gemeint ist, muß sich der Text ihnen zur Seite stellen.

Schrift und Typografie

Der Text soll lesbar sein. Die Erfüllung dieser Forderung hängt von einer Reihe von Faktoren ab. Schriftauswahl, Buchstaben-, Wort- und Zeilenabstände, die Strukturierung durch Textauszeichnungen, die Breite der Spalte im Verhältnis zur Schriftgröße - all diese Fakoren haben großen Einfluß. In einspaltigen Arbeiten mit langen Satzzeilen sollte die Schrift nicht zu klein gewählt werden. Strukturierende Elemente können zur Lesbarkeit beitragen, sie aber auch negativ beeinflussen. Kombiniert man zu viele grafische Elemente wie Linien oder zu viele verschiedene Schriftgrößen oder gar Schriftfamilien miteinander, wird eine Arbeit unübersichtlich, da das Auge des Betrachters oder Lesers keinen Ruhepunkt mehr findet. Beschränken Sie sich in der Regel in einer Arbeit auf eine Schriftfamilie wie Times, Helvetica, Bookman oder Century Schoolbook, und verwenden Sie nicht mehr als drei oder vier verschiedene Textauszeichnungen.

Das Layout

Bei jeder Arbeit ist es sinnvoll, einem Plan zu folgen. Bei einer Satzarbeit ist dieser Plan das Layout. Und wie mit jedem Plan ist mit dem Layout bereits ein wesentliches Stück der Arbeit geleistet. Dies gilt erst Recht, wenn das Layout in einer Datei gespeichert und auf beliebig viele Druckseiten angewendet werden kann. Das Layout legt fest, wie bedruckte und unbedruckte Flächen innerhalb des Formates zu verteilen sind. Nicht immer wird es Ihnen gelingen, vor der

Betrachtung des Textes die Struktur einer Seite sozusagen abstrakt festzulegen. PageMaker läßt Ihnen die Freiheit, Texte und Bilder in die Seite einzustellen und anschließend ihre Position zu verändern. Spielen Sie bei Darstellung der ganzen Seite mit unterschiedlichen Anordnungen der Textblöcke und Abbildungen. Machen Sie sich dabei aber stets bewußt, daß es um die generelle Aufteilung einer Seite geht. Haben Sie grundlegende Eigenschaften des Layouts einmal festgelegt, muß sich der Text in Einzelfällen in die vorgegebene Struktur einfügen, eventuell auch einmal kleine Veränderungen erdulden, um die Einheitlichkeit der gesamten Arbeit zu gewährleisten. Grundlegende Layoutelemente sind: Papierformat, Ränder, daraus folgend Breite und Höhe des Satzspiegels, weiterhin Größe und Anordnung von Kopf- und Fußzeilen, Aufteilung des Formates in Spalten, Entscheidung für Block- oder Flattersatz oder allgemeiner gesprochen, für die Einhaltung bestimmter Fluchtlinien innerhalb der Seiten. Nahezu sämtliche dieser Elemente legen Sie in PageMaker in den Stammseiten fest, übernehmen sie folglich auf alle Seiten einer Arbeit und verändern beispielsweise die Spaltenaufteilung nur in Ausnahmefällen auf individuellen Seiten. Andere Layoutfestlegungen, wie die Aufteilung einer Seite in Bereiche, die Text- und Bild aufnehmen, treffen Sie auf individuellen Seiten. Die Strukturierung des Textes ist eng mit der Textauszeichnung und Absatzformatierung, d.h. mit Schriftgöße, Schriftstil sowie eventuellen Einzügen etc. verknüpft. Wiederkehrende Eigenschaften einzelner Textabsätze, die Kursivschrift und den Einzug für ein Zitat, die Großschrift und die Zentrierung für den Titel und ähnliches, legen Sie in PageMaker als Druckformate fest. Alle genannten Elemente des Layouts speichern Sie beim Sichern der Datei als Mustervorlage zur Wiederverwendung für unterschiedliche Arbeiten.

Corporate Identity

Große Firmen oder Institutionen legen Wert auf ein einheitliches Erscheinungsbild, das sich mit ihren Zielen, Grundsätzen und Aufgaben zu einem Gesamteindruck verbindet, den Sie der Öffentlichkeit gegenüber vermitteln wollen. Ein wesentlicher Bestandteil dieses Erscheinungsbildes sind die Drucksachen. Sie sind oft der erste Eindruck den Fremde von einer Firma oder Institution gewinnen. Die Überlegungen zum Corporate Identity sind auch für Sie als Gestalter einer eigenen Publikation von Bedeutung, ganz gleich, ob Sie nun eine Visitenkarte, einen Briefbogen, einen Newsletter, ein Buch oder etwas anderes gestalten. Behalten Sie bei der Festlegung eines Layouts stets im Auge, daß bestimmte Gestaltungsgrundsätze, die Sie einmal festlegen, sich auch bei anderen Dokumenten, die Sie vielleicht später gestalten, bewähren müssen. Ein Logo, das Sie mit der Identität Ihrer Arbeit verbinden, muß sich auf Ihrer Visitenkarte und Ihrem Briefbogen ebenso bewähren wie vielleicht im Kopf eines Newsletters oder einer anderen Informations- oder Werbeschrift. Verwenden Sie Sorgfalt auf die Schriftauswahl, denn die verwendete Schrift ist das wichtigste Element eines einheitlichen Erscheinungsbildes. In der Regel werden Sie die Zusammengehörigkeit all Ihrer Druckschriften durch Satz aus der gleichen Type unterstreichen. Sie sollte in allen benötigten Schriftgrößen sowie in verschiedenen Zuschnitten (kursiv, schmal, fett, halbfett) und für alle Software-Werkzeuge, die Sie einsetzen, zur Verfügung stehen.

Werksatz

Beim Werksatz, also beim Satz von Büchern, stehen, stärker als bei jeder anderen Satzarbeit, sich stets wiederholende Layoutelemente im Mittelpunkt. Jede oder - wenn linke und rechte Seiten sich unterscheiden - jede zweite Seite eines Buches wird die gleiche Gestaltung aufweisen. Dies gilt zumindest für die Mehrzahl der Seiten oder im Rahmen eines Kapitels. Ränder, Kolummnentitel, Paginierung, Gestaltung der ersten, zweiten und dritten Überschriften, des Grundtextes, der Abbildungstitel usw. - all dies sind solch wiederkehrende Elemente. Beim Aufbau eines Buchlayouts arbeiten Sie umso effektiver, je mehr Sie dieser dem Werksatz eigentümlichen Standardisierung der Gestaltung entsprechen. PageMaker unterstützt in der vorliegenden Software-Version den Werksatz weitaus besser als in vorhergehenden Versionen. Durch die Möglichkeit des automatischen Textumbruchs über alle Spalten und Seiten sowie durch die Zwischenspeicherung von Absatzeigenschaften in sogenannten Druckformaten wird der Werksatz weitgehend effektiviert. Beim Werksatz werden Sie die für alle Seiten bzw. die für linke oder rechte Seiten geltenden Eigenschaften in den Stammseiten der PageMaker-Datei und die Eigenschaften von Überschriften, Grundtext, Zitaten usw. in Druckformaten ablegen.

Zeitungs- und Zeitschriftensatz

Zeitungen und Zeitschriften erscheinen periodisch. Sie erfordern daher ein Layout, das von Ausgabe zu Ausgabe in gleicher Form wiederkehrt. Die Gestaltung der einzelnen Seiten kann demgegenüber stark variieren. Meist weisen solche Publikationen Rubriken auf, die in jeder Ausgabe erneut erscheinen, und deren Kontinuität durch eine stets wiedererkennbare Gestaltung der entsprechenden Seiten unterstrichen wird. Ähnliches finden Sie auch in Ihrer Tageszeitung, die für die ersten, zweiten und dritten Seiten, den Wirtschafts-, Kultur- und Sportteil in der Regel bestimmte Layoutvorschriften einhält. Diesem Erfordernis des Zeitungs- und Zeitschriftensatzes, das natürlich auch bei der Erstellung eines Newsletters gilt, kommen die PageMaker-Mustervorlagen stark entgegen. Wiederkehrende Gestaltungselemente bestimmter Seiten können direkt auf den entsprechenden Seiten erarbeitet und durch Speichern der Datei als Mustervorlage für jede Ausgabe erneut verwendet werden. Ein wichtiges Element des Zeitungs- und Zeitschriftensatzes ist das Artikel- oder Satzspiegelraster, das die Anordnung der Artikel und Bilder in bestimmten Seiten festlegt. Ein solches Raster definieren Sie in PageMaker-Mustervorlagen durch Text und Bildplatzhalter.

Tabellensatz

PageMaker ist sicher kein Meister des Tabellensatzes, denn für den Tabellensatz wünscht man sich, daß die einzelnen Zellen einer Tabelle durch die Software als logische Einheiten behandelt werden, denen neben dem Text auch strukturierende Elemente wie Füllmuster sowie Spalten- und Zeilentrennlinien zugeordnet werden können. Auch wünscht man sich die Möglichkeit, mehrzeilige Textabsätze ebenso auf bestimmte Tabulatorpositionen setzen zu können wie einzelne Wörter (vertikalen Tabellensatz). In PageMaker haben Sie die Möglichkeit, jedem Absatz individuelle Tabulatorpositionen und Einzüge zuzuordnen und diese Einstellungen auch in einem Druckformat abzulegen. Wenn Sie Textabsätze auf die gleiche vertikale Position legen und mit unterschiedlichen Einzügen versehen, erreichen Sie einen Effekt, der dem vertikalen Tabellensatz gleichkommt. Zeilen- und Spaltentrennlinien können mit Hilfe der Linien- und Rahmenfunktion über den Text gelegt werden.

Typografische Elemente

Das Schriftfont

Den kompletten Zeichensatz einer Schrift bezeichnet man als Font. Jeder Zuschnitt z. B. Helvetica fett oder Helvetica mager bildet ein eigenes Font. Zu den Daten eines solchen Zeichensatzes, die Form und Originalgröße der einzelnen Zeichen beschreiben, gehören immer auch solche Daten, die die relative Breite des einzelnen Zeichens im Verhältnis zu anderen festlegen. Die Schriftgröße wird von der Unterkante einer Unterlänge z. B. g zur Oberkante einer Oberlänge z. B. k gemessen. Die in PageMaker verwendete Maßeinheit der Schriftgröße ist Pica Point. Die Breite der Zeichen wird in relativen Einheiten, d. h. relativ zur Breite des breitesten Zeichens innerhalb des Fonts, angegeben. Das breiteste Zeichen ist das Versal-M, dessen Breite man auch als Geviert bezeichnet.

ABCDEFGHIJKLMNOPQRSTUVWXYZÄÖÜabcdefghijklmnopqrstuvwxyzABCDEFGHIJKLMNOPQRSTUVWXYZÄÖÜabcdefghijklmnopqr

ABCDEFGHIJKLMNOPQRSTUVWXYZÄÖÜabcdefghijklmnopqrstuvwxyzABCDEFGHIJKLMNOPQRSTU

ABCDEFGHIJKLMNOPQRSTUVWXYZÄÖÜabcdefghijklmnopqrstuvwxyzABCDEF

ABCDEFGHIJKLMNOPQRSTUVWXYZÄÄÖÜabcdefghijklmnopqrstu

ABCDEFGHIJKLMNOPQRSTUVWXYZÄÖÜabcdefghijklmn

ABCDEFGHIJKLMNOPQRSTUVWXYZÄÖÜab

ABCDEFGHIJKLMNOPQRSTUVW

ABCDEFGHIJKLMNOPQRS

ABCDEFGHIJKLMNOP

Helvetica normal in 6, 8, 10, 12, 14, 18, 24, 30, 36 Punkt.

25·ultra light·ultraleicht·ultra-maigre
abcdefghijklmnopqrstuvwxyzßäåæöøœüç
ABCDEFGHIJKLMNOPQRSTUVWXYZ&ÄÅÆÖØŒÜÇ
1234567890%(.,:;-!¡?¿–§$£ƒ¢)·['"",„‹›«»]†/*/

35·thin·fein·extra-maigre
abcdefghijklmnopqrstuvwxyzßäåæöøœüç
ABCDEFGHIJKLMNOPQRSTUVWXYZ&ÄÅÆÖØŒÜÇ
1234567890%(.,:;-!¡?¿–§$£ƒ¢)·['"",„‹›«»]†/*/

45·light·leicht·maigre
abcdefghijklmnopqrstuvwxyzßäåæöøœüç
ABCDEFGHIJKLMNOPQRSTUVWXYZ&ÄÅÆÖØŒÜÇ
1234567890%(.,:;-!¡?¿–§$£ƒ¢)·['"",„‹›«»]†/*/

55·roman·normal·romain
abcdefghijklmnopqrstuvwxyzßäåæöøœüç
ABCDEFGHIJKLMNOPQRSTUVWXYZ&ÄÅÆÖØŒÜÇ
1234567890%(.,:;-!¡?¿–§$£ƒ¢)·['"",„‹›«»]†/*/

65·medium·kräftig·quart-gras
abcdefghijklmnopqrstuvwxyzßäåæöøœüç
ABCDEFGHIJKLMNOPQRSTUVWXYZ&ÄÅÆÖØŒÜÇ
1234567890%(.,:;-!¡?¿–§$£ƒ¢)·['"",„‹›«»]†/*/

75·bold·halbfett·demi-gras
abcdefghijklmnopqrstuvwxyzßäåæöøœüç
ABCDEFGHIJKLMNOPQRSTUVWXYZ&ÄÅÆÖØŒÜÇ
1234567890%(.,:;-!¡?¿–§$£ƒ¢)·['"",„‹›«»]†/*/

85·heavy·dreiviertelfett·trois quart-gras
abcdefghijklmnopqrstuvwxyzßäåæöøœüç
ABCDEFGHIJKLMNOPQRSTUVWXYZ&ÄÅÆÖØŒÜÇ
1234567890%(.,:;-!¡?¿–§$£ƒ¢)·['"",„‹›«»]†/*/

95·black·fett·gras
abcdefghijklmnopqrstuvwxyzßäåæöøœüç
ABCDEFGHIJKLMNOPQRSTUVWXYZ&ÄÅÆÖØŒÜÇ
1234567890%(.,:;-!¡?¿–§$£ƒ¢)·['"",„‹›«»]†/*/

75·bold outline·halbfett outline·demi-gras détouré
abcdefghijklmnopqrstuvwxyzßäåæöøœüç
ABCDEFGHIJKLMNOPQRSTUVWXYZ&ÄÅÆÖØŒÜÇ
1234567890%(.,:;-!¡?¿–§)·['"",„‹›«»]†/*/

Schriftfamilie Helvetica mit den vollständigen Zeichensätzen (Fonts) für unterschiedliche Zuschnitte.

Wortabstand

Vom Wortabstand hängt es ebenso wie vom Zeilenabstand ab, ob ein in sich geschlossener Textblock auch den Eindruck eines geschlossenen, einheitlichen Ganzen hinterläßt. Der Wortabstand darf hierzu nicht zu groß gewählt werden. Auch die Lesbarkeit leidet, wenn der Wortabstand entweder zur groß oder zu klein wird. Natürlich variiert der Wortabstand beim Blocksatz von Zeile zu Zeile mit dem Füllgrad, da jede Zeile einheitlich abgeschlossen werden muß. In PageMaker können Sie über das *Dialogfenster Abstände* Einfluß auf die Obergrenze, die Untergrenze und das gewünschte Idealmaß des Wortabstandes nehmen.

Der Anfang ist eine weiße Seite. Text, Grafik und andere Elemente werden diesen Raum ausfüllen. Der Erfolg der gestalterischen Arbeit liegt in einer guten Verteilung, Kombination und Anordung eines oder mehrerer dieser Elemente.

Der Anfang ist eine weiße Seite. Text, Grafik und andere Elemente werden diesen Raum ausfüllen. Der Erfolg der gestalterischen Arbeit liegt in einer guten Verteilung, Kombination und Anordung eines oder mehrerer dieser Elemente.

Der gleiche Text mit großem und kleinem Wortabstand.

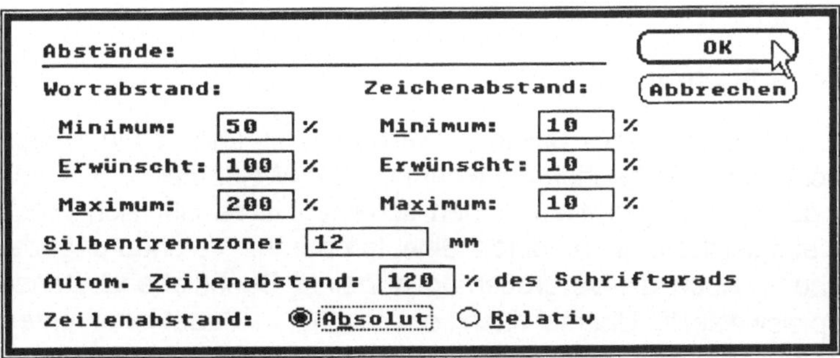

Dialogfenster Abstände mit den Einstellmöglichkeiten für *Wortabstand*, *Zeichenabstand* und *Silbentrennzone*.

Zeichenabstand

Verändert man den Zeichenabstand einer Schrift generell, so spricht man von einer veränderten Laufweite. Wird der Zeichenabstand vergrößert, so nimmt die die gleiche Anzahl von Zeichen anschließend einen größeren Raum in der Zeile ein. Die Laufweite hat sich vergrößert, die Schrift erscheint lockerer. Der gesamte Textblock hat einen geringeren Schwärzungsgrad. In PageMaker

Der Anfang ist eine weiße Seite. Text, Grafik und andere Elemente werden diesen Raum ausfüllen. Der Erfolg der gestalterischen Arbeit liegt in einer guten Verteilung, Kombination und Anordung eines oder mehrerer dieser Elemente.

Der Anfang ist eine weiße Seite. Text, Grafik und andere Elemente werden diesen Raum ausfüllen. Der Erfolg der gestalterischen Arbeit liegt in einer guten Verteilung, Kombination und Anordung eines oder mehrerer dieser Elemente.

Der gleiche Text mit größerer und kleinerer Laufweite bei gleicher Schriftgröße.

können Sie, ebenfalls im Dialogfenster Abstände, ein Minimum, ein Maximum und den erwünschten Wert für die Veränderung des Zeichenabstandes eingeben. Dies bedeutet, das PageMaker die Veränderung des Zeichenabstandes bedarfsweise, je nach dem Füllgrad der Zeile, vornimmt und dabei versucht, den Zeichenabstand an den erwünschten Wert anzunähern. Hierbei können Zeilen mit unterschiedlichem Buchstabenabstand entstehen, die ästhetischen Maßstäben meist nicht standhalten. Sie sollten daher Minimum, Maximum und erwünschten Wert des Zeichenabstandes entweder auf Null setzen, wenn der Zeichenabstand nicht verändert werden soll, oder auf einen anderen für alle drei Optionen identischen Wert setzen, je nach der gewünschten generellen Laufweitenveränderung. Sie erhalten dann in allen Zeilen die gleiche Laufweite.

Unterschneiden und Sperren

Da jedes Zeichen eine feste relative Dickte (Breite) aufweist, kann es in großen Schriftgrößen geschehen, daß Zeichen mit einem großen Weißanteil z. B. T von anderen Zeichen sehr weit entfernt zu stehen scheinen. Dies läßt sich durch Unterschneidung ausgleichen, d. h. durch eine temporäre Veränderung der Dickte eines Zeichens. Auch die Vergrößerung einzelner Buchstabenabstände ist zuweilen, beispielsweise in Überschriften, erwünscht. In PageMaker unterschneiden Sie mit der Tastenkombination Ctrl. + Rücktaste und sperren mit der Tastenkombination Ctrl. + Umschalt- + Rücktaste. Dabei steht der Text-

Tatort

Unterschneidung wendet man bei bestimmten kritischen Buchstabenpaaren an, hier das Wort Tatort.

cursor zwischen den beiden Buchstaben. Der Abstand wird in Schritten von 1/24 Pica Point verändert. Wenn Sie im *Dialogfenster Absatzformat* unter Position *Ausgleich* die Option *Autom.* anwählen, unterschneidet PageMaker solche Zeichenpaare, die in integrierten Ästhetiktabellen des Fonts abgelegt sind, automatisch um bestimmte festgelegte Werte.

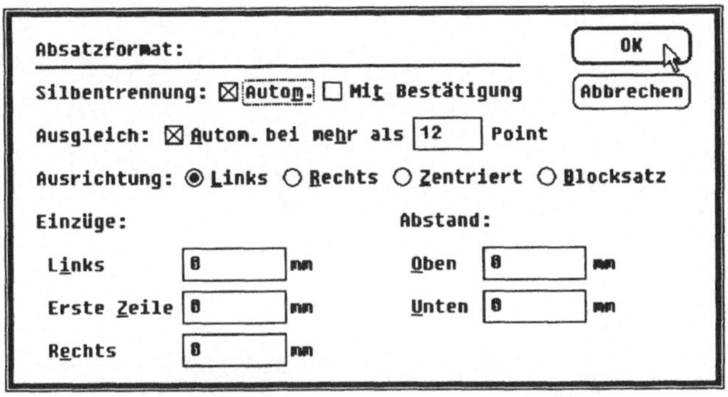

Absatzformat:
OK
Silbentrennung: ☒ Autom. ☐ Mit Bestätigung
Abbrechen
Ausgleich: ☒ Autom. bei mehr als 12 Point
Ausrichtung: ◉ Links ○ Rechts ○ Zentriert ○ Blocksatz
Einzüge:
Abstand:
Links 0 mm
Oben 0 mm
Erste Zeile 0 mm
Unten 0 mm
Rechts 0 mm

Dialogfenster Absatzformat mit den Einstellmöglichkeiten für *Silbentrennung* und automatisches Unterschneiden (*Ausgleich*).

Silbentrennung

Silbentrennung und typografische Ästhetik stehen in einem sehr engen Zusammenhang. Werden nicht in ausreichendem Maße Wörter am Zeilenende getrennt, können die Grenzwerte für den Wortabstand nicht eingehalten werden. Dies führt meist zu unschönen, übergroßen Wortabständen in einzelnen Zeilen. PageMaker verfügt über einen integrierten Trennalgorithmus, den Sie aktivieren, wenn Sie im *Dialogfenster Absatzformat* unter Position *Silbentrennung* die Option *Autom.* anwählen. Vorrang vor der Trennung nach Regeln hat ein Benutzerwörterbuch, das unter dem Namen PMDTBEN.TXT gespeichert ist und jederzeit ergänzt werden kann, wenn Sie merken, daß PageMaker Wörter nicht oder falsch trennt. Eine erwünschte Trennung können Sie jeweils an der Cursorposition auch mit der Tastenkombination Ctrl. + - (Ctrl. + Minustaste) eingeben. Sie geben auf diese Weise einen weichen Trennstrich ein, der wieder verschwindet, wenn das Wort bei Einfügungen erneut in die Mitte der Zeile gerät. Fügen Sie in das Benutzerwörterbuch nicht mehr Wörter als nötig ein, da der Vergleich zu trennender Wörter mit dem Benutzerwörterbuch zeitaufwendig ist. Die Aktualisierung des Benutzerwörterbuches können Sie automatisieren, wenn Sie zusätzlich zur Option *Autom.* auch die Option *Mit Bestätigung* anwählen. PageMaker fordert Sie dann bei Wörtern, die nicht getrennt werden können, zu einem Trennvorschlag auf. Ihren Trennvorschlag können Sie bei dieser Gelegenheit in das Wörterbuch übernehmen. Das Silbentrennprogramm unterzieht alle Wörter, die in die Silbentrennzone geraten, der von Ihnen eingestellten Trennprozedur. Auch die Größe der Trennzone können Sie im Dialogfenster Abstände festlegen.

Beispiel 5 - eine Tabelle

Was Sie an diesem Beispiel lernen

Gestalten einer Tabelle mit PageMaker, Setzen von Tabulatoren, Setzen von Zeilen- und Spaltentrennlinien, tabellarische Anordnung von Text mit und ohne Verwendung von Tabulatoren, Seitenlayouts in Querformat erstellen, Drucker auf Querformat einstellen, Bilder proportionell verkleinern, Arbeit mit unterschiedlichen Text- und Tabulatorausrichtungen.

Die Tabelle

Bei unserer Tabelle handelt es sich um die Statistik der Urlaubs- und Erholungsreisen in der Bundesrepublik Deutschland. Quelle: Statistisches Bundesamt (Hrsg.), Daten Report. Die Gestaltung stammt von uns. Der Satz von Tabellen ist eines der komplizierteren Gebiete der Satztechnik. Viele Satzprogramme verfügen über eigene Module für den Tabellensatz. Stets ist es erforderlich, vor dem Satz einer Tabelle eine Übersichtsskizze anzufertigen, die den Spalten- und Zeilenaufbau veranschaulicht. Vor allem die Position der Zeilen- und Spaltentrennlinien sowie die Position und Ausrichtung der einzelnen Feldinhalte muß vor Beginn der Satzarbeit so genau wie möglich festgelegt werden. Wählen Sie einen Bezugspunkt, auf den Sie alle Bemaßungen beziehen.

Tabelle mit PageMaker

PageMaker verfügt über keine Sonderfunktionen für den Satz von Tabellen. Die Struktur der Tabelle wird in PageMaker zunächst durch ausgiebigen Gebrauch der Hilfslinien festgelegt. Eventuell kann das daraus resultierende Hilfslinienraster auch eine Papierskizze ersetzen. Soweit möglich sollen Textelemente einer Tabelle mit Hilfe von Tabulatoren gesetzt werden. Dort wo Textblöcke, die aus mehreren Zeilen bestehen, auf Position gebracht werden müssen, oder wo es aus anderen Gründen praktischer ist, setzen Sie den Text innerhalb von Textblöcken, deren Größe und Position sich an den Hilfslinien ausrichtet. Spalten- und Zeilentrennlinien werden manuell eingezeichnet und an den Hilfslinien ausgerichtet. Die Positionierung aller Elemente der Tabelle wird durch die Option *Positionierhilfe* stark vereinfacht.

Vorgehensweise:

1. Datei anlegen und Seite einrichten.

Legen Sie mit

Urlaubs- und Erholungsreisen

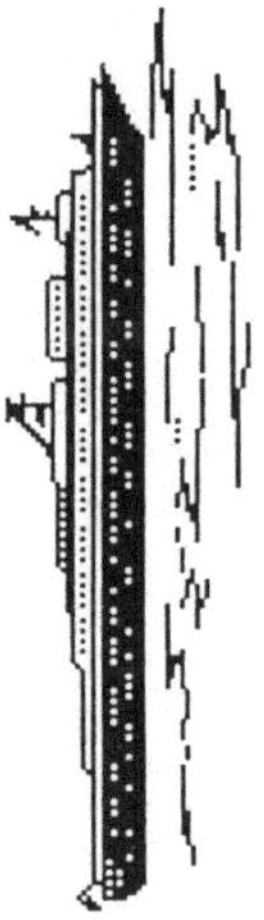

Zeitraum	Reisende		Reisen		
				davon	
	Insgesamt	Anteil an der Wohnbevölkerung	Insgesamt	Inlandsreisen	Auslandsreisen
	Mill.	%	Mill.	%	
1969[1]	22,0	36,4	26,1	60,3	39,7
1972	24,3	39,2	27,5	46,3	53,7
1977[2]	29,1	47,4	36,8	44,1	55,9
1978[2]	29,1	47,5	37,6	42,2	57,8
1979[2]	30,7	49,9	39,0	42,3	57,7
1980[2]	29,6	48,0	37,3	41,1	58,9
1981[2]	30,8	50,0	39,1	41,1	58,9

1 Oktober des Vorjahres bis September.
2 April bis März des folgenden Jahres.

Die fertige Tabelle.

Befehlsmenü Datei, Neue Datei (Ctrl. + N)

eine neue Datei an.

Öffnen Sie das *Dialogfenster Seite einrichten* mit

Befehlsmenü Datei, Befehl Seite einrichten...

Geben Sie ein: *Seitenformat A4*, *Formatlage Quer*, die Option *Zweiseitig* schalten Sie aus. Sämtliche Ränder (*Stegbreite*) setzen Sie auf 20 mm. Siehe Abbildung 5 - 1.

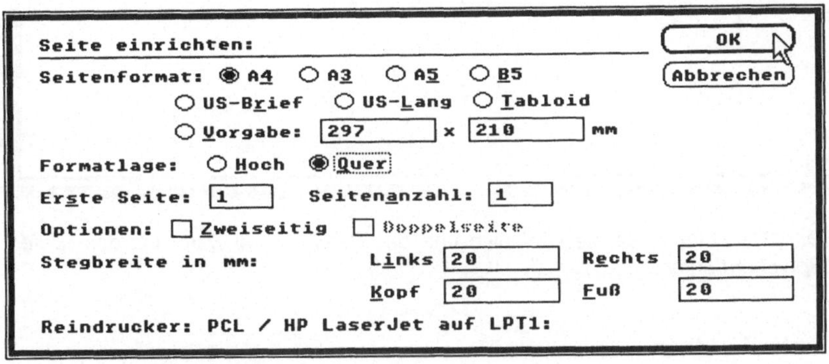

Seite einrichten: OK
Seitenformat: ◉ A4 ○ A3 ○ A5 ○ B5 Abbrechen
○ US-Brief ○ US-Lang ○ Tabloid
○ Vorgabe: 297 x 210 mm
Formatlage: ○ Hoch ◉ Quer
Erste Seite: 1 Seitenanzahl: 1
Optionen: ☐ Zweiseitig ☐ Doppelseite
Stegbreite in mm: Links 20 Rechts 20
Kopf 20 Fuß 20
Reindrucker: PCL / HP LaserJet auf LPT1:

Abb. 5 - 1 *Dialogfenster Seite einrichten* mit den erforderlichen Einstellungen.

2. Hilfslinien plazieren.

Mit

Befehlsmenü Optionen, Befehl Hilfslinien

schalten Sie die Hilfslinien ein.

Nun können Sie mit der Maus Hilfslinien aus dem Bereich des Linieals herausziehen und auf den gewünschten Positionen plazieren. Setzen Sie waagerechte Hilfslinien 4; 6; 7; 8; 9; 9,5; 10,5; 11; 12; 12,5; 17 und 17,5 cm unterhalb der Papieroberkante. Setzen Sie senkrechte Hilfslinien 5; 9; 14; 19 und 23,3 cm von der linken Papierkante entfernt. Die waagerechten Hilfslinien markieren die Positionen der Textzeilen und der waagerechten Linien. Die vertikalen Hilfslinien markieren 6 Tabellenspalten.

Speichern Sie Ihre Datei mit

Befehlsmenü Datei, Befehl Speichern unter...

als *Satzdatei* unter einem gewünschten Namen (Tab1). Siehe Abb. 5 - 2.

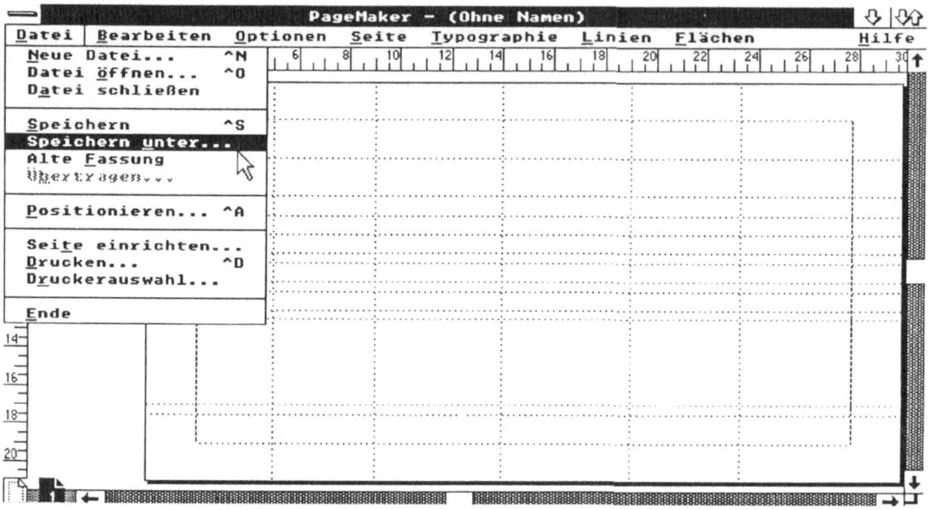

Abb. 5 - 2 Der Bildschirm zeigt die Hilfslinien und das *Befehlsmenü Datei* mit dem *Befehl Speichern unter...*

3. Tabellentitel setzen.

Mit der Tastenkombination Ctrl. + T öffnen Sie das *Dialogfenster Schriftfestlegung* und stellen die Schriftart und -größe des Titels mit Helv., 30 Point, fett ein. Mit

Befehlsmenü Typografie, Befehl Linksbündig (Ctrl. + L)

wählen Sie linksbündige Ausrichtung.

Überprüfen Sie in

Befehlsmenü Optionen,

ob die Positionierhilfe eingeschaltet ist. Wählen Sie die Editorfunktion, und plazieren Sie den Textcursor auf die erste waagerechte Hilfslinie. Die Positionierhilfe erleichtert es Ihnen, den Textcursor direkt auf der Hilfslinie zu plazieren. Schreiben Sie den Titel. Siehe Abbildung 5 - 3.

4. Spaltentitel setzen

Mit der Tastenkombination Ctrl. + T öffnen Sie erneut das *Dialogfenster Schriftfestlegung* und stellen jetzt die Schriftart und -größe für die ersten Spaltentitel mit Helv., 14 Point, fett ein.

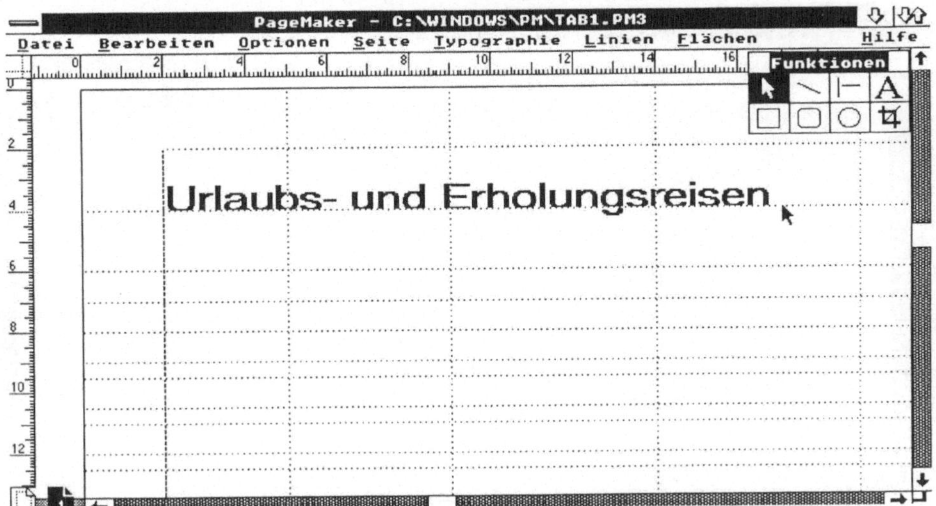

Abb. 5 - 3 Der Titel der Tabelle wurde auf die Hilfslinie geschrieben.

Plazieren Sie den Textcursor auf die dritte Waagerechte Hilfslinie, und öffnen Sie mit der Tastenkombination Ctrl. + E das *Dialogfenster Einzüge/Tabs...*

Löschen Sie eventuell vorhandenen Tabulatoren, und setzen Sie zwei Tabulatoren mit Ausrichtung zentriert auf die Positionen 70 und 195 mm. Wählen Sie erst die Zentrierung, plazieren Sie dann den Tabulator. Siehe Abb. 5 - 4.

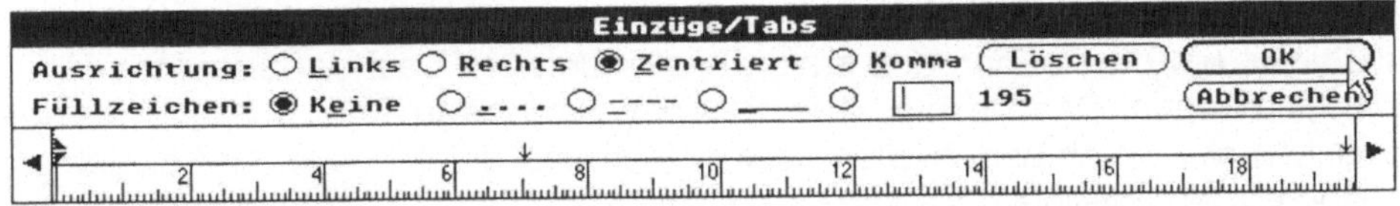

Abb. 5 - 4 *Dialogfenster Einzüge/Tabs* mit den benötigten Tabulatoren.

Schreiben Sie die beiden Spaltentitel "Reisende" und "Reisen". Vor jedem Titelwort setzen Sie einen Tab. Wählen Sie die Zeigefunktion. Mit dem Mauszeiger wählen Sie den Textblock an und plazieren ihn so, daß die Hilfslinie in vertikaler Richtung die Mitte des Textblockes markiert (siehe Abb. 5 - 5). Führen Sie diesen Arbeitsschritt bei Originalgröße durch.

Wählen Sie erneut die Editorfunktion. Plazieren Sie den Textcursor auf der siebenten waagerechten Hilfslinie, schreiben Sie den Spaltentitel "Zeitraum". Innerhalb der Zeigefunktion wählen Sie nun den soeben erzeugten Textblock an, der über die gesamte Breite läuft, und verkürzen ihn auf die Breite der ersten Tabellenspalte.

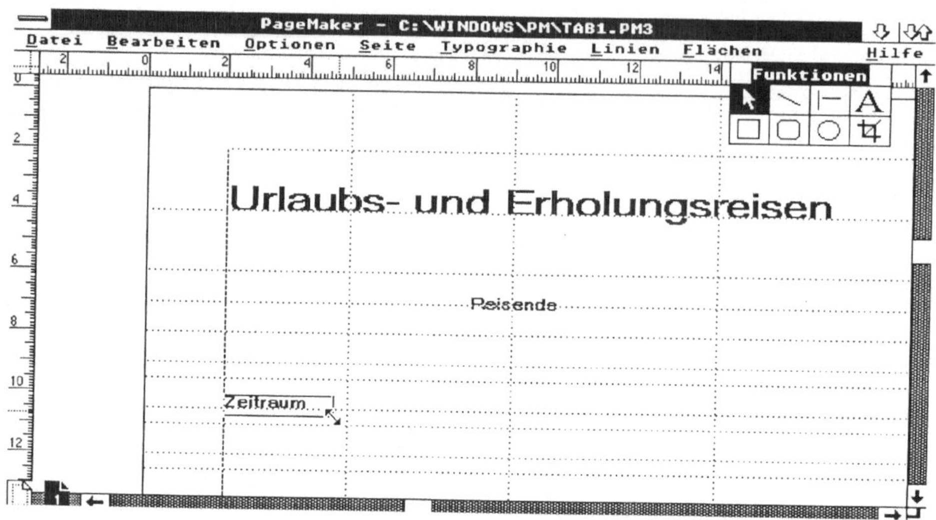

Abb. 5 - 5 Der Bildschirm zeigt die bislang erfaßten Spaltentitel und die Verkürzung des Textblockes.

5. Spaltenuntertitel setzen.

Wählen Sie im *Dialogfenster Schriftfestlegung* die Schriftart und -größe für die Spaltenuntertitel. Legen Sie fest: Helv., 12 Point, normal. Mit der Tastenkombination Ctrl. + Z wählen Sie als *Ausrichtung* für den nachfolgend zu erfassenden Text *Zentriert*.
Wählen Sie die Editorfunktion, und beschreiben Sie mit dem Textcursor ein Rechteck, um die Position des ersten Spaltenuntertitels auf der siebenten Hilfslinie festzulegen. Das Rechteck beschreiben Sie (wie in Abb. 5 - 6 zu sehen) zwischen der ersten und zweiten senkrechten und der sechsten und siebenten waagerechten Hilfslinie.

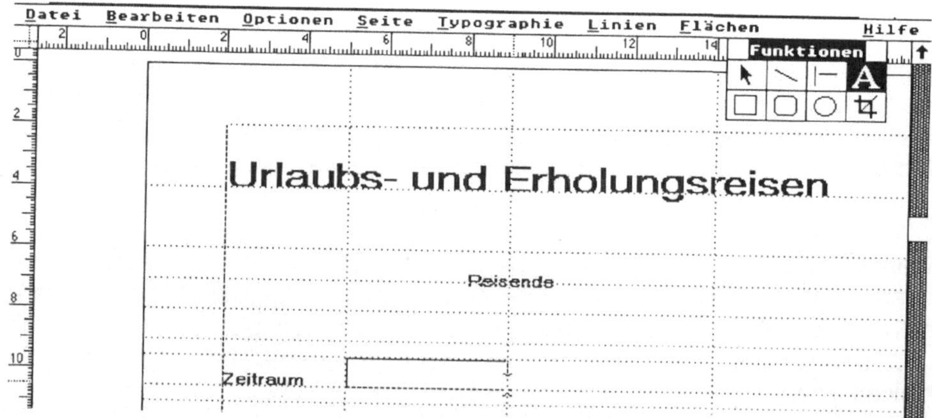

Abb. 5 - 6 Der Textblock für den Spaltenuntertitel wird festgelegt.

Schreiben Sie den Spaltenuntertitel "Insgesamt". In der Zeigefunktion plazieren Sie ihn mit dem Mauszeiger, so daß er exakt auf der siebenten Hilfsline steht (Schriftlinie).
Auf die gleiche Weise beschreiben Sie die Textblöcke der übrigen Spaltenuntertitel, schreiben jeweils anschließend den Titel und plazieren ihn exakt auf Schriftlinie. Wo der Titel zweizeilig ist, steht die zweite Zeile auf der siebenten Hilfslinie. Siehe Abb. 5 - 7.

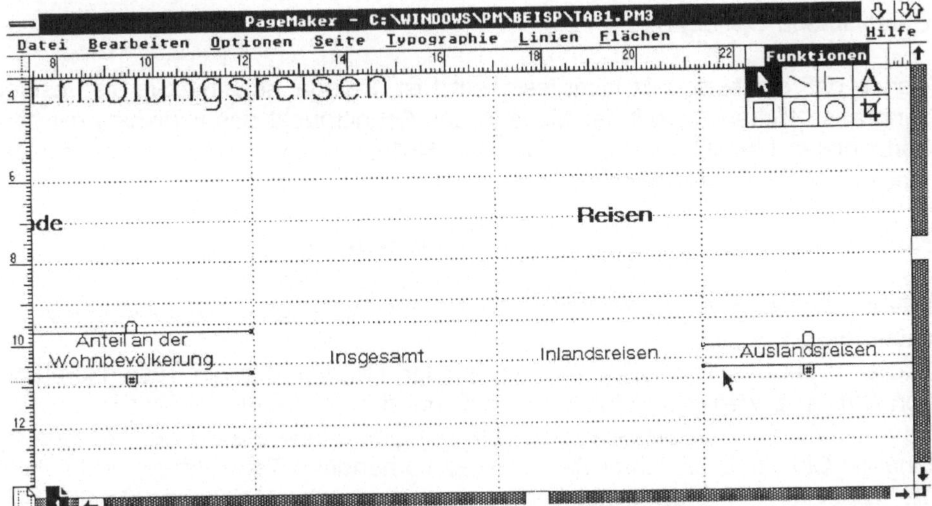

Abb. 5 - 7 Der Bildschirm zeigt die plazierten Spaltenuntertitel sowie die korrekte Position des zuletzt plazierten Titels.

Um den Spaltenuntertitel "davon" zu setzen, zeichnen Sie den Textblock über zwei Spalten sowie zwischen der vierten und fünften Hilfslinie. Das Wort soll auf der fünften Hilfslinie plaziert werden (siehe Abb. 5 - 8). Setzen Sie das Wort.

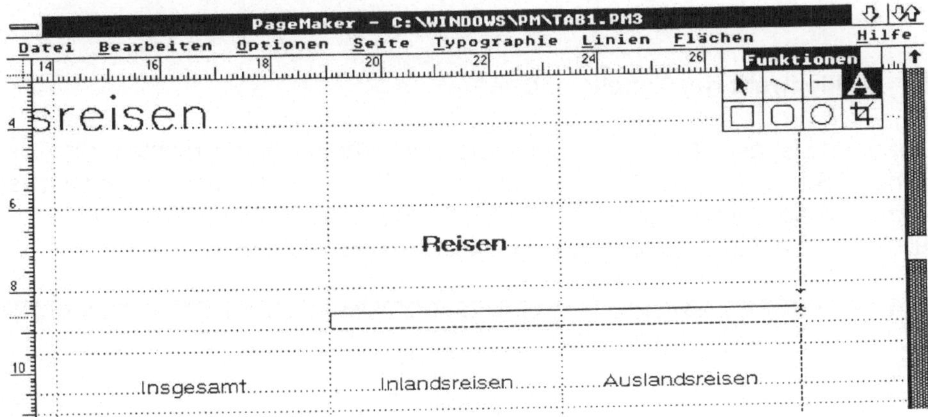

Abb. 5 - 8 Der Textblock für den Spaltenuntertitel "davon".

6. Zeile der Maßeinheiten setzen.

Die Maßeinheiten setzen Sie auf Tabulatorpositionen und zentrieren Sie dadurch in ihrer jeweiligen Spalte. Um die korrekten Tabulatorpositionen zu ermitteln, setzen Sie den Nullpunkt des Linieals auf die linke Randbegrenzung, da Tabulatoren nicht von der Papierkante, sondern vom linken Rand rechnen. Stellen Sie mit

Befehlsmenü Optionen

sicher, daß der Nullpunkt nicht festgesetzt ist. Falls ja, schalten Sie die Festsetzung aus. Klicken Sie mit der Maus in den Schnittpunkt des vertikalen mit dem horizontalen Lineal, und ziehen Sie den Nullpunkt des Lineals mit gedrückter Maustaste auf die gewünschte Position. Mit

Befehlsmenü Optionen, Befehl Nullpunkt festsetzen

fixieren Sie den Nullpunkt gegenüber unbeabsichtigten Verschiebungen in seiner neuen Position.
Plazieren Sie den Textcursor auf der neunten Hilfslinie. Mit der Tastenkombination Ctrl. + L wählen Sie für den nachfolgend zu erfassenden Text linksbündige Ausrichtung. Das *Dialogfenster Einzüge/Tabs* öffnen Sie mit der Tastenkombination Ctrl. + E. Löschen Sie eventuell vorhandene Tabulatoren, und setzen Sie Tabulatoren mit der Ausrichtung zentriert auf die Positionen: 50; 95; 145; 213 mm. Siehe Abb. 5 - 9. Schreiben Sie den Text der Einheitenzeile, wobei Sie vor jedem Wort einen Tab tasten. Anschließend plazieren Sie den Textblock mit der Zeigefunktion exakt auf die neunte Hilfslinie als Schriftlinie.

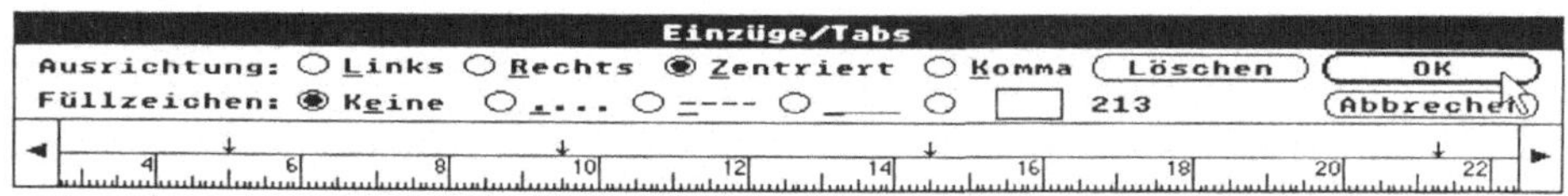

Abb. 5 - 9 Das *Dialogfenster Einzüge/Tabs* mit den benötigten Tabulatoren.

7. Zahlenwerk der Tabelle setzen.

Plazieren Sie den Textcursor unterhalb der zehnten waagerechten Hilfslinie. Öffnen Sie mit der Tastenkombination Ctrl. + E das *Dialogfenster Einzüge/Tabs*. Siehe Abb. 5 - 10. Setzen Sie die folgenden Tabulatoren mit Ausrichtung auf das Komma: 50; 95; 145; 195 und 240 mm.

Einzüge/Tabs
Ausrichtung: Links Rechts Zentriert Komma Löschen OK
Füllzeichen: Keine 240 Abbrechen
6 8 10 12 14 16 18 20 22 24

Abb. 5 - 10 Das *Dialogfenster Einzüge/Tabs* mit den Tabulatoren, die für das Zahlenwerk benötigt werden.

Geben Sie die Werte ein. Dabei denken Sie daran, an den entsprechenden Stellen die Tab-Taste zu betätigen und am Ende jeder Zeile ein Return (Zeilenschaltung) einzugeben. Die Fußnotenverweisnummern in den Zeilen 1, 3, 4, 5, 6 und 7 schreiben Sie unmittelbar hinter der Jahreszahl gleich mit. Sie werden später hochgestellt.

8. Fußnotenverweise und Fußnoten setzen.

Definieren Sie mit dem Textcursor nacheinander die Fußnotenverweisnummern in der ersten Spalte des Zahlenwerkes. Öffnen Sie jeweils nach der Definition einer Nummer mit *Befehlsmenü Typografie, Befehl Schriftfestlegung...* (Ctrl. + T) das *Dialogfenster Schriftfestlegung*, und wählen Sie für die *Zeichenlage* die Option *Hochgestellt* an.

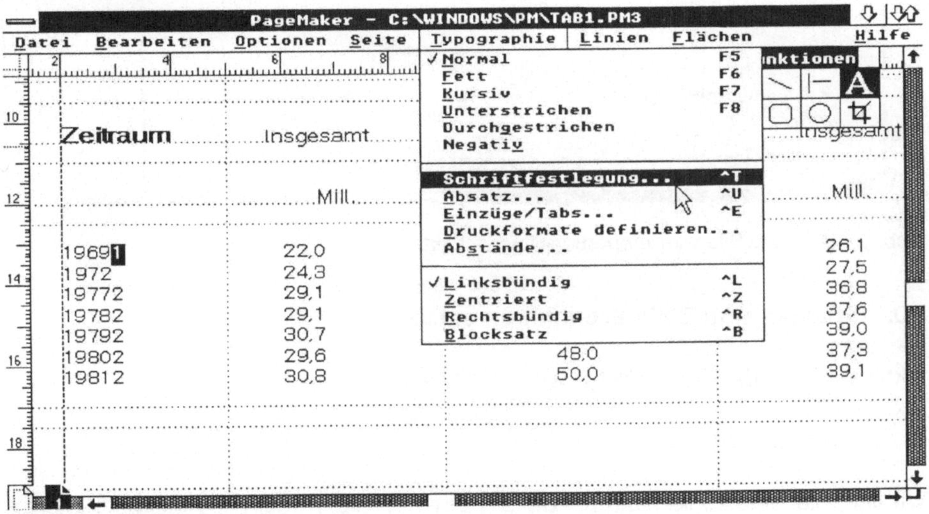

Abb. 5 - 11 Im Bildschirm sehen Sie eine definierte Fußnotenverweisnummer und das *Befehlsmenü Typografie* mit *Befehl Schriftfestlegung...*

Um den Fußnotentext zu setzen, plazieren Sie den Cursor unterhalb der letzten Hilfslinie. Mit der Tastenkombination Ctrl. + E öffnen Sie das *Dialogfenster* Einzüge/Tabs und setzen einen Tabulator mit linksbündiger Ausrichtung auf die Position 5 mm. Schreiben Sie die beiden Fußnotennummern und -texte, wobei Sie an der entsprechenden Stelle die Tab-Taste betätigen.

9. Abbildung plazieren.

Öffnen Sie mit der Tastenkombination Ctrl. + A das Dialogfenster zur Auswahl einer Datei, die positioniert werden soll. Wählen Sie die Datei der Abbildung (Schiff) aus. Sobald das Bildsymbol erschienen ist, plazieren Sie das Symbol am oberen Rand 2 Zentimeter rechts neben dem Titel, und drücken Sie die linke Maustaste. Verkleinern Sie das Bild, indem Sie es bei gedrückter Umschalt- und Ctrl-Taste an einer der Eckmarkierungen anfassen und diese auf seinen Mittelpunkt zuschieben. Siehe Abb. 5 - 12.

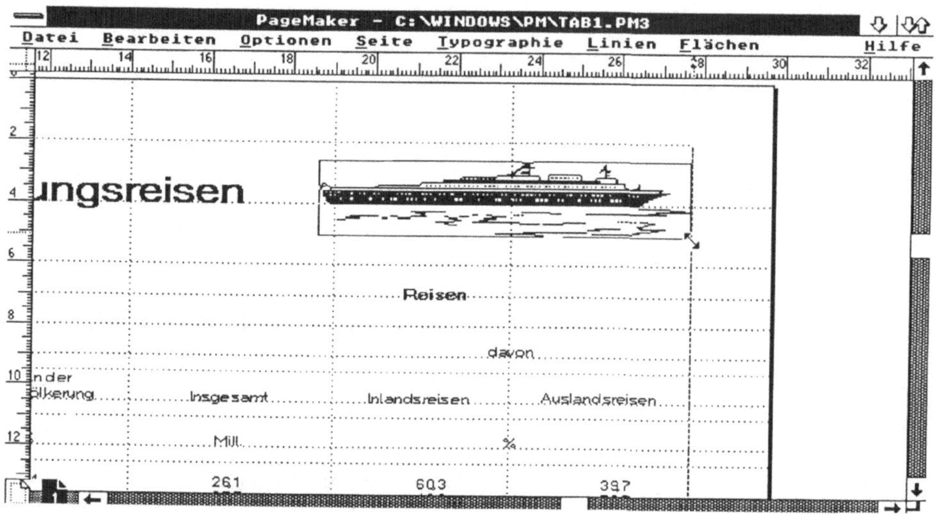

Abb. 5 - 12 Das Bild wird proportionell verkleinert.

10. Spalten- und Zeilentrennlinien setzen.

Aktivieren Sie die Funktion für winkelhaltige Linien an. Im

Befehlsmenü Linien

wählen Sie eine Linienstärke von 2 Point für die Kopflinie. Plazieren Sie eine Linie von der linken zur rechten Randmarkierung auf die zweite Hilfslinie.

Wählen Sie im

Befehlsmenü Linien

eine Linienstärke von 0,5 Point, und zeichnen Sie eine waagerechte Linie auf die vierte waagerechte Hilfslinie, und zwar von der ersten senkrechten Hilfslinie zur rechten Markierung. Weitere waagerechte Linien der gleichen Stärke zeichnen Sie: auf der sechsten waagerechten Hilfslinie von der vierten senkrechten Hilfslinie zur rechten Randmarkierung; auf der achten waagerechten Hilfslinie, von der ersten senkrechten Hilfslinie zur rechten Randmarkierung sowie auf der zehnten und elften waagerechten Hilfslinie von der linken zur rechten Randmarkierung. Zeichnen Sie in der gleichen Stärke senkrechte Linien auf der ersten und dritten senkrechten Hilfslinie von der Kopflinie zur Fußlinie und auf der vierten senkrechten Hilfslinie von der zweiten zur letzten waagerechten Hilfslinie. Siehe Abb. 5 - 13.

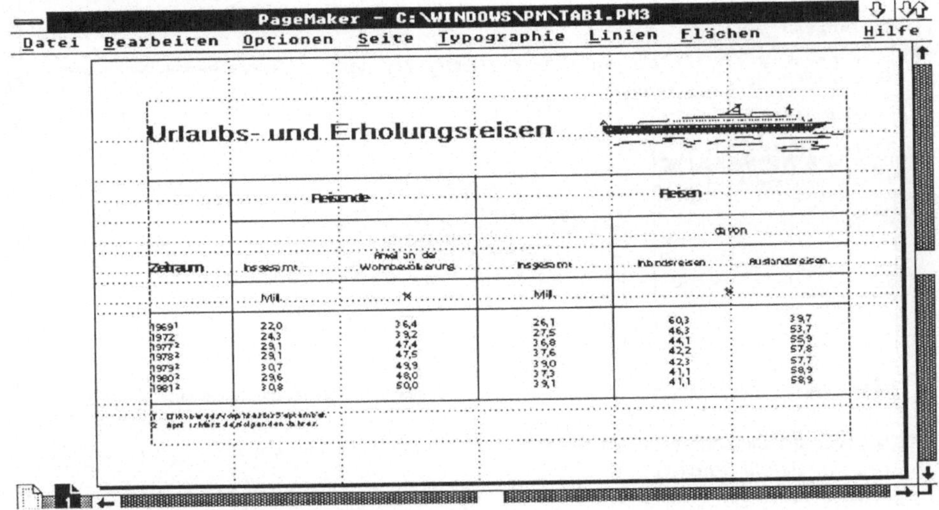

Zeitraum	Reisende		Reisen		
				davon	
	Insgesamt	Anteil an der Wohnbevölkerung	Insgesamt	Inlandsreisen	Auslandsreisen
	Mill.	%	Mill.	%	
1969[1]	22,0	36,4	26,1	60,3	39,7
1972	24,3	39,2	27,5	46,3	53,7
1977[2]	29,1	47,4	36,8	44,1	55,9
1978[2]	29,1	47,5	37,6	42,2	57,8
1979[2]	30,7	49,9	39,0	42,3	57,7
1980[2]	29,6	48,0	37,3	41,1	58,9
1981[2]	30,8	50,0	39,1	41,1	58,9

Abb. 5 - 13 Im Bildschirm sehen Sie die Hilfslinien und die eingezeichneten Spalten- und Zeilentrennlinien.

11. Speichern der Arbeit.

Speichern Sie ihre Arbeit mit der Tastenkombination Ctrl. + S.

12. Datei drucken.

Öffnen Sie das *Dialogfenster Drucken* mit

Befehlsmenü Datei, Befehl Drucken...

Siehe Abb. 5 - 14. Da eine Arbeit im Querformat gedruckt werden soll, überprüfen Sie, ob der Drucker auf Querformat eingestellt ist. Mit

Schaltfläche *Einstellung*

öffnen Sie das Dialogfenster für die Druckereinstellung. Siehe Abb. 5 - 15. Stellen Sie gegebenenfalls unter *Formatlage* die Option *Quer* ein, und schließen Sie das Dialogfenster mit OK. Im *Dialogfenster Drucken* wählen Sie *Linienschnelldruck*, um einen einen ersten schnellen Ausdruck als Probeausdruck zu erhalten.

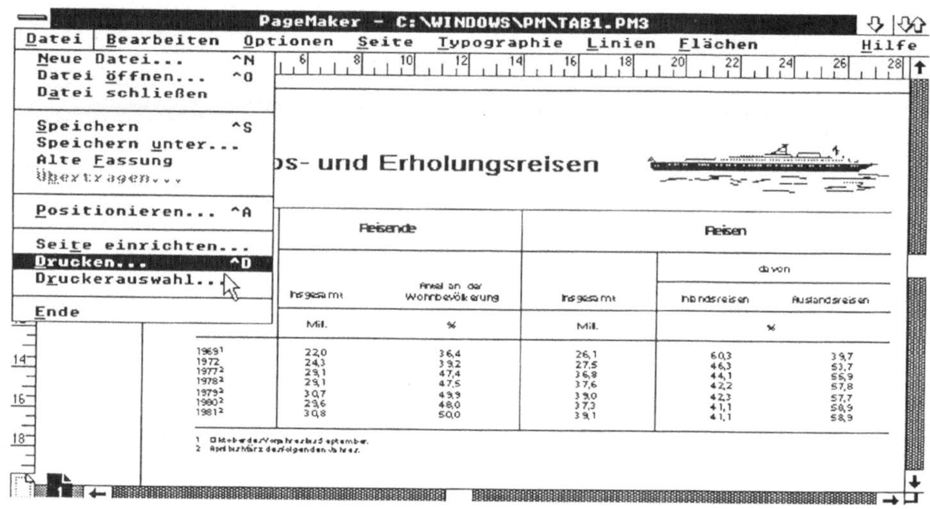

Abb. 5 - 14 Im Bildschirm sehen Sie die fertige Arbeit und das *Befehlsmenü Datei* mit dem *Befehl Drucken...*

Drucken: OK
Kopien: 1 Sortiert Umgekehrte Reihenfolge Abbrechen
Seiten: Alle Von 1 Bis 1 Einstellung...
Größe: %
Optionen: Übersicht Glätten Linienschnelldruck
Beschnittzeichen Volltonfarbauszüge Aussparungen
Unterteilen: Manuell Autom., Überlagerung: mm
Drucker: PCL / HP LaserJet auf LPT1: / PostScript Printer auf COM1:
Papierformat: 297 x 210
Formatlage: Quer

Abb. 5 - 15 *Dialogfenster Drucken* mit den richtigen Einstellungen.

Falls Ihre Arbeit keine Fehler aufweist, wiederholen Sie den Druck ohne die Option *Linienschnelldruck*. Durch erneutes Speichern der Datei sichern Sie bitte auch die Druckereinstellung.

Beispiel 6 - ein Newsletter

Was Sie an diesem Beispiel lernen

PageMaker-Standard-Mustervorlagen benutzen, einen Reindrucker für eine Standard-Mustervorlage installieren, Mustervorlagen bearbeiten, Textplatzhalter durch automatisch positionierten Text ersetzen, Text mit und ohne automatischen Textumlauf positionieren, Bildplatzhalter durch positionierte Bilddateien ersetzen, Bilder proportionell verkleinern/vergrößern, Konturenführung des Textes bei Abbildungen einstellen, unregelmäßige Textkontur bei Bildern mit Hilfe zusätzlicher Anfasser gestalten, Druckformate bearbeiten, Druckformate zur Formatierung von Textabsätzen einsetzen, Textplatzhalter löschen und/oder durch eingefügte Texte ersetzen.

Der Newsletter

Von traditionellen Informationsblättern hebt sich der Newsletter durch das anspruchsvollere Layout ab. Der Newsletter ist ein mit der Zeitung- oder Zeitschrift vergleichbares jedoch aktuelleres und meist weniger aufwendig gestaltetes Informationsmedium. Von der Zeitung unterscheidet sich der Newsletter durch das kleinere Format. Er wird meist auf Büropapier im Format A4 vervielfältigt. Sein Unterscheidungsmerkmal im Vergleich zur Zeitschrift ist im wesentlichen das fehlende Cover. Der Newsletter weist meist ein zwei- oder dreispaltiges Layout auf. Kennzeichnend ist ein zeitungsähnlicher großer Kopf auf der ersten sowie schmalere Kopfzeilen auf den Folgeseiten, der Aufbau aus einzelnen Artikeln und ein ebenfalls zeitungsähnliches Inhaltsverzeichnis. Darüberhinaus ist die Gestaltung weitgehend frei. Als Beispiel zeigen wir den Newsletter einer Reiseagentur. Die Artikel behandeln verschiedene Reisen aus dem Angebot der Agentur. Der Newsletter wird auf Basis der Kundenkartei kostenlos versendet.

Der Newsletter mit PageMaker

Verwendet wird die Mustervorlage eines Newsletters, die als zweiseitiges und doppelseitiges Dokument im Format A4 hoch eingerichtet wurde. Alle Ränder haben eine Breite von 20 mm. Das Dokument ist zweispaltig mit einem Spaltenabstand von 6 mm.

Vorgehensweise:

1. Mustervorlage laden und an den verwendeten Drucker anpassen.

Sommer 1988

London und New York Zwei Städte mit Pfiff

Wer sich am Neuem orientiert und den nächsten Trend schon vorher ausloten will, muß nach London. Ohne Atempause wird Euch hier ein Kaleidoskop von Musik, Mode, Malerei, Mackern und Menschen vor Augen geführt. London ist voller greller Kontraste. Musikliebhaber finden hier Pop, Folk, Jazz, Musical, Klassik - Sie werden hier nichts vermissen. "Wer London sieht, weiß, was das Leben zu bieten hat". Dieses Wort des englischen Dichters Samuel Johnson hat heute noch so viel Gültigkeit wie vor über 200 Jahren. Der Besuch eines der vielen hervorragenden Theater und Konzerten, gute Restaurants und traditionelle Pubs bieten sich an zur Einleitung des Abends, danach locken die viel gerümten Discotheken und Nachtclubs. Museen, Kunstgalerien, unzählige Geschäfte von elegant bis extravagant, allen voran das Nobelkaufhaus Harrods, das ein Erlebnis für sich ist. Tower, Kronjuwelen, Bärenfellmützen, Speaker´s Corner und Straßenkünstler: Keine Frage, daß bei den zahlreichen Unterhaltungs- und Freitzeitmöglichkeiten der englischen Hauptstadt Abwechslung geboten wird. Wochenendausflüge durch die Landschaft von Ostengland nach Lincoln, mit Besichtigung der wahrscheinlich schönsten Kathedrale Englands, der Altstadt mit ihren wunderschönen Fachwerkhäusern (High Bridge) und des alten Castel bieten Ihnen gleichermaßen Gelegenheit zu Erlebnis und Erholung.

Inhalt

Lassen Sie sich in den Bann einer Metropole ziehen. New York ist ohne Zweifel einer der aufregendsten Städte der Welt. Während des ganzen Jahres werden kulturelle Aktivitäten angeboten: Theater und Musikveranstaltungen in der Metropolitan Opera und am Broadway, permanente und besondere Kunstaustellungen bietet das Museum of Modern Art, oder das Guggenheim Museum. Besuchen Sie ein Baseball Spiel, schlendern Sie durch Chinatown und Little Italy oder gehen Sie zum Shopping in die bekannten Geschäfte der Fifth Avenue. Kulinarische Köstlichkeiten können Sie in einem der ausgezeichneten Restaurants in Greenwich Village genießen. Manhattan entdecken Sie am besten zu Fuß oder bei einer Bootsfahrt auf dem Hudson und East River. Es ist erstaunlich zu sehen was aus der kleinen Hafenstadt, wo die Pferdekarren auf unbepflastersten Wegen fuhren, geworden ist. New York ist am Leben und wartet auf Sie!

Kulturreise: Malta

Es gibt kaum einen Fleck auf dieser Erde, Rom eingeschlossen, auf dem so viele Kirchen so dicht beieinander stehen wie auf Malta. Ein winziger Punkt im weiten Mittelmeer zwischen Sizilien und Tunesien - doch eine ganze Weltgeschichte spiegelt sich darin wieder. Von der Stein- und Bronzezeit über das mittelalterliche Weltreich des Johanniterordens bis zur letzten, noch sehr deutlichen Prägung durch das victorianische Britannien. Phönizier, Römer und Araber hinterließen ihre Spuren, Normannen, Spanier und Franzosen. Noch vor den ägyp-

1

Erste Seite des Newsletters.

tischen Pyramiden wurden die neolitischen Tempel Maltas erbaut, hier zerschellte das Schiff des Apostels Paulus, hier bekehrte er die Bewohner. Und Odysseus blieb gleich 7 Jahre hier - im Banne der göttlichen Calypso.

ABBAKUS bringt Ihnen diese Welt ein wenig näher und anders, als es allgemein üblich ist. Auf einer sehr informativen Rundreise - mit genügend "Freizeit", versteht sich - die eher eine Sternfahrt von Ihrem zentral gelegenen, "festen" Hotel aus ist. Wodurch nicht nur das tägliche Kofferpacken entfällt: es schafft auch mehr Vertrautheit mit der Umgebung und Ferien-Atmosphäre. Und allabendlich das gute Gefühl, "nach Hause" zu kommen. Wir empfehlen Ihnen eine Verlängerung in unserem Hotel.

Abenteuer-Reisen und Trekking-Touren

Dies ist ein besonderer Reisestil, voraussgesetzt, daß man in der Lage ist, gelegentlich auf gewisse Annehmlichkeiten zu verzichten und sich den Gegebenheiten in fremden Ländern anzupassen. Man ist mit anderen Menschen zusammen, die ähnliche Interessen haben, z.B. an schöner Landschaft und unverdorbener Natur, anderen Völkern und Kulturen. Da die Reisen an manchen Tagen auch anstrengend sein können, wird erwartet, daß Sie in gewissen Situationen auch belastbar sind und sich die gute Laune nicht verderben lassen. Als Gegenleistung haben Sie oft unvergeßliche Erlebnisse und Eindrücke in fremden Ländern und lernen, wenn Sie wollen, neue Freunde kennen.

Bei allen Zelttouren wird erwartet, daß Sie Ihr Zelt selbst aufbauen, bei der Zubereitung des Mahlzeiten mitarbeiten und durch kooperatives Verhalten zum Gelingen Ihrer Reise beitragen. Grundsätzlich wird auf Campingplätzen mit den nötigen sanitären Einrichtungen gezeltet. Es kann jedoch z. B. in den Nationalparks der USA und Kanadas vorkommen, daß wir einfache Campingplätze aufsuchen müssen, die keine Dusche haben, dafür aber eine herrliche Lage.

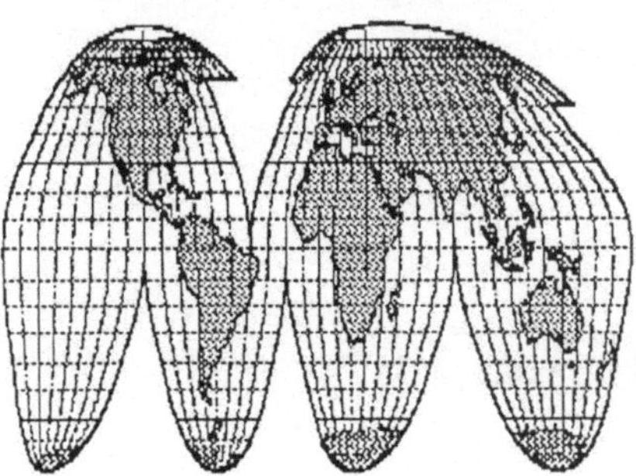

Von den kanadischen Rockies zum Grand Canyon

Auf dieser Rundreise durch den Südwesten Kanadas und den Westen den USA erleben Sie einige der schönsten Landschaften des nordamerikanischen Kontinents. Fast alles wird Ihnen hier geboten: vom tiefvergletscherten Hochgebierge Kanadas kommen Sie durch die mächtigen Täler der Rocky Mountains zu den weiten Prärien und den fast unheimlichen vulkanischen Erscheinungen des Yellowstone Nationalparks; über large Hochebenen mit riesiegen Salzseen zu den formen- und farbenprächtigen Nationalparks im US-amerikanischen Südwesten; von der Wüste im Tal des Todes an die feuchte Pazifikküste. Die Pflanzen- und Tierwelt ist ebenso vielfältig und manchmal sogar aufregend: Grizzlies, Büffel u. a.

Die Naturerlebnisse bilden den Schwerpunkt der Reise, Aufenthalte in Städten wie Las Vegas und San Francisco bieten jedoch eine kontrastreiche Abwechslung und runden das Programm ab. Über den berühmten Trans Canada Highway fahren Sie in die kanadischen Rocky Mountains. Dort führt Sie der nicht minder bekannte Icefield Parkway mitten durch den Banff und Jasper Nationalpark, wo sich viele landschaftliche Höhepunkte aneinanderreihen - Lake Louise, Columbia Icefeld u.v.m. Im "Beautiful British Columbia" besuchen Sie den zu herrlichen Wanderungen einladenden Yoho Nationalpark, danach im Südwesten Albertas den Waterton Lakes Nationalpark. Daran schließt sich südlich der schon in den USA liegende Glacier Nationalpark an. Der Yellowstone Nationalpark, ältester und größter Nationalpark der USA, ist sicher ein Höhepunkt dieser Reise. Seine vulkanischen Erscheinungen sind weltberühmt. In den tiefen Nadelwäldern, auf den weiten Prärien und an einsamen Seeufern leben selten gewordene Großtiere: Schwarzbären, Grizzlies, Elche, Büffel, Antilopen und Rotwild.

Natur total in Neuseeland und Hawaii

Neuseeland - das schönste Ende der Welt - ist ein Land voller Kontraste: Geysire und Gletscherströme wechseln sich zwischen den ca. 7000 km langen Küsten mit grünem Weideland ebenso ab wie mit undurchdringlichem Regenwald.

Durch die frühe Isolation von allen anderen Kontinenten hat sich eine völlig eigenständige Tier- und Pflanzenwelt entwickeln können. Viele Pflanzen sind noch aus der Urzeit erhalten und nur noch auf Neuseeland zu finden. Dasselbe gilt für einige Tierarten. In über 10 Nationalparks wird diese ursprüngliche Natur geschützt. Die schönsten von Ihnen werden wir auf unsere Rundreise durchstreifen. Unsere Route führt uns sowohl über die

2

Zweite Seite des Newsletters.

Öffnen Sie das Dateiauswahlfenster mit

Befehlsmenü Datei, Öffnen... (Ctrl. + O)

und wählen Sie die Mustervorlage Miteilbl.pt3 aus. Laden Sie diese Mustervorlage im Original. Siehe Abb. 6 - 1. Mit

Befehlsmenü Datei, Befehl Druckerauswahl...

öffnen Sie das Dialogfenster zur Druckerauswahl und wählen dort den von Ihnen verwendeten Drucker aus. In unserem Fall ist es ein PCL-Drucker. Mit

Schaltfläche *Einstellung...*

öffnen Sie das Dialogfenster zur Einrichtung Ihres Druckers. Sie geben ein: *HP LaserJet Serie II, 2,5 MB Speicher, Auflösung 300, Formatlage* Option *Hoch, Format A4, Kassetten* Option *Keine*. Mit Schaltfläche *Zeichensätze...* sollten Sie stets überprüfen, ob die für eine Arbeit benötigten Schriften installiert wurden. Schließen Sie alle geöffneten Dialogfenster und speichern Sie die Mustervorlage mit

Befehlsmenü Datei, Befehl Speichern.

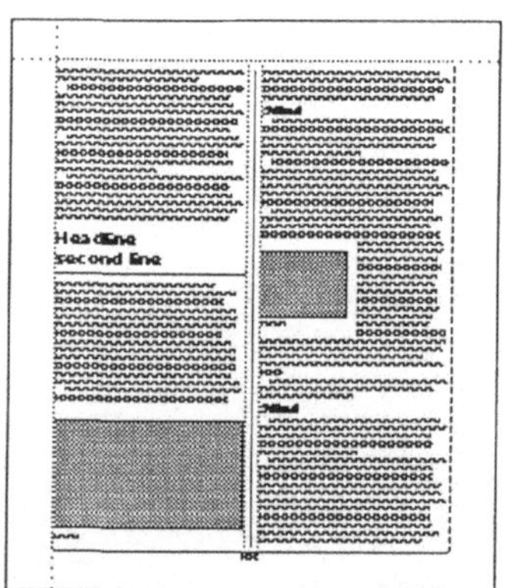

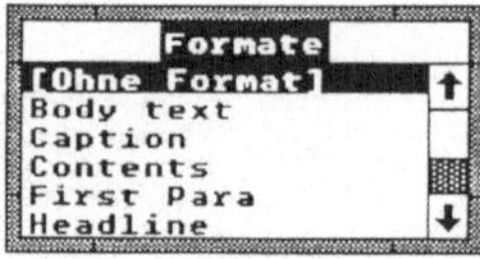

Abb. 6 - 1 Das Original der Mustervorlage für den Newsletter und die Druckformatliste.

2. Satzdatei einrichten.

Laden Sie eine Kopie der Mustervorlage.

3. Stammseite anwählen und prüfen.

In der Stammseite der Mustervorlage wurden, wie Abb. 6 - 2 zeigt, die Spaltenaufteilung, die Fußzeile und der Balken des Kopfes für die zweite (rechte) und alle folgenden geraden Seiten eingerichtet.

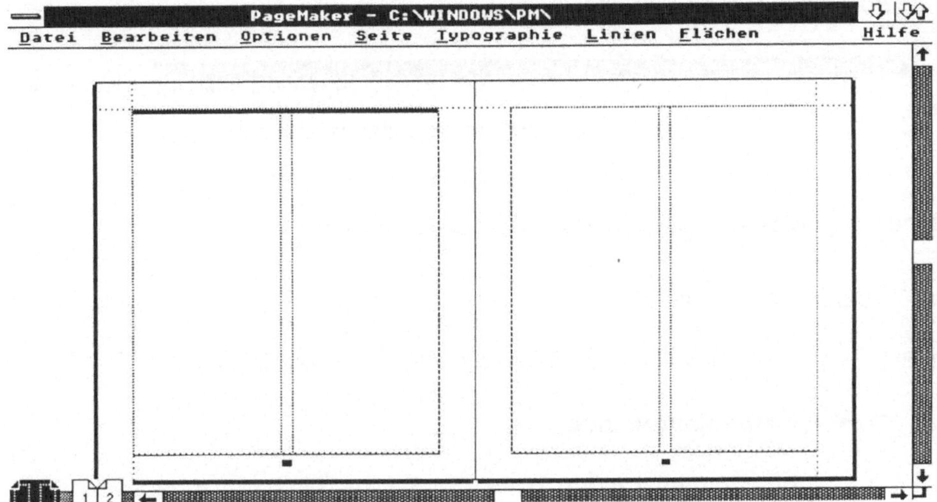

Abb. 6 - 2 Im Bildschirm werden die Stammseiten der Mustervorlage dargestellt.

4. Erste Seite darstellen.

Wählen Sie das Sinnbild der Seite 1, um diese Seite darzustellen. Im Bildschirm wird die erste Seite mit allen Text- und Bildplatzhaltern so dargestellt, wie bei Erstellung der Mustervorlage gesetzt. Schriften, die nicht zur Verfügung stehen, werden durch andere ersetzt.

5. Kopf des Newsletters setzen.

Wählen Sie mit dem Mauszeiger den Titel an, und löschen Sie ihn mit Tastenkombination Umschalt + Entf. An Stelle des Titels positionieren Sie eine grafische Darstellung. Öffnen Sie mit der Tastenkombination Ctrl. + A das Dialogfenster zur Auswahl der zu positionierenden Bilddatei. Laden Sie die Datei Flug. Verkleinern Sie das Bild mit der Maus so, daß es ungefähr so breit wie der zuvor gelöschte Schriftzug läuft. Setzen Sie den Text in das Spruchband ein. Stellen Sie hierzu als Schriftgröße Tms Rmn, 30 Point, fett ein, und plazieren Sie den Cursor in das jeweilige Feld des Spruchbandes. Setzen Sie die einzelnen Buchstaben des Titels "Schöne Reisen". Korrigieren Sie eventuell die Position der Buchstaben nach. Siehe Abb. 6 - 3.

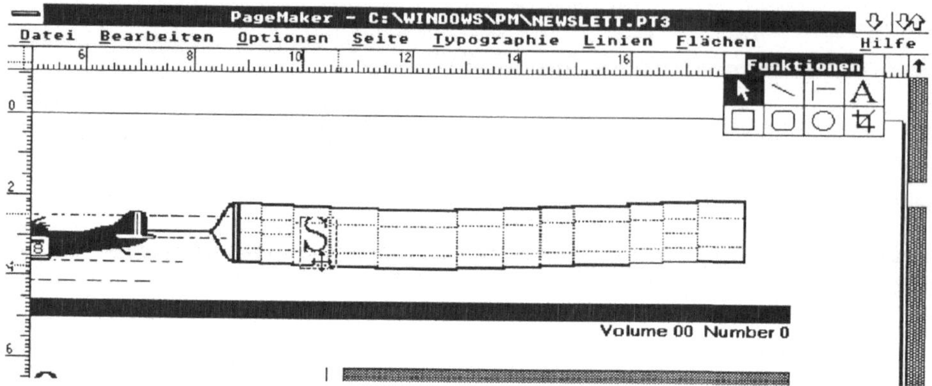

Abb. 6 - 3 Die Position eines gesetzten Buchstabens wird korrigiert.

Abb. 6 - 3 Die Position eines gesetzten Buchstabens wird korrigiert.

6. Speichern der Datei.

Speichern Sie Ihre Datei als Satzdatei unter dem Namen Newslett.

7. Text des Newsletters laden.

Ersetzen Sie den ersten Grundtextblock der Seite 1 durch die zu ladende Textdatei. Überprüfen Sie hierzu im *Befehlsmenü Optionen*, daß die Option *Automatischer Textanschluß* eingeschaltet ist. Wählen Sie den Textblock an, und öffnen Sie mit der Tastenkombination Ctrl. + A das Dialogfenster zur Auswahl einer zu positionierenden Datei. Wählen Sie die Datei News.wri aus, und schalten Sie unter *Positionieren* die Option *Ganzen Textabschnitt ersetzen* ein. Unter *Optionen* schalten Sie die Option *Formatiert* aus, damit der Text unformatiert geladen wird. Siehe Abb. 6 - 4.

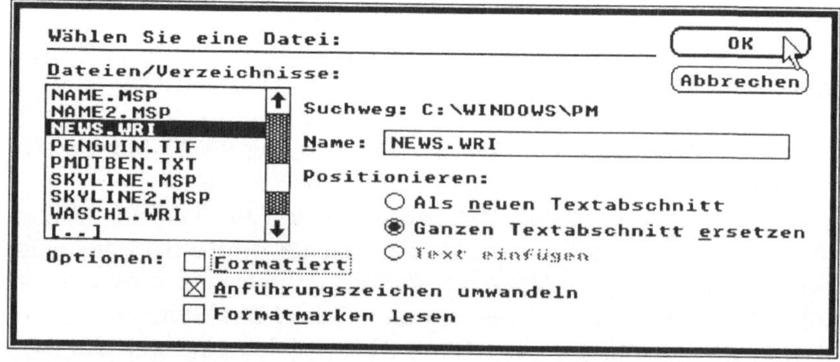

Abb. 6 - 4 Dialogfenster zur Auswahl einer zu positionierenden Datei.

Da der automatische Textanschluß eingeschaltet ist, wird nicht nur der definierte Textblock ersetzt. Vielmehr läuft die vollständige Textdatei in das PageMaker-Dokument ein und ersetzt auch die mit dem angewählten Textblock verbundenen Textblöcke.

8. Titel des ersten Artikels setzen.

Der geladene Text enthält auch die Titel der einzelnen Artikel. Definieren Sie den ersten Titel, schneiden Sie ihn aus, und fügen Sie ihn in den Textblock des Titels ein. Löschen Sie den Platzhaltertext.
Im Unterschied zu dem vorher vorhandenen Textplatzhalter, soll der Titel des ersten Artikels aus drei Zeilen bestehen. Verteilen Sie den Text durch das Einfügen entsprechender Zeilenschaltungen auf drei Zeilen. Vergrößern Sie den Textblock, um drei Zeilen darzustellen, und verschieben Sie die Trennlinie zwischen Titel und Grundtext nach unten. Um ausreichend Platz zu schaffen, muß der Anfang des Grundtextes ebenfalls nach unten verschoben werden. Siehe Abb. 6 - 5.

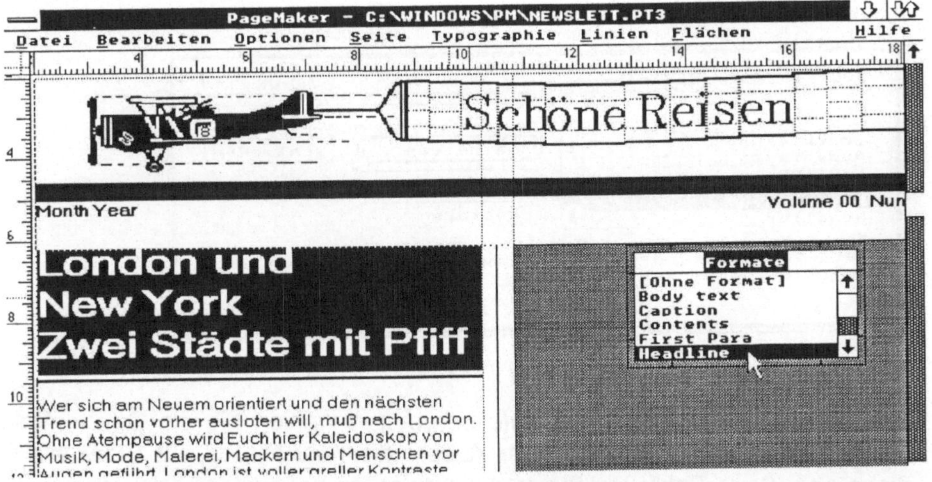

Abb. 6 - 5 Im Bildschirm sehen Sie den fertig gestalteten Artikeltitel. Der Titel ist definiert. Die Druckformatliste zeigt das zu seiner Formatierung bereits in der Mustervorlage benutzte Druckformat.

9. Formatierung des Grundtextes bearbeiten.

Stellen Sie sicher, daß die Druckformatliste eingeschaltet wurde (Ctrl. + Y). Setzen Sie den Cursor an den Anfang des Grundtextes, und definieren Sie durch dreimaliges Klicken den ersten Absatz. Dieser Absatz ist beim Laden der Datei, wie der weitere Text auch, automatisch mit dem Druckformat *First Para* formatiert worden. Um die in diesem Druckformat eingeschaltete *Ausrichtung* auf *Blocksatz* umzuschalten, öffnen Sie mit

Befehlsmenü Typografie, Befehl Druckformate definieren...

das *Dialogfenster Druckformate definieren*. Siehe Abb. 6 - 6 und Abb. 6 - 7.

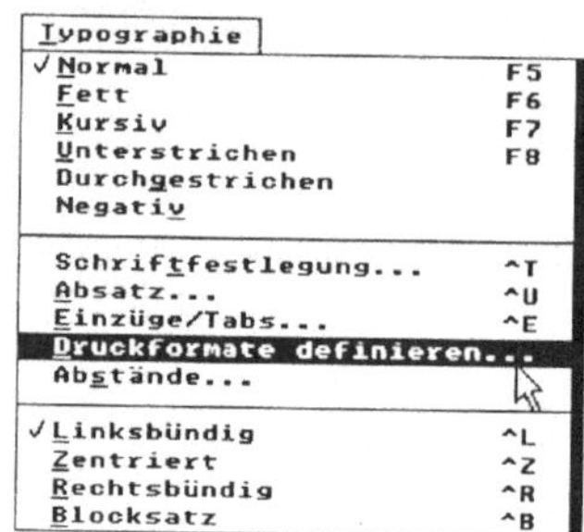

Abb. 6 - 6 *Befehlsmenü Typografie* mit dem *Befehl Druckformate definieren...*

Wenn das Format, daß Sie bearbeiten möchten, aktiviert ist, wählen Sie die Schaltfläche *Bearbeiten...*

Druckformate definieren:
Druckformat:
[Markierung]
Body text
Caption
Contents
First Para
Headline
Neu...
Bearbeiten...
Löschen
Kopieren...
OK
Abbrechen
Schließen
Schriftart: Tms Rmn + Schriftgrad: 10 + Zeilenabstand: autom. + linksbündig + Ausgleich bei mehr als: 12 + autom. Silbentrennung

Abb. 6 - 7 *Dialogfenster Druckformate definieren.*

In dem *Dialogfenster Druckformate bearbeiten* wählen Sie die Option *Absatz,* und schalten Sie im *Dialogfenster Absatz* die *Ausrichtung* auf *Blocksatz* um. Siehe Abb. 6 - 8. Schließen Sie nacheinander die geöffneten Dialogfenster.

Druckformate bearbeiten:
Name: First Para
Basiert auf:
OK
Abbrechen
Schrift... Absatz... Tabs... Farbe...
Schriftart: Tms Rmn + Schriftgrad: 10 + Zeilenabstand: autom. + linksbündig + Ausgleich bei mehr als: 12 + autom. Silbentrennung

Abb. 6 - 8 *Dialogfenster Druckformate bearbeiten.*

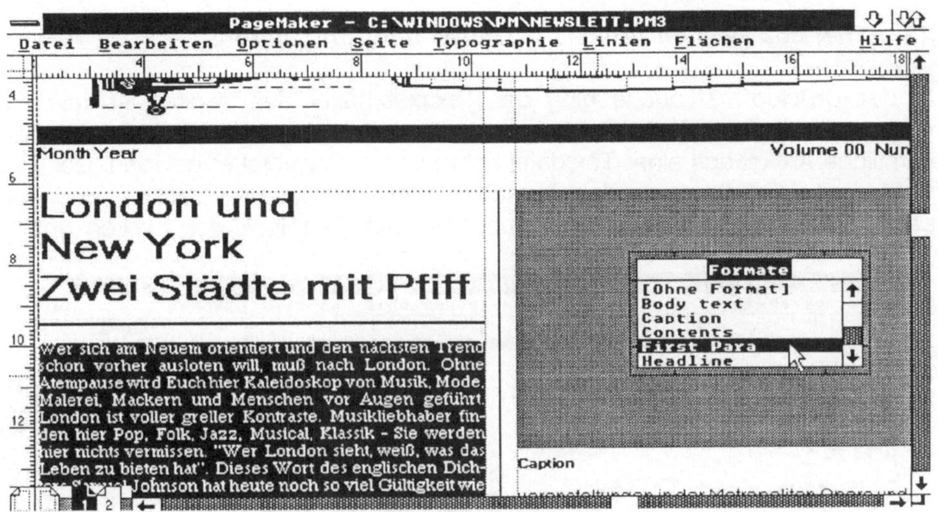

Abb. 6 - 9 Im Bildschirm sehen Sie, daß der Text jetzt als Blocksatz ausgerichtet ist.

Setzen Sie den Cursor in den zweiten Absatz, definieren Sie auch diesen Absatz, und formatieren Sie ihn durch Anwahl des entsprechenden Druckformates in der Druckformatliste als *Body Text*. Auch die in diesem Druckformat eingeschaltete Ausrichtung ändern Sie auf die soeben beschriebene Weise in die *Ausrichtung Blocksatz*. Siehe Abb. 6 - 9. Das Druckformat *Body Text* unterscheidet sich von dem Druckformat *First Para* durch den *Einzug* der ersten Textzeile eines Absatzes.

10. Bildplatzhalter durch Originalabbildung ersetzen.

Wählen Sie den Bildplatzhalter in der ersten Spalte oben aus, und öffnen Sie mit Tastenkombination Ctrl. + A das Dialogfenster zur Auswahl einer Datei. Wählen Sie die Bilddatei (Skyline2.msp) aus, und schalten Sie die Option *Bild ersetzen* ein, bevor Sie das Dialogfenster mit OK schließen.
Den Platzhalter für eine Bildunterschrift entfernen Sie, indem Sie die Zeile anwählen und mit der Tastenkombination Umschalt + Entf. löschen. Siehe Abbildung 6 - 10.

11. Registerhaltigkeit der Spalten gewährleisten.

Ziehen Sie eine Hilfslinie als Schriftlinie unter eine Zeile der linken Spalte und verschieben Sie anschließend den Textblock der rechten Spalte so, daß die Hilfslinie auch in dieser Spalten eine Schriftlinie markiert. Siehe Abb. 6 - 10.

12. Titel des zweiten Artikels plazieren und formatieren.

In der Druckformatvorlage ging der Textplatzhalter des zweiten Artikels aus einer selbständigen Textdatei hervor. In Ihrer Arbeit haben Sie jedoch bereits sämtliche Artikel aus einer Textdatei heraus nach PageMaker geladen. Der Text überlagert infolgedessen den Textplatzhalter des zweiten Artikels und den seines Titels. Verkürzen Sie nun zunächst den Textblock der zweiten Spalte,

Abb. 6 - 10 Im Bildschirm sehen Sie den formatierten Spaltentitel, den ersten Absatz, den Grundtext mit Einrückung der ersten Zeile und die plazierte Abbildung.

und löschen Sie den Textplatzhalter des zweiten Artikels. Verschieben Sie den Textplatzhalter des Titels für die folgenden Operationen zur Seite, um leichter arbeiten zu können. Am Anfang des dritten Textabsatzes der geladenen Textdatei definieren Sie den Text der Artikelüberschrift und schneiden ihn mit der Tastenkombination Umschalt + Entf. aus. Plazieren Sie den Cursor in den Textplatzhalter des zweiten Artikeltitels, und fügen Sie den Text mit der Tastenkombination Umschalt + Einfg. in diesen Textblock ein. Bringen Sie den Titel in seine richtige Position, setzen Sie abschließend den Textcursor an das Ende des Titels, und löschen Sie den zuvor als Platzhalter benutzten Text mit der Tastenkombination Umschalt + Entf. Siehe Abb. 6 - 11.

Abb. 6 - 11 Der Textplatzhalter des Titels wurde zur Seite geschoben, der Textblock wurde verkürzt, der Platzhalter des zweiten Artikels gelöscht und der neue Text des Titels definiert.

13. Text des zweiten Artikels positionieren und formatieren.

Wählen Sie den Textblock der zweiten Spalte an. Klicken Sie das Pluszeichen am unteren Rand der Markierung mit dem Mauszeiger an. Mit dem anschließend erscheinenden Textsymbol positionieren Sie den weiteren Text 5 mm unterhalb der Linie des zweiten Artikeltitels. Siehe Abb. 6 - 12.

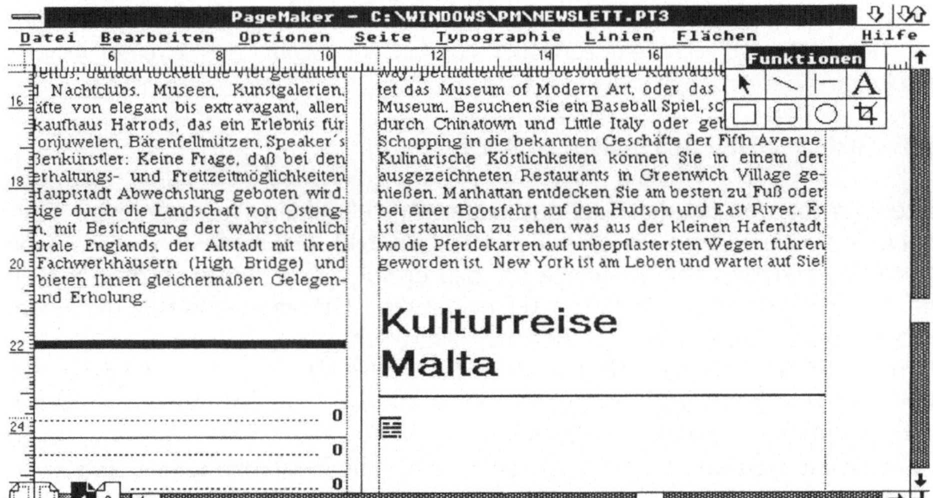

Abb. 6 - 12 Der Text des zweiten Artikels wird positioniert.

Formatieren Sie den ersten Absatz des eingelaufenen Textes mit dem Druckformat *First Para*. Wählen Sie Seite 2 an, und löschen Sie dort alle aus der Mustervorlage übernommenen Textplatzhalter. Kehren Sie kurzfristig zu Seite 1 zurück, definieren Sie den Textblock des zweiten Artikels, und klicken Sie erneut das Pluszeichen am Ende des Textblockes an. Siehe Abb. 6 - 13.

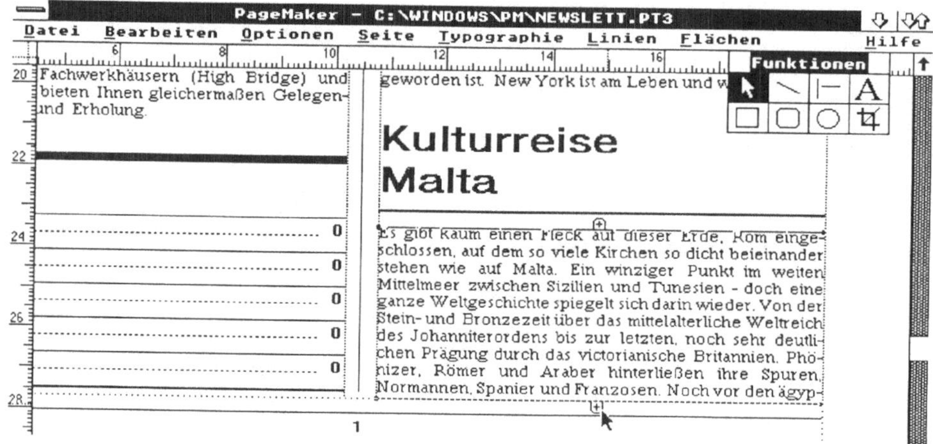

Abb. 6 - 13 Durch Anwahl des Pluszeichens wird erneut das Textsinnbild erzeugt.

Schalten Sie im

Befehlsmenü Optionen

die Option *Automatischer Textanschluß* aus. Plazieren Sie den weiteren Text mit Hilfe des Textsinnbildes auf der Seite 2. Verkürzen Sie den entstandenen Textblock, so daß der Text zunächst nur bis zum Ende des zweiten Artikels erscheint.

14. Text und Titel des dritten Artikels.

Erzeugen Sie nun für den Titel des dritten Artikels einen eigenständigen Textblock. Hierzu erzeugen Sie erneut das Textsinnbild, positionieren den weiteren Text und verkürzen den Textblock so, daß er nur diesen Titel enthält. Schalten Sie den automatischen Textanschluß wieder ein, und lassen Sie nun mit einem weiteren Textsinnbild den restlichen Text einfließen.
Formatieren Sie den Titel mit dem Druckformat *Headline*, und positionieren Sie den Textblock des Titels so, daß er 10 mm Abstand zur Schriftlinie der letzten Zeile des vorlaufenden Artikels aufweist.
Die aus der Mustervorlage herrührende Linie zur Begrenzung der Titelzeilen positionieren Sie 5 mm unterhalb der letzten Titelzeile. Den Textblock des Artikels positionieren Sie so, daß er weitere 5 mm unterhalb der Linie steht.
Formatieren Sie den ersten Absatz des dritten Artikels mit dem Druckformat

First Para, den zweiten mit dem Druckformat *Body Text*, den dritten zur Erzeugung einer Zwischenüberschrift mit dem Druckformat *Subhead* (siehe Abbildung 6 - 14) sowie den restlichen Text wie auf Seite 157 gezeigt.

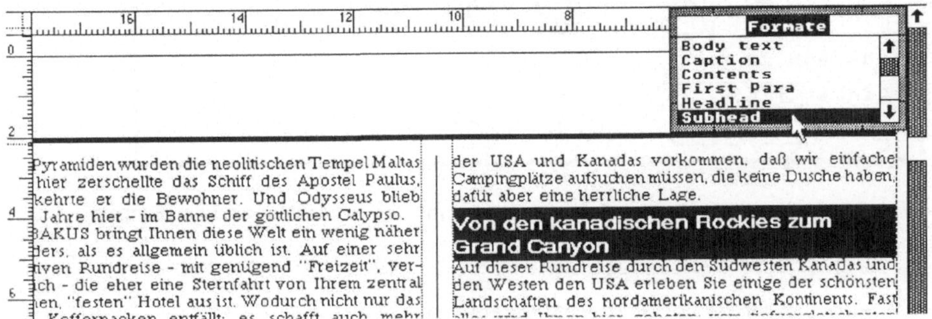

Abb. 6 - 14 Im Bildschirm Sehen Sie das Formatieren der Zwischenüberschrift.

15. Positionieren der zweiten Abbildung.

Wählen Sie den Bildplatzhalter in der linken Spalte der zweiten Seite an. Öffnen Sie das *Dialogfenster Konturenführung* mit

Befehlsmenü Optionen, *Befehl Konturenführung...*

Siehe Abb. 6 - 15. Überzeugen Sie sich anhand des Dialogfensters, daß für das Bild unter Option *Bildbehandlung Textumlauf* eingeschaltet ist (mittleres Sinnbild) sowie als Art des Textumlaufes unter Option *Textbehandlung* ein Stoppen des Textes vor dem Bild eingeschaltet ist (linkes Sinnbild). Prüfen Sie, ob ein Abstand oben von 4 mm eingegeben ist. Siehe Abb. 6 - 16.

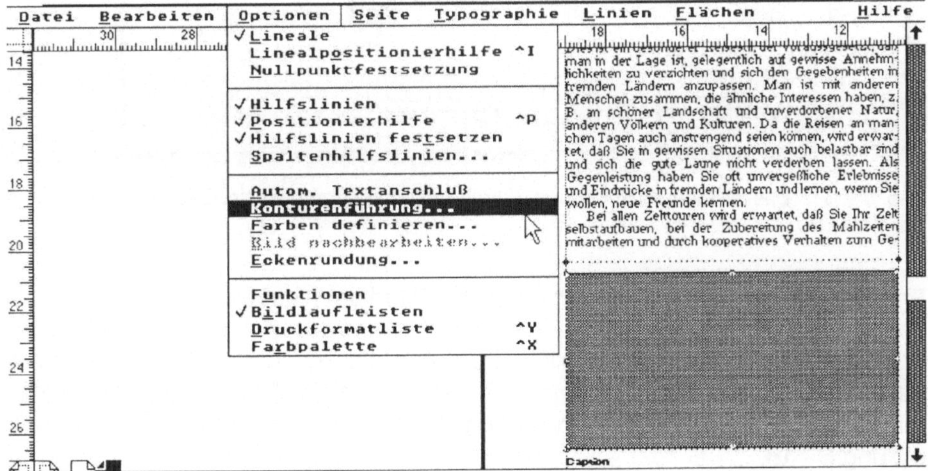

Abb. 6 - 15 Mit *Befehlsmenü Optionen*, *Befehl Konturenführung...* öffnen Sie das *Dialogfenster* für die Einstellung der *Konturenführung* bei dem zuvor angewählten Bild.

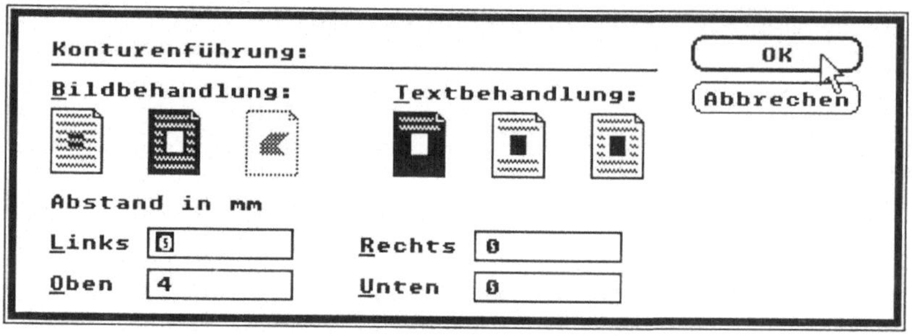

Abb. 6 - 16 Das *Dialogfenster Konturenführung* mit den erforderlichen Einstellungen.

Während der Bildplatzhalter ausgewählt ist, öffnen Sie mit der Tastenkombination Ctrl. + A das Dialogfenster zur Dateiauswahl. Wählen Sie die Bilddatei (Welt.msp) aus, und schalten Sie die Option *Bild ersetzen* ein, bevor Sie das Dialogfenster mit OK schließen.
Löschen Sie den Textplatzhalter des Abbildungstitels, und positionieren Sie das Bild an der Unterkante des Satzspiegels (am unteren Rand).

16. Positionieren des dritten Bildes.

Löschen Sie den Platzhalter für den Abbildungstitel des dritten Bildes. Im *Dialogfenster Konturenführung* (siehe Abb. 6 - 17) tragen Sie einen Abstand des Textes zum Bild von 4 mm links, rechts, oben und unten ein.

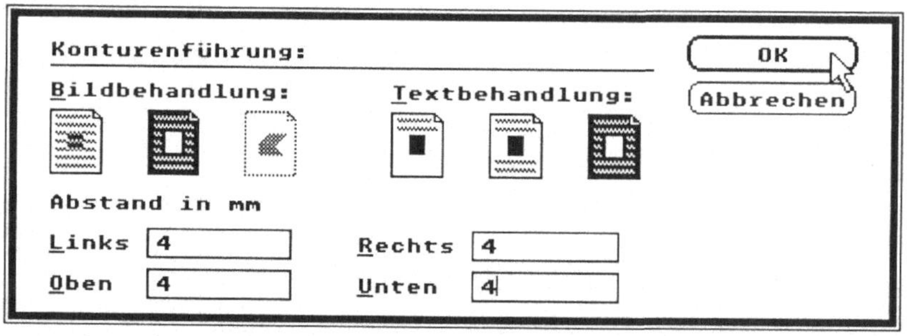

Abb. 6 - 17 Das *Dialogfenster Konturenführung* mit den erforderlichen Einstellungen.

Ersetzen Sie den Bildplatzhalter durch die Bilddatei (Globe.msp).

Verkleinern Sie das Bild proportional um zwei Stufen, indem Sie bei gedrückter Tastenkombination Ctrl. + Umschalt das Bild mit der Maus an einer Markierung anfassen und die Markierung zum Mittelpunkt hin verschieben. Siehe Abbildung 6 - 18.

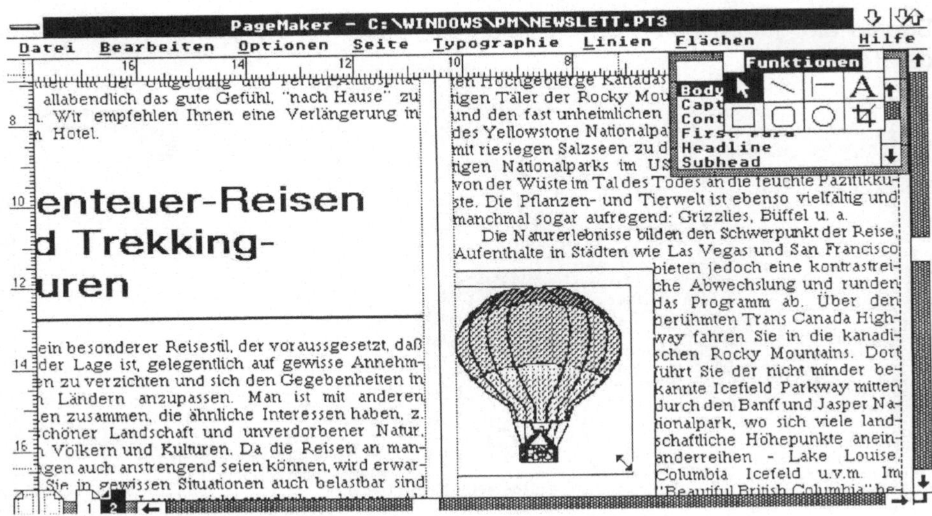

Abb. 6 - 18 Das positionierte Bild wird verkleinert.

17. Konturenführung des Textes bearbeiten.

Wählen Sie das Bild aus. Die rechteckige Markierung des Bildes legt die Kontur des umlaufenden Textes fest. Die nächsten Arbeitsschritte dienen der Erzeugung einer runden Kontur. Schieben Sie das Bild aus der Textspalte heraus. Fügen Sie in die Markierung des Bildes vier neue Anfasser ein, indem Sie bei gedrückter Umschalttaste jeweils mit der Maus auf die gewünschte Position eines Anfassers klicken. Die Position der Anfasser entnehmen Sie bitte der Abbildung 6 - 19. Indem Sie die Anfasser mit der Maus verschieben geben Sie der anfangs rechteckigen Bildmarkierung eine Kontur, die der Form des dargestellten Ballons angenähert ist. Siehe Abb. 6 - 19 und Abb. 6 - 20.

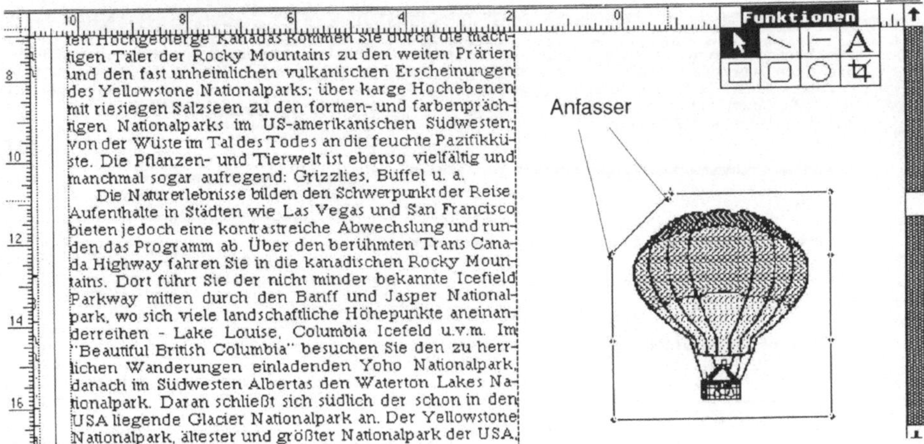

Abb. 6 - 19 Die Abbildung mit den 4 ursprünglichen und 4 neu eingefügten Anfassern ihrer Markierung.

Sobald die gewünschte Form errreicht ist, plazieren Sie das Bild in der Mitte der Textspalte.

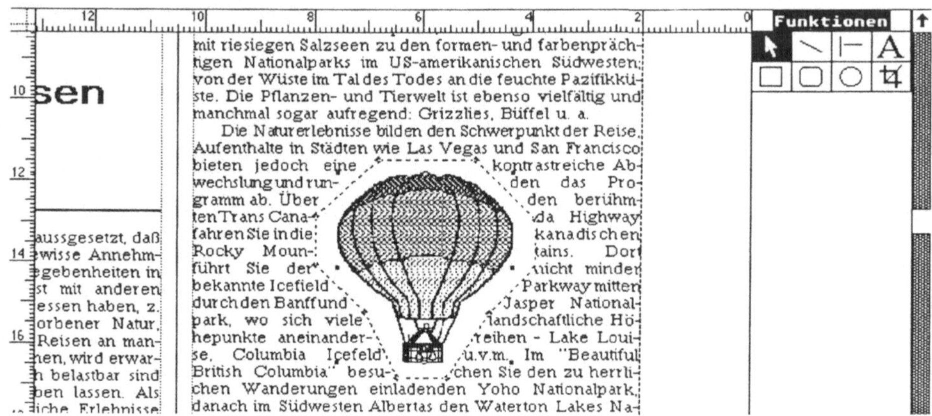

Abb. 6 - 20 Im Bildschirm sehen Sie die durch die Form der Abbildungsmarkierung definierte Kontur des Textes.

18. Fehlende Textelemente der Seite 1 plazieren.

Plazieren Sie den Textcursor innerhalb des Kopfes vor das Wort Month, löschen Sie den Eintrag völlig, und ersetzen Sie ihn durch das Wort Sommer. Genauso verfahren Sie, um den Eintrag Volume, Number durch die Jahreszahl 1988 zu ersetzen.
Plazieren Sie den Cursor innerhalb des Inhaltsverzeichnisses, und ersetzen Sie das Wort Content durch Inhalt sowie die übrigen Platzhalter durch die Artikelnamen und zugehörigen Seitenzahlen des Newsletters (siehe Abb. 6 - 21).

19. Speichern Sie Ihre Arbeit, und drucken Sie sie.

Abb. 6 - 21 Im Bildschirm sehen Sie das fertige Inhaltsverzeichnis.

Beispiel 7 - eine Zeitschrift

Was Sie an diesem Beispiel lernen

Mustervorlage für eine Zeitschrift, mehrspaltiges Layout mit Standardelementen, doppelseitige Satzbearbeitung mit seitenübergreifenden Text- und Bildelementen, Bearbeitung einer runden Text- und Bildkontur, Druckformate für ein Zeitschriftenlayout, Arbeitsorganisation beim Satz einer Zeitschriftendoppelseite.

Die Zeitschrift

Als Beispiel für ein Zeitschriftenlayout zeigen wir Ihnen eine Doppelseite der ADAC motorwelt 3/89.*) Als besondere layout- und satztechnische Merkmale dieser Doppelseite sind die über beide Seiten laufende Titelzeile sowie der Konturensatz im unteren Drittel der beiden Seiten hervorzuheben. Weiterhin ist auf die Positionierung des Untertitels in einer Satzspalte aufmerksam zu machen - ein interessantes Layoutelement, das in der ADAC motorwelt häufig in verschiedenen Variationen Verwendung findet. Der nachgedruckte Artikel behandelt die Entwicklungen um den neuen ICE-Schnellzug der Bundesbahn sowie die Auswirkungen auf den Straßenverkehr. Die rechte Seite zeigt in einem Kasten die Antworten aus einer Reihe von Kurzinterviews, die mit Autofahrern, Fluggästen und Bundesbahnfahrgästen durchgeführt wurden.

Die Zeitschrift mit PageMaker

Die Gestaltung des beschriebenen Layouts mit PageMaker bereitet keine Schwierigkeiten. Empfehlenswert ist in diesem Zusammenhang der Einsatz eines PostScript-Druckers, da dieser die für Zeitschriftenlayouts erforderliche Flexibilität im Bereich der Schriftgrößenmodifikation verleiht. Für ein Zeitschriftenlayout wird man sich die grundlegenden Layoutelemente wie Spaltenraster der Zeitschrift, Standardelemente aller Seiten sowie alle benötigten Druckformate in einer Mustervorlage zusammenstellen. Weichen die Seiten stark voneinander ab, ist es eventuell zu empfehlen, für jeden Seitentyp eine eigene Druckformatvorlage anzulegen. Bei der Arbeit mit einer Mustervorlage kann grundsätzlich eine Zeitschrift komplett in einer Satzdatei erstellt werden.

---

*) Für die freundliche Genehmigung zur Verwendung dieser Doppelseite danken wir Herrn Caroselli, stellv. Chefredakteur der ADAC motorwelt.

Vorgehensweise:

1. Mustervorlage erstellen.

Erstellen Sie eine neue Datei, und richten Sie die Seite folgendermaßen ein: *Seitenformat* nach *Vorgabe*: 206 mm x 280 mm. *Formatlage Hoch*, *zweiseitig* und *doppelseitig*, *Bund* 10 mm, *Außen* 9 mm, *Kopf* 12 mm und *Fuß* 8 mm. Siehe Abb. 7 - 1.

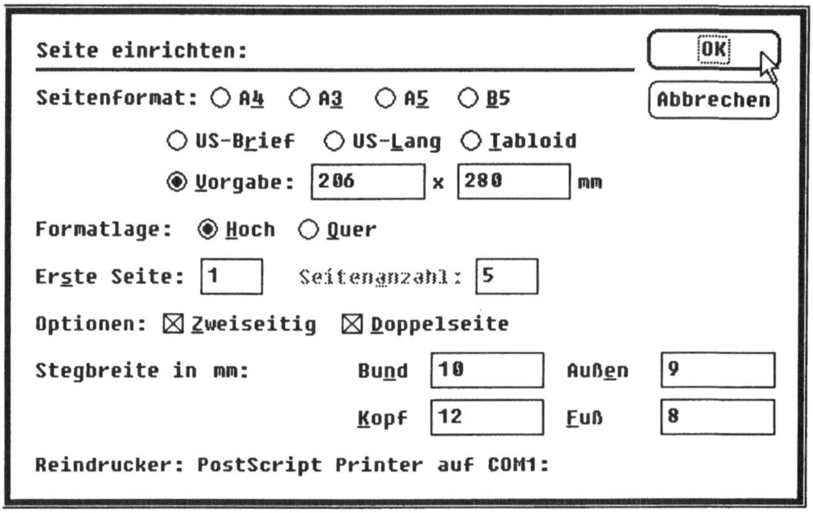

Seite einrichten:
OK
Abbrechen
Seitenformat: ○ A4 ○ A3 ○ A5 ○ B5
○ US-Brief ○ US-Lang ○ Tabloid
◉ Vorgabe: 206 x 280 mm
Formatlage: ◉ Hoch ○ Quer
Erste Seite: 1 Seitenanzahl: 5
Optionen: ☒ Zweiseitig ☒ Doppelseite
Stegbreite in mm: Bund 10 Außen 9
Kopf 12 Fuß 8
Reindrucker: PostScript Printer auf COM1:

Abb. 7 - 1 Das *Dialogfenster Seite einrichten* für die Mustervorlage der Zeitschrift.

Wählen Sie die Stammseiten an, und öffnen Sie mit

Befehlsmenü Optionen, *Befehl Spaltenhilfslinien...*

das *Dialogfenster Spaltenhilfslinien.* Geben Sie als *Spaltenanzahl* 4, als *Spaltenabstand* 7 mm ein. Siehe Abb. 7 - 2.

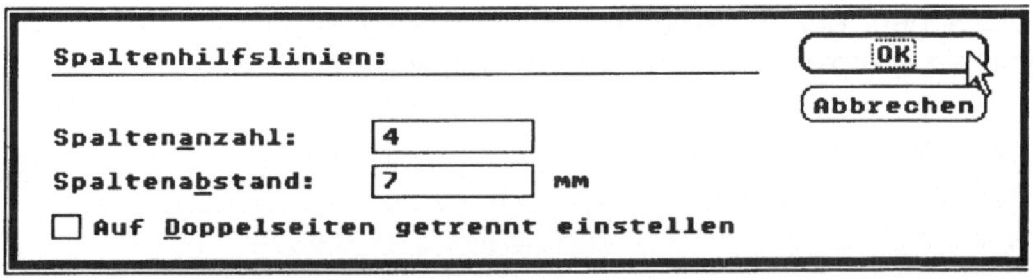

Spaltenhilfslinien:
OK
Abbrechen
Spaltenanzahl: 4
Spaltenabstand: 7 mm
☐ Auf Doppelseiten getrennt einstellen

Abb. 7 - 2 Das *Dialogfenster Spaltenhilfslinien.*

Setzen Sie auf der rechten Stammseite unten die Fußzeile. Setzen Sie rechtsbündig den Namen der Zeitschrift, Ausgabe und Erscheinungsjahr in Helvetica, 9 Point, fett. Siehe Abb. 7 - 3.

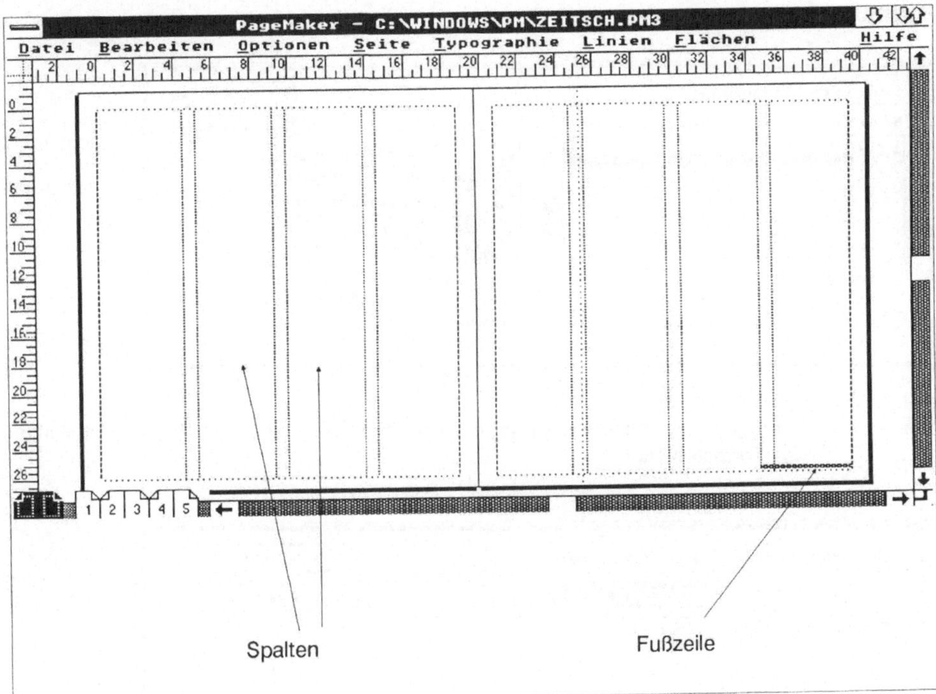

Abb. 7 - 3 Stammseiten mit Spalteneinteilung und Standardelementen (Fußzeile).

Wählen Sie die Seiten zwei und drei der Mustervorlage an, die gegenüberliegend erscheinen und durchgehend wie eine Seite gestaltet werden können. Seite 1 steht allein und bleibt frei.

Erfassen oder laden Sie einen beliebigen Text, den Sie benötigen, um die anschließend zu erzeugenden Druckformate zu testen.

Erzeugen Sie alle Druckformate für die verschiedenen Artikel Ihrer Zeitschrift. Siehe Abb. 7 - 4 und Abb. 7 - 5.

Für unsere Beispielseiten benötigen wir:

Fließtext mit Helvetica, 9 Point normal, Ausrichtung Blocksatz, erste Zeile 5 mm eingerückt, Zeilenabstand automatisch, Silbentrennung automatisch.

Titel mit Helvetica 48 Point, fett, linksbündig, übrige Eigenschaften wie Fließtext.

Untertitel mit Helvetica 24 Point, fett, Ausrichtung zentriert, übrige Eigenschaften wie Titel.

Kleintext mit Helvetica 6 Point normal, rechtsbündig, übrige Eigenschaften wie Fließtext.

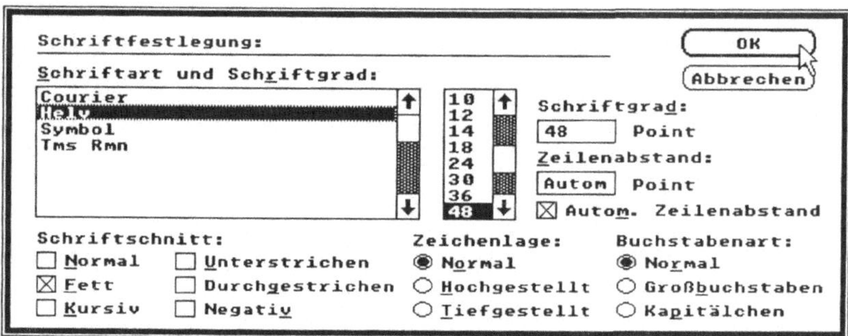

Abb. 7 - 4 *Dialogfenster Schriftfestlegung* mit den Schriftart- und Schriftgradeinstellungen des Formates Titel.

Druckformate bearbeiten:

Name: Untertitel

Basiert auf: Titel

OK | Abbrechen

Schrift... | Absatz... | Tabs... | Farbe...

Titel + Schriftgrad: 24 + zentriert

Abb. 7 - 5 *Dialogfenster Druckformate bearbeiten* mit den Eigenschaften des Formates Untertitel.

Speichern Sie die Datei als Mustervorlage. Diese Mustervorlage können Sie für alle Artikel Ihrer Zeitschrift unverändert benutzen, solange die Einstellungen zur Seiteneinrichtung gleich bleiben. In diesem Fall können Sie die gesamte Zeitschrift sogar in einer Satzdatei setzen. Ergeben sich Abweichungen in der Spalteneinteilung, können die Spaltenhilfslinien auf einzelnen Seiten manuell verschoben werden. Bei Abweichungen von den Standardelementen können diese auf individuellen Doppelseiten ausgeschaltet werden.

2. Satzdatei einrichten, Titel und Untertitel setzen.

Laden Sie eine Kopie der Mustervorlage als Satzdatei.

Plazieren Sie den Textcursor in der oberen linken Ecke des Satzspiegels, und zeichnen Sie mit niedergedrückter Maustaste einen Textblock von der Größe des Titels über beide Seiten der Doppelseite. Erfassen Sie den Text des Titels, und formatieren Sie ihn mit dem Format Titel. Der Ausdruck "um ?" soll auf der zweiten Seite links oben stehen. Um dies zu erreichen, setzen Sie den Textcursor zwischen die Wörter des Titels und geben mit der Tastenkombination Ctrl. + Umschalt + Rücktaste mehrfach einen festen Zwischenraum von der Breite eines Spatiums ein (Spatium = 1/24 Geviert). Beachten Sie, daß manche Drucker nicht bis zur Papierkante drucken können. Sorgen Sie dafür, daß die Wörter des seitenübergreifenden Textes ausreichend Abstand von der Papierkante halten. Geben Sie eventuell an dieser Stelle zusätzliche Spatien ein, und entfernen Sie solche an anderen Stellen. Mit der Tastenkombination Ctrl. + Rücktaste entfernen Sie jeweils ein Spatium. Zum Satz des Titels siehe Abbildung 7 - 6.

Setzen Sie den Nullpunkt des Lineals in die obere linke Ecke des Satzspiegels. Plazieren Sie eine waagerechte Hilfslinie 2,5 cm unterhalb der Oberkante des Satzspiegels, um damit die obere Grenze des Fließtextes zu markieren. Setzen Sie anschließend den Textcursor in der dritten Spalte oben, und erfassen Sie den Untertitel. Formatieren Sie ihn mit dem Format Untertitel. Schließen Sie die Zeilen manuell mit der Rücktaste ab, um eine gute Verteilung des Textes zu erreichen. Zum Satz des Untertitels siehe Abb. 7 - 6.

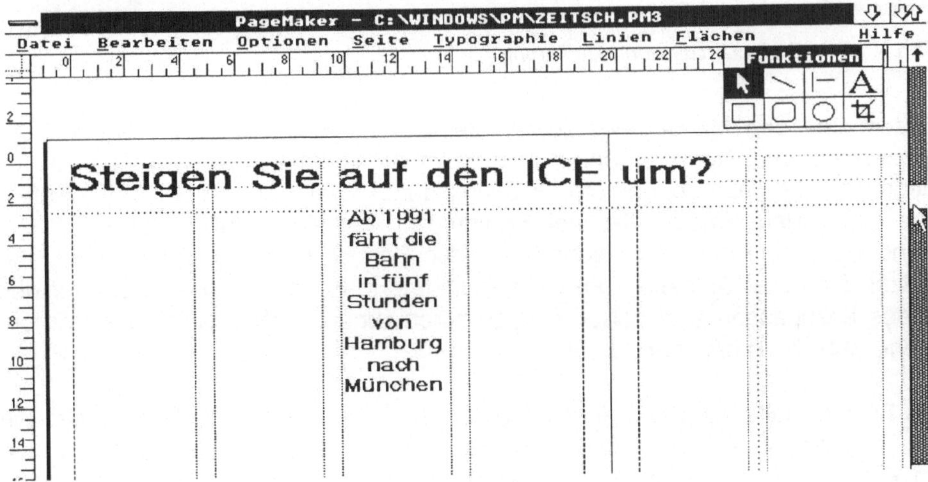

3. Layoutmodifikationen der Doppelseite.

Wählen Sie die Rechteckfunktion, und setzen Sie um die drei rechten Spalten der rechten Seite ein Rechteck, daß Sie durch ein Raster mit einem Grauwert von 10 % ausfüllen und mit einer Linie in der Stärke 2 Point umranden.

4. Bildplatzhalter setzen.

Für die große Abbildung unten haben Sie sich in einem Grafikprogramm eine einfache Skizze erstellt, die die benötigten Konturen aufweist. Laden Sie diese Bilddatei (Zug.msp) als Bildplatzhalter für den Textumlauf und als Orientierung für die spätere reprografische Bearbeitung. Plazieren Sie das Bild unten links in der Doppelseite. Wählen Sie im *Dialogfenster* Konturenführung unter *Bildbehandlung* die zweite und unter *Textbehandlung* die dritte Option an. Geben Sie unter Rechts und Oben 2 mm Abstand ein. Siehe Abb. 7 - 7.

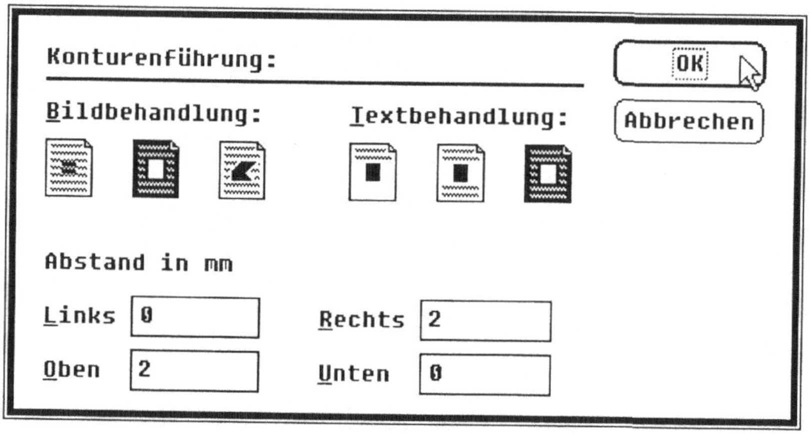

Abb. 7 - 7 *Dialogfenster Konturenführung.*

Passen Sie den Markierungsrahmen der runden Bildkontur an. Aufgrund der Einstellung unter Konturenführung erscheint der Markierungsrahmen des Bildes gepunktet. In diese gepunktete Linie sind durch Anklicken mit der Maus Anfasser einzufügen. Fügen Sie bei Beginn der runden Kontur, am Ende der Rundung und in dem dazwischenliegenden Bereich mehrere Anfasser ein. Benutzen Sie diese Anfasser, um die gepunktete Markierungslinie der Kontur des Bildes anzupassen und dadurch auch einen runden Textumlauf zu erreichen. Siehe Abb. 7 - 8 und Abb. 7 - 9.

Als Bildplatzhalter für die kleinen Abbildungen in der rechten Seite zeichnen Sie mit *Rechteck-* und *Linienfunktion* ein Rechteck mit zwei sich kreuzenden Linien im Format 20 x 15 mm. Für dieses Rechteck schalten Sie im *Dialogfenster Konturenführung* unter *Bildbehandlung* die zweite Option, unter *Textbehandlung* die vierte Option ein. Geben Sie als Abstände links 2 mm, rechts 2 mm, oben 0 mm und unten 1 mm ein. Kopieren Sie dieses Rechteck, und fügen Sie es in der benötigten Anzahl ein. Zur Plazierung der Rechtecke benutzen Sie Hilfslinien. Siehe Abb. 7 - 10.

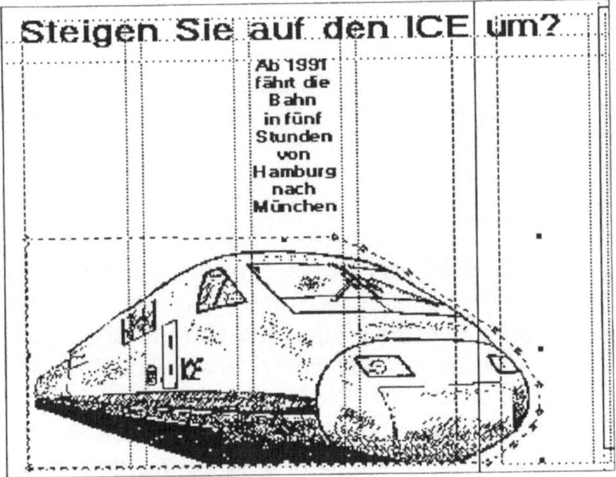

Abb. 7 - 8 Die bearbeitete Bildkontur.

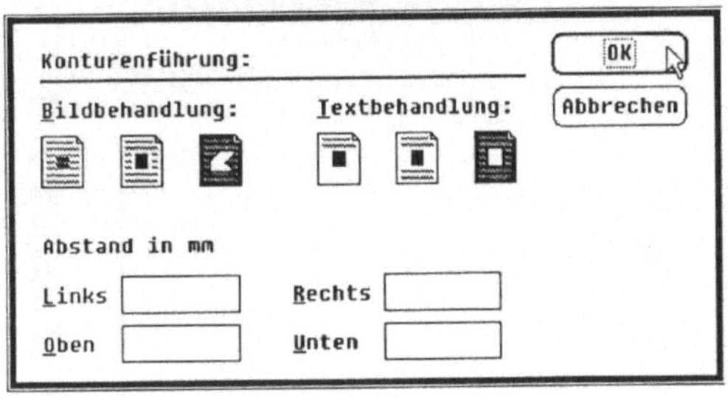

Konturenführung:

OK

Abbrechen

Bildbehandlung:

Textbehandlung:

Abstand in mm

Links

Rechts

Oben

Unten

Abb. 7 - 9 *Dialogfenster Konturenführung* nach Bearbeitung der Konturrundung. Automatisch wurde unter *Bildbehandlung* auf Option 3 umgeschaltet.

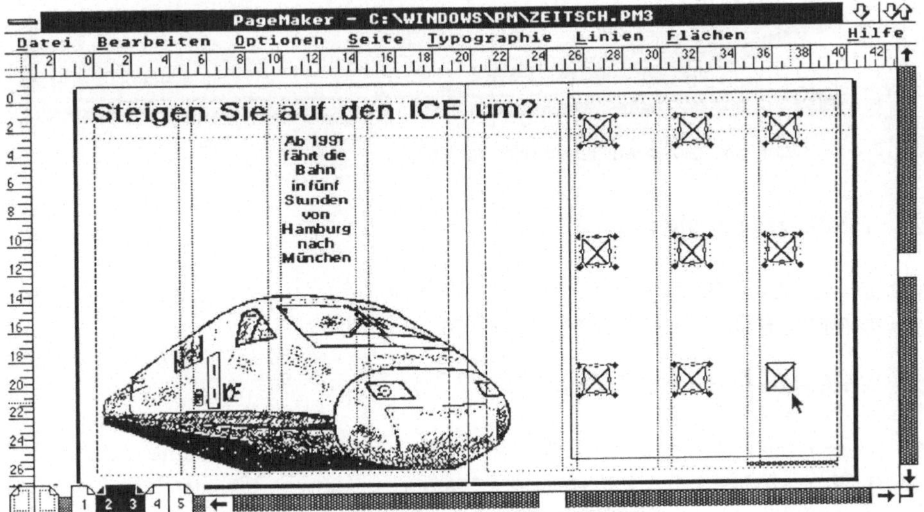

Abb. 7 - 10 Die Bildplatzhalter wurden eingesetzt.

5. Fließtext plazieren.

Schalten Sie mit

Befehlsmenü Optionen, Befehl Autom. Textanschluß

den automatischen Textanschluß ein.

Laden Sie die Textdatei (Ice.wri), wobei Sie die Option formatiert ausschalten. Sobald das Textsymbol erscheint, positionieren Sie den Text bei niedergedrückter Umschalttaste. Dadurch erreichen Sie einen halbautomatischen Textanschluß, d. h. der Text läuft zunächst bis an das Spaltenende. Das Textsinnbild für den Folgetext erscheint automatisch, und Sie können den weiteren Text anschließend plazieren. Positionieren Sie auf diese Weise die 4 Textspalten der linken Seite. Setzen Sie das Textsinnbild jeweils unter die Hilfslinie. Siehe Abbildung 7 - 11.

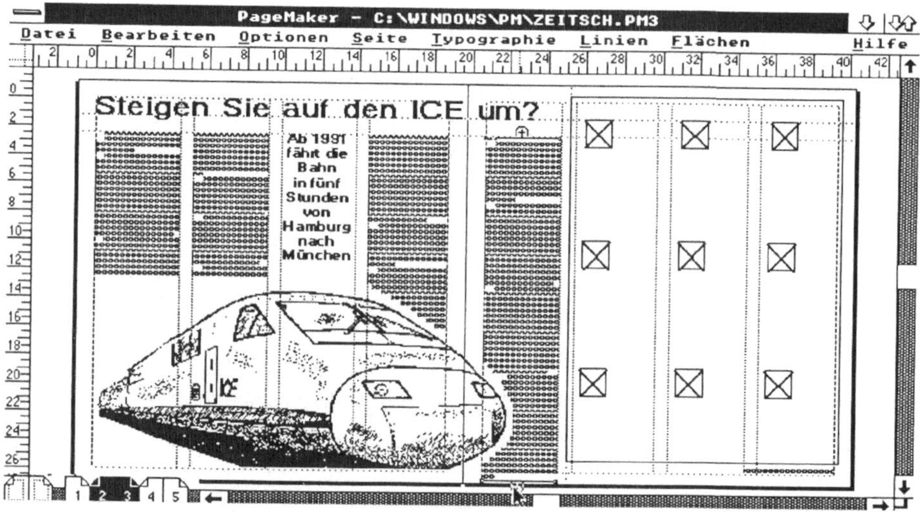

Abb. 7 - 11 Vier Textspalten wurden bereits gefüllt.

6. Fließtext formatieren.

Wählen Sie die Editorfunktion, definieren Sie den gesamten eingelaufenen Text, und formatieren Sie ihn mit dem Druckformat *Fließtext*.

7. Weiteren Fließtext plazieren.

Bei angewählter Zeigefunktion definieren Sie die äußerste Rechte Spalte der linken Seite. Klicken Sie auf das Pluszeichen unterhalb des Textblockes, um das Textsinnbild erneut zu aktivieren.

Zeichnen Sie mit dem Textsinnbild in den Rahmen der rechten Seite einen Textblock von der Höhe der Titelzeile des Kastens. Die Titelzeile läuft ein. Wählen Sie die Editorfunktion, und formatieren Sie die Titelzeile mit dem Format Untertitel. Bei aktiver Zeigefunktion definieren Sie den Textblock des Titels und aktivieren anschließend erneut das Textsinnbild für den Folgetext.

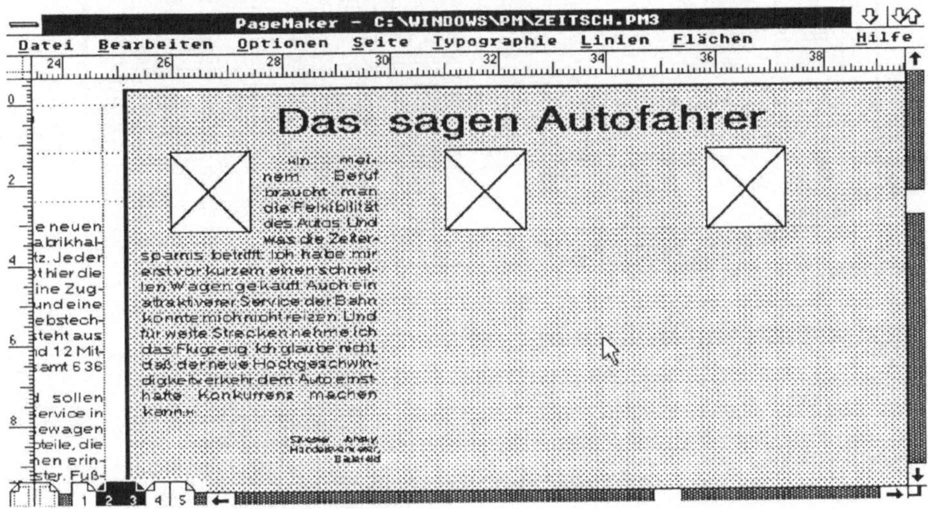

Abb. 7 - 12 Überschrift und erster Text der rechten Seite wurden gesetzt.

Zeichnen Sie nun von der linken oberen Ecke des ersten Bildplatzhalters ausgehend in die erste Spalte der rechten Seite einen etwa 7 cm hohen Textblock. Der Text läuft ein. Achten Sie darauf, daß der Text bis zum Ende des ersten Kurzinterviews einläuft. Andernfalls korrigieren Sie die Höhe des Textblockes, so daß dies gewährleistet ist. Formatieren Sie anschließend den ersten Absatz in der Editorfunktion mit dem Druckformat *Fließtext*. Namen und Daten des Interviewten (letzte 3 Zeilen) formatieren Sie mit dem Druckformat *Kleintext*. Siehe Abb. 7 - 12.

Auf die beschriebene Weise plazieren und formatieren Sie nun die Texte für weiteren 8 Kurzinterviews sowie für die beiden noch fehlenden Zwischenüberschriften.

8. Speichern und drucken Sie Ihren Text.

Die fertig gesetzte Doppelseite sehen Sie in Abb. 7 - 13.

Abb. 7 - 13 Die komplette Zeitschriftendoppelseite im Bildschirm.

Beispiel 8 - ein Buch

Was Sie an diesem Beispiel lernen

Buchlayout mit PageMaker, Mustervorlage mit Stammseiten, Druckformate und Textplatzhalter für ein Buch anlegen, Text eines Buches umbrechen und mit Druckformaten formatieren, Fußnoten setzen, Abbildungen plazieren, Abbildungstitel setzen, Inhaltsverzeichnis eines Buches gestalten und setzen.

Das Buch

Es handelt sich um ein Werk zur Geschichte der Naturwissenschaften. Das Werk gliedert sich in zwei Bände, von denen der eine der systematischen Darstellung vorbehalten bleibt, während der andere sich in jedem seiner Kapitel einer für die Geschichte der Naturwissenschaften bedeutsamen Persönlichkeit und ihrem Werk widmet. Dabei enthält ein kurzer Vorspann wichtige biographische Daten zu Person und Werk. Den Hauptteil jedes Kapitels nimmt ein ausführlicher Auszug aus dem Hauptwerk des jeweiligen Wissenschaftlers ein. Aus diesem Band ist unser Beispiel entnommen.*) Die typografische Gestaltung wurde dem Original nachempfunden. Außer zwei Druckseiten zeigen wir eine Seite des Inhaltsverzeichnisses.

Das Buch mit PageMaker

Automatischer Seitenumbruch und Absatzformate machen die neue Version 2.0 des PageMaker zu einem für den Werksatz recht gut geeigneten Programm. Eine Mustervorlage enthält alle wiederkehrenden Elemente des Werkes sowie die Druckformate für die Absatzformatierung. Der Text wird kapitelweise in getrennten Textdateien erfaßt. Für jedes Kapitel wird eine separate Satzdatei angelegt.

Vorgehensweise:

1. Neue Datei erstellen und Seiten einrichten.

Legen Sie mit Ctrl. + N eine neue Datei an. Zur Festlegung des Satzspiegels geben Sie in das *Dialogfenster Seite einrichten* folgende Werte ein: *Seitenformat A5*, *Formatlage Hoch*, Option *Zweiseitig* angewählt, Option *Doppelseitig*

---

*) Friedrich Dannemann, Grundriß der Geschichte der Naturwissenschaften, Leibzig, Verlag von Wilhelm Engelmann, 1896.

1. Die Erfindung der Luftpumpe.

Otto von Guerickes neue "Magdeburgische" Versuche über den leeren Raum[1)].

Kapitel II, III, und IV.

Otto von Guericke wurde am 20. November 1602 in Magdeburg geboren, studierte in Leipzig, Jena und Leyden und wurde 1646 Bürgermeister seiner Vaterstadt, bei deren Zerstörung durch Tilly im Jahre 1631 er nur das nackteLeben zu retten vermochte. 1654 zeigte Guericke auf dem Reichstage zu Regensburg die von ihm erfundene Luftpumpe, welche später durch den Engländer Boyle verbessert wurde, sowie den berühmt gewordenen Versuch mit den Magdeburger Halbkugeln. 1681 siedelte er nach Hamburg über, woselbst er am 11. Mai 1686 starb.

Als ich Betrachtungen über die Unermeßlichkeit des Raumes anstellte und darüber, daß derselbe durchaus überall vorhanden sein müsse, dachte ich mir folgenden Versuch aus:

Ein Wein- oder Bierfaß werde mit Wasser gefüllt und von allen Seiten wohl verstopft, so daß die äußere Luft nicht eindringen kann. Am unteren Teile des Fasses werde eine Röhre von Metall angebracht, mit deren Hilfe man das Wasser herausziehen kann; das Wasser muß dann vermöge seiner Schwere herabsinken und wird über sich im Fasse einer von Luft (und infolgedessen von jedem Körper) leeren Raum zurücklassen.

Damit nun der Erfolg dieser Überlegung entspräche, richtete ich mir eine Messingspritze her, wie man sie bei Bränden benutzt, mit Stempel und Kolben, der genau gearbeitet war (so daß die Luft keinen Platz fand, zu den Seiten desselben ein- oder auszutreten). An der Spritzen wurden ferner zwei Ventile aus Leder angebracht, von welchen das innere im Deckel der Spritze den Eintritt des Wassers, das äußere den Abfluß vermitteln sollte. Nach Befestigung der Spritze (vermittelst eines eisernen mit vier Bändern versehenen Ringes) am unteren Teile des Fasses, versuchte ich das Wasser herauszuziehen. Zuerst rissen aber die Bänder und die eisernen Schrauben, vermittelst deren die Spritze an dem Fasse befestigt war, eher als daß das Wasser dem Kolben gefolgt wäre.

1) aus dem Lateinischen übersetzt mit den Anmerkungen herausgegeben von Friedrich Dannemann. Leipzig, Verlag von Wilhelm Engelmann 1894 (59. Bd. von Ostwalds Klassikern der exakten Wissenschaften).

Die fertige erste Seite.

Das Bemühen war aber keineswegs aussichtlos. Nachdem Abhilfe durch Anbringung stärkerer Schrauben getrofen war, vermochten endlich drei starke Männer, welche an dem Stempel der Spritze zogen, das nachfolgende Wasser durch das obere Ventil herauszuschaffen. Dabei wurde aber in allen Teilen des Fasses ein Geräusch gehört, als wenn das Wasser heftig koche und dies dauerte so lange, bis das Faß an Stelle des herausgezogenen Wassers mit Luft gefüllt war.

Diesem Übelstand mußte daher durch irgend ein Mittel abgeholfen werden. Es wurde deshalb ein kleineres Faß beschafft und innerhalb

Abb. 6 (Guerickes Luftpumpe).

des größeren angebracht. Nachdem dann das Rohr einer längeren Spritze durch die Bohlen der beiden Fässer geführt war, ließ ich jenes kleinere Faß mit Wasser füllen, die Öffnung desselben dichten und, nachdem auch das größere Faß mit Wasser gefüllt war, die Arbeit von neuem beginnen. Jetzt gelang es, aus dem kleineren Fasse das Wasser herauszuschaffen, an des-

Die fertige zweite Seite.

angewählt, Ränder: *Bund* 25 mm, *Außen* 17 mm, *Kopf* 20 mm, *Fuß* 10 mm. Siehe Abb. 8 - 1. Mit diesen Eingaben wird ein Satzspiegel von 106 mm x 180 mm erzeugt. Das Dokument ist zweiseitig, d. h. es enthält linke und rechte Ränder. Durch Anwahl der Option *Doppelseitig* erreicht man, daß linke und rechte Seite im Bildschirm einander gegenübergestellt werden. Dies ist bei Werken mit vielen Illustrationen wünschenswert, da die Gesamtwirkung einer Doppelseite beachtet werden muß.

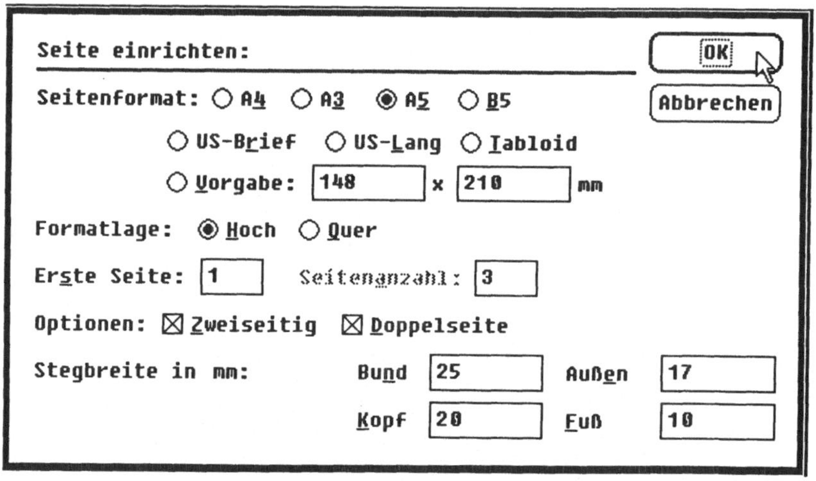

Seite einrichten:
OK
Abbrechen
Seitenformat: A4 A3 A5 B5
US-Brief US-Lang Tabloid
Vorgabe: 148 x 210 mm
Formatlage: Hoch Quer
Erste Seite: 1 Seitenanzahl: 3
Optionen: Zweiseitig Doppelseite
Stegbreite in mm: Bund 25 Außen 17
Kopf 20 Fuß 10

Abb. 8 - 1 Das *Dialogfenster Seite einrichten* mit den erforderlichen Einstellungen.

3. Stammseite bearbeiten.

Wählen Sie das Stammseitensinnbild an, um die Stammseiten darzustellen.

Als auf allen Seiten zu wiederholende Stammseitenelemente erzeugen Sie die Linie des Kolumnentitels und den Platzhalter der Seitennummer. Zur Eingabe des Platzhalters der Seitennummer plazieren Sie den Textcursor und drücken Ctrl. + Umschalt + 3. Formatieren Sie die Seitennummer mit Tms Rmn, 10 Point, normal.

Geben Sie die Elemente zunächst in die linke Stammseite ein, kopieren Sie sie dann und fügen sie ebenfalls auf der rechten Stammseite ein. Die Seitennummer der linken Seite steht linksbündig, die der rechten Seite rechtsbündig.

4. Datei als Mustervorlage speichern.

Durch Drücken der Kombination Alt + D und anschließend von U öffnen Sie das *Dialogfenster Datei speichern unter*. Speichern Sie Ihre Datei als Mustervorlage Buch0.

5. Text laden und formatieren.

Wählen Sie das Sinnbild der Seite 1 an, um diese Seite darzustellen. Bevor Sie Text laden, öffnen Sie mit

Befehlsmenü Typografie, *Befehl Abstände*

das *Dialogfenster Abstände* und setzen für den *Zeichenabstand* die Werte *Maximum, Minimum* und *Erwünscht* auf 0 mm fest (siehe Abb. 8 - 2). Dadurch gewährleisten Sie, daß PageMaker auf keinen Fall zur Erreichung von Blocksatz den Buchstabenabstand in einzelnen Zeilen abweichend vom Normalfall verändert.

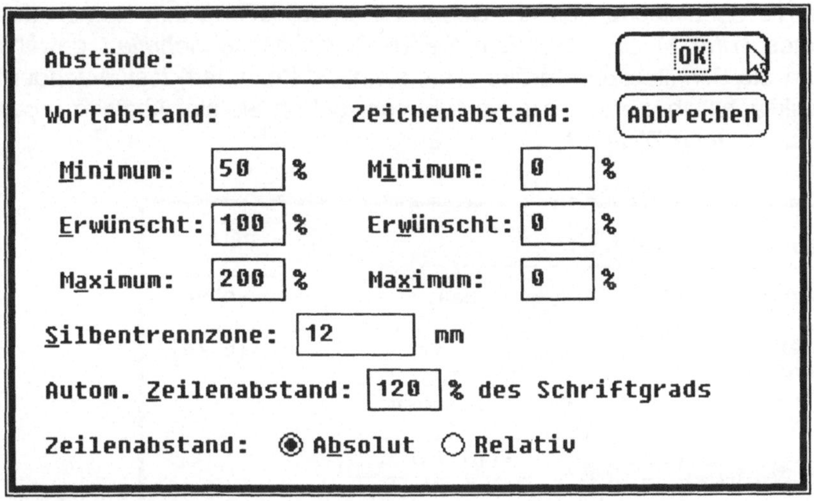

Abstände: [OK]

Wortabstand: Zeichenabstand: [Abbrechen]

Minimum: [50] % Minimum: [0] %

Erwünscht: [100] % Erwünscht: [0] %

Maximum: [200] % Maximum: [0] %

Silbentrennzone: [12] mm

Autom. Zeilenabstand: [120] % des Schriftgrads

Zeilenabstand: (●) Absolut ( ) Relativ

Abb. 8 - 2 Das *Dialogfenster Abstände* mit den Einstellungen für den Buchstabenabstand.

Wählen Sie mit

Befehlsmenü Optionen, *Befehl Autom. Textanschluß*

für den anschließend zu positionierenden Text automatischen Umlauf bis zum Ende der Textdatei.

Positionieren Sie den gewünschten Text, indem Sie mit der Tastenkombination Ctrl. + A das Dialogfenster zur Dateiauswahl öffnen und die Datei (Buch1.wri) als zu positionierende Textdatei auswählen. Schalten Sie die Option *Formatiert* aus, um den Text unformatiert zu laden. Schließen Sie das Dialogfenster. Sobald der Text vollständig eingelaufen ist, beginnen Sie mit der Formatierung. Für die unterschiedlich zu formatierenden Textabsätze wie Überschrift, Vorspann, etc. benutzen Sie Druckformate. Falls für einen Absatz noch kein Druckformat exisitert, erzeugen Sie es, andernfalls wenden Sie ein vorhandenes Druckformat an.

6. Druckformate erzeugen.

Positionieren Sie den Cursor in der ersten Textzeile, die den Titel des Kapitels enthält. Öffnen Sie mit

Befehlsmenü Typografie, Befehl Druckformate definieren...

das *Dialogfenster Druckformate definieren.* Siehe Abb. 8 - 3.

Wählen Sie die Schaltfläche *Neu* an. Geben Sie anschließend den Namen des Druckformates (*Titel 1*) ein. Nachdem Sie die Schaltfläche *Schriftart* gewählt haben, legen Sie Schriftart und -größe (Tms Rmn, 14 Point, fett) fest. Nachdem Sie die Schaltfläche *Absatzformat* gewählt haben, geben Sie ein: *Abstand unten* 5 mm, als *Ausrichtung Zentriert.*

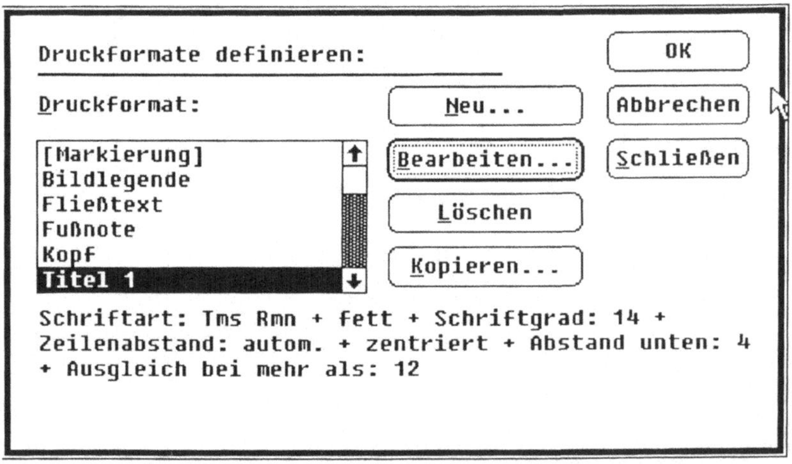

Druckformate definieren:
OK
Druckformat:
Neu...
Abbrechen
[Markierung]
Bildlegende
Fließtext
Fußnote
Kopf
Titel 1
Bearbeiten...
Schließen
Löschen
Kopieren...
Schriftart: Tms Rmn + fett + Schriftgrad: 14 + Zeilenabstand: autom. + zentriert + Abstand unten: 4 + Ausgleich bei mehr als: 12

Abb. 8 - 3 Das *Dialogfenster Druckformate definieren* mit dem Druckformat *Titel 1* und der Auflistung seiner Eigenschaften.

Sobald Sie das *Dialogfenster Druckformate definieren* schließen, wird das definierte Druckformat erzeugt und der Absatz entsprechend formatiert. Um ein weiteres Druckformat zu definieren, setzen Sie den Cursor in den zweiten Textabsatz, der den Untertitel enthält, und verfahren wie soeben beschrieben. Dieses Format soll folgende Eigenschaften enthalten: Name *Titel 2*, Schriftart Tms Rmn, 12 Point, fett, Abstand unten 0, alle anderen Eigenschaften wie *Titel 1*.

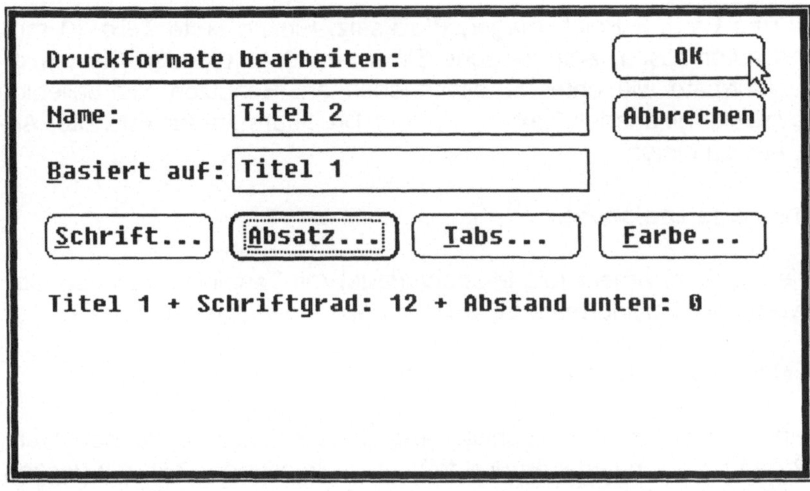

Abb. 8 - 4 Das *Dialogfenster Druckformate bearbeiten* mit dem Formatnamen, dem zugrundeliegenden Format und den Eigenschaften, die von diesem Format abweichen.

Tip: Um die Attribute des Formates Titel 1 zu übernehmen, tragen Sie im Dialogfenster Druckformat bearbeiten hinter der Option Basiert auf: den Formatnamen Titel 1 ein.

Zur Erzeugung der weiteren Druckformate verfahren Sie analog. Sie benötigen insgesamt die folgenden Druckformate:

Titel 1 mit Tms Rmn, 14 Point, fett, Abstand unten 4 mm, Ausrichtung zentriert.

Titel 2 mit Tms Rmn, 12 Point, fett, Abstand unten 0 mm, Ausrichtung zentriert

Titel 3 mit Tms Rmn, 10 Point, normal, Abstand oben 5 mm, Abstand unten 5 mm, Ausrichtung zentriert.

Vorspann mit Tms Rmn, 10 Point, kursiv, mager, Abstand unten 5 mm, Ausrichtung Blocksatz, Zeilenabstand automatisch, Einzug erste Zeile 10 mm, automatische Silbentrennung.

Kopf mit Tms Rmn, 10 Point, mager, Ausrichtung zentriert.

Fließtext mit Tms Rmn, 10 Point, mager, Ausrichtung Blocksatz, Einzug erste Zeile 10 mm, automatische Silbentrennung.

Bildlegende mit Tms Rmn, 10 Point, mager, Ausrichtung zentriert.

Fußnote mit Tms Rmn, 8 Point, mager, Blocksatz, Einzug erste Zeile 10 mm, Zeilenabstand automatisch, automatische Silbentrennung. Wenden Sie die erzeugten Druckformate wie unter 5. beschrieben an. Benutzen Sie beliebige Absätze des bereits geladenen Textes, um Ihre Druckformate für Fußnote, Abbildungstitel, etc. zu testen.

7. Mustervorlage speichern.

Speichern Sie die Datei erneut (als Mustervorlage) mit Tastenkombination Ctrl. + S, um Layout und Druckformate für weitere Kapitel benutzen zu können.

8. Laden einer Kopie als Satzdatei.

Laden Sie eine Kopie der Mustervorlage, um Sie als Satzdatei zu benutzen. Diese enthält den bereits geladenen und teilweise formatierten Text, mit dessen Bearbeitung Sie anschließend fortfahren.

9. Fußnote setzen.

Fußnoten werden in PageMaker grundsätzlich wie andere Texte gesetzt. Der Fußnotentext und der Fußnotenverweis wurden bei der Texterfassung an der Position des Fußnotenverweises eingetastet. Stellen Sie nun den Fußnotenverweis hoch, und setzen Sie den Text in einen separaten Textblock am Fuß der Seite.
Definieren Sie mit dem Textcursor den Fußnotenverweis, öffnen Sie mit der Tastenkombination Ctrl. + T das *Dialogfenster Schriftfestlegung,* und wählen Sie für die Zeichenlage die Option *Hochgestellt* an.
Definieren Sie mit dem Textcursor den Fußnotentext, und stellen Sie ihn mit der Tastenkombination für den *Befehl Ausschneiden* (Umschalt + Entf.) in die Zwischenablage.

Wählen Sie die Zeigefunktion.

Definieren Sie den Textblock des Fließtextes, und verkürzen Sie ihn vom unteren Seitenrand ausgehend, um Platz für die Fußnote zu schaffen.

Wählen Sie die Editorfunktion, und plazieren Sie den Textcursor unterhalb des Fließtextblockes dort, wo die Fußnote erscheinen soll. Mit Tastenkombination Umschalt + Einfg. fügen Sie den in der Zwischenablage stehenden Fußnotentext ein. Er wird in einen selbständigen Textblock eingestellt. Formatieren Sie den Absatz der Fußnote mit dem Druckformat *Fußnote*.

Wählen Sie die Linienfunktion für winkelhaltige Linie, und zeichnen Sie zwischen Fließtext und Fußnote eine waagerechte Trennlinie mit der Länge 1,5 cm und der Stärke Haarstrich.

10. Abbildung plazieren.

Wählen Sie die Seite 2 an, um dort eine Abbildung zu plazieren. Mit der Tastenkombination Ctrl. + A öffnen Sie das Dialogfenster zur Auswahl der Datei. Wählen Sie Bilddatei (Pumpe.msp) aus. Sobald Sie das Dialogfenster schließen, erscheint das Bildsymbol. Plazieren Sie es am Ende des oberen Seitenviertels am linken Rand des Satzspiegels. Bei einmaligen Klicken wird das Bild plaziert. Bei aktiver Zeigefunktion halten Sie die Tastenkombination Ctrl. + Umschalt niedergedrückt, fassen das noch definierte Bild an seinem rechten unteren Anfasser und verkleinern es durch eine entsprechende Mausbewegung. Das Bild wird proportional verkleinert (stufenweise).

11. Konturenführung einstellen.

Das Bild ist noch definiert. Mit

Befehlsmenü Optionen, Befehl Konturenführung...

öffnen Sie das *Dialogfenster Konturenführung* und wählen für Bildbehandlung die mittlere Option, für Textbehandlung ebenfalls die mittlere Option. Als Abstand oben geben Sie 5 mm, als Abstand unten 10 mm ein. Die übrigen Abstände sind 0 mm. Der Text läuft nun um das Bild herum. Siehe Abb. 8 - 5.

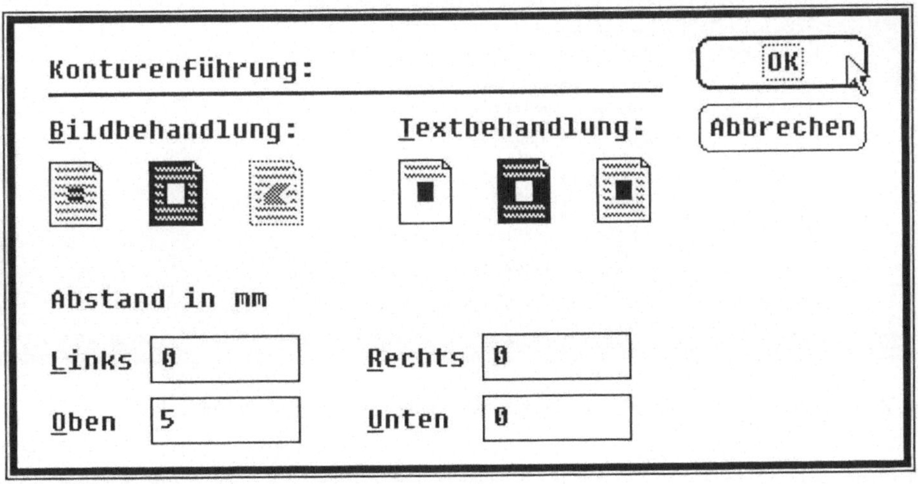

Konturenführung:
OK
Abbrechen
Bildbehandlung:
Textbehandlung:
Abstand in mm
Links 0
Rechts 0
Oben 5
Unten 0

Abb. 8 - 5 Das *Dialogfenster Konturenführung.*

12. Abbildungstitel erzeugen.

Bei aktiver Editorfunktion zeichen Sie mit dem Textcursor einen einzeiligen Textblock auf Breite des Bildes unterhalb der Abbildung in den freigehaltenen

Raum. (Der Textblock darf den Raum der Bildmarkierung nicht überschreiten.) In den Textblock geben Sie den Abbildungstitel ein und formatieren ihn mit dem Druckformat *Bildlegende*.

13. Speichern Sie die Satzdatei.

Speichern Sie die Datei mit Tastenkombination Ctrl. + S, wobei Sie als Dateinamen Buch1 vergeben.
Beim Ausdruck vergessen Sie nicht, die Option *Beschnittzeichen* anzuwählen, da das Seitenformat kleiner als das Papierformat ist.

14. Inhaltsverzeichnis des Buches erstellen.

Falls Sie Ihren Text in einem Textverarbeitungsprogramm mit Gliederungsfunktion erfassen, können Sie diese natürlich zur Erstellung der Textdatei des Inhaltsverzeichnisses nutzen. Sie können den Text aber auch in Windows Write oder in PageMaker erfassen.

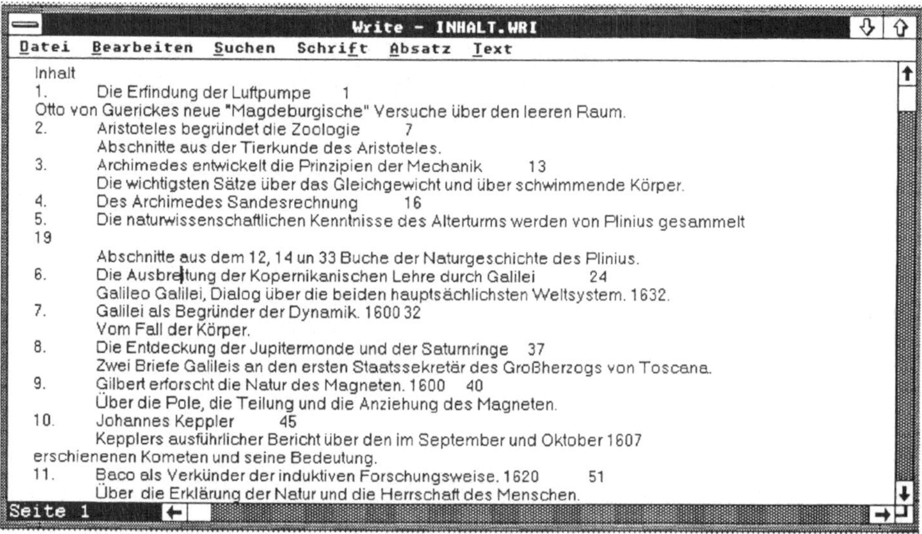

Abb. 8 - 6 Der Text des Inhaltsverzeichnisses in einem Windows Write-Bildschirm.

Für die Formatierung werden zwei neue Druckformate benötigt. Laden Sie daher zunächst das Original der Mustervorlage Buch0, und erzeugen Sie die folgenden Druckformate:

Inhalt 1 mit Schriftart Tms Rmn, 10 Point, fett, Ausrichtung linksbündig, Abstand oben 5 mm, Tabulator 1 auf Position 8 mm linksbündig, Tabulator 2 auf Position 106 mm mit Ausrichtung rechts und Füllzeichen (....). Siehe Abbildung 8 - 7.

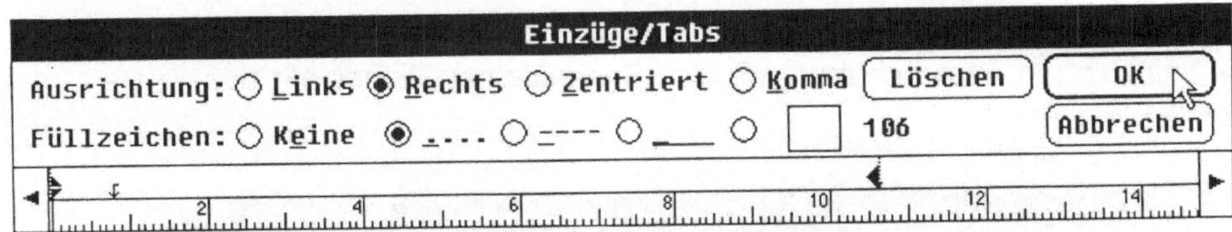

Abb. 8 - 7 *Dialogfenster Einzüge Tabs* mit den Eingaben für das Format *Inhalt 1.*

Inhalt 2 mit Tms Rmn, 10 Point, mager, Ausrichtung linksbündig, linker Einzug von 15 mm. Siehe Abbildung 8 - 8.

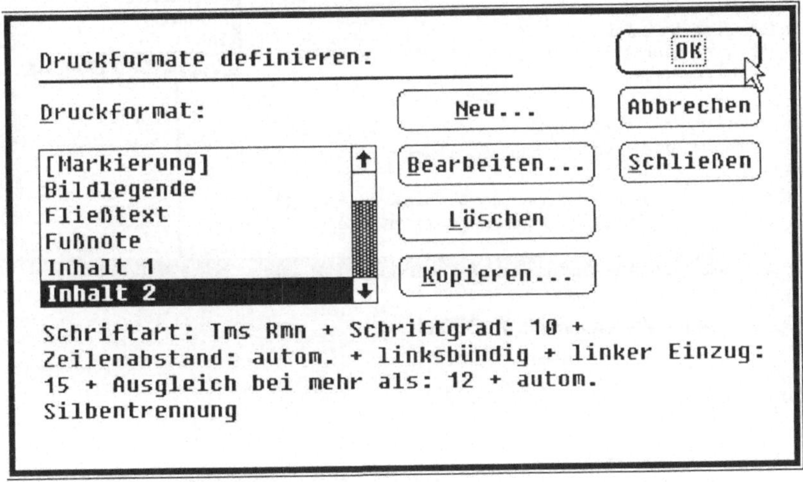

Abb. 8 - 8 *Dialogfenster Druckformate definieren* mit den Eigenschaften des Druckformates *Inhalt* 2.

Speichern Sie die Mustervorlage. Das Inhaltsverzeichnis wird in einer neuen Satzdatei gesetzt, die Sie erzeugen, indem Sie eine Kopie der Mustervorlage Buch0 laden.

Ersetzen Sie den vorhandenen Text durch die Textdatei (Inhalt.wri) des Inhaltsverzeichnisses.

Formatieren Sie den Titel des Inhaltsverzeichnisses mit dem Format Titel 1, die Kapitelüberschriften mit dem Format Inhalt 1 und die Untertitel des Inhaltsverzeichnisses mit dem Format Inhalt 2.

Wählen Sie die Stammseiten an. Löschen Sie dort die Platzhalter für die Seitennummern. Geben Sie auf jeder Seite des Inhaltsverzeichnis manuell die entsprechende Seitennumerierung in römischen Ziffern ein. Als Schrift für die Seitennummern wählen Sie Tms Rmn, 10 Point, normal.

Speichern Sie Ihre Arbeit, und vergessen Sie nicht, beim Drucken die Beschnittzeichen einzuschalten, da das Seitenformat kleiner als das Papierformat ist.

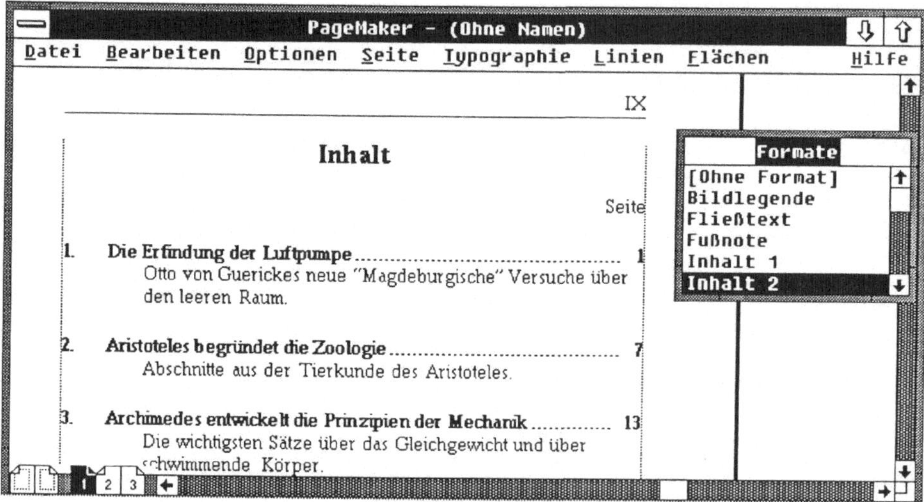

Abb. 8 - 9 Das fertige Inhaltsverzeichnis im Bildschirm.

Anhang

GLOSSAR

Anfasser. Punkt auf der Markierung eines Objektes, an dem die Markierung angefaßt werden kann, um die Größe eines Grafikelementes bzw. die Länge oder Breite einer Textspalte zu verändern.

Auflösung. Die Auflösung bezeichnet die Feinheit der Zusammensetzung eines Bildes aus kleinsten Elementen sowie die Fähigkeit eines Aufzeichnungsgerätes einen solchen Bildaufbau in bestimmter Feinheit vorzunehmen. Man spricht von der Auflösung eines Bildschirmes in Bildschirmzeilen, der Auflösung eines Laserbelichters in Scanlinien, der Auflösung einer grafischen Darstellung in Pixel pro Zoll etc.

Ausrichtung. Die Anordnung des Textes innerhalb der Zeile bezogen auf die Seitenränder bzw. die Mittelachse der Satzspalte. Man unterscheidet linksbündige Ausrichtung am linken Rand, rechtsbündige Ausrichtung am rechten Rand, zentrierte Ausrichtung an der Mittelachse, Blocksatz, wobei linker und rechter Rand bündig sind, sowie dezimale Ausrichtung, wobei innerhalb von Zahlenkolonnen der Dezimalpunkt auf eine bestimmte Position gesetzt wird.

Beschnittzeichen. Sie markieren das Format der Seiten, wenn es kleiner ist, als das verwendete Papierformat.

Ctrl. Abkürzung für Controll. Steuerocde, der über eine besondere Taste der ASCII-Tastatur zu erreichen ist. Dieser Code stellt eine dritte Tastaturebene zur Verfügung, die mit Steuerzeichen belegt ist.

Darstellungsgröße. Die Größe, in der die Arbeitsfläche und die Seite im PageMaker-Fenster angezeigt werden. In der kleinsten Darstellungsgröße ist die Seite ganz zu sehen. In der größten Darstellungsgröße wird der Text in doppelter Größe gezeigt.

Dialogfenster. Dialogfenster sind Fenster, die innerhalb des Bildschirms bei bestimmten Funktionen sichtbar werden und vom Anwender eine Eingabe verlangen.

Fenster. Moderne Anwendungsprogramme erlauben es, im Bildschirm mit mehreren Dokumenten, zuweilen auch mit mehreren Programmen gleichzeitig zu arbeiten. Die einzelnen Dokumente werden in Fenstern (engl. windows) dargestellt, die sich innerhalb des Bildschirms befinden.

Font. Vollständiger Zeichensatz eines bestimmten Schriftschnittes, beispielsweise der Helvetica normal 10 Punkt. Zur korrekten Angabe eines Fonts gehört immer der Schriftname und die Designgröße, in der die Schrift geschnitten wurde.

Format (Seiten-). Größe und Ausrichtung der Druckseite. Neben der Angabe von Länge und Breite können Formate nach DIN angegeben werden z. B. A4 oder A5. Alle Formate können als Hochformat oder als Querformat angewendet werden (engl. Portrait oder Landscape).

Format (Speicher-). Speicher müssen zur Datenaufnahme mit einem Format versehen werden, das angibt, in welchen Bereichen Daten abgelegt werden können, und wie diese Bereiche miteinander verknüpft sind.

Formelsatz. Als Formelsatz bezeichnet man die typografische Aufbereitung wissenschaftlicher Formeln. Man unterscheidet in diesem Zusammenhang mathematischen und chemischen Formelsatz. Mit PageMaker lassen sich nur sehr einfache mathematische Formeln mit Hilfe eines Symbolfonts setzen.

Fußzeile. Die Fußzeile ist eine beim Seitenumbruch auf jeder Seite in gleicher oder ähnlicher Weise wiederkehrende Zeile. Häufig enthält sie die Paginierung, zuweilen auch ein Textelement oder eine Linie.

Geviert. Zur Schriftgröße relative Maßeinheit. Auch Abstandsstück innerhalb einer Schrift. Das Geviert entspricht in jeder Schriftgröße der Breite des breitesten Schriftzeichens (Versal M).

Hilfslinie. Hilfslinien werden in PageMaker mit der Maus aus dem Bereich des horizontalen und vertikalen Lineals herausgezogen und beliebig in der Seite plaziert. Sie dienen als Orientierungslinien beim Setzen von Text- und Bildelementen.

Invertierte Darstellung. Umkehrung der Darstellung von Bildern auf Bildschirmen. Statt hell auf dunkel, dunkel auf hell oder umgekehrt.

Kolumnentitel. Kopf- oder Fußzeile in Büchern. Der Kolumnentitel ist ein Element, das auf jeder Seite eines Buches in gleicher oder ähnlicher Weise wiederholt wird. Man unterscheidet lebende und tote Kolumnentitel. Der lebende Kolumnentitel ist Bestandteil des Satzspiegels, steht oben auf der Seite und enthält Angaben über das Werk, den Autor oder das aktuelle Kapitel. Als toten Kolumnentitel bezeichnet man die allein oder mit einem Schmuckelement stehende Pagina (Seitennummer). Der tote Kolumnentitel gehört nicht zum Satzspiegel und steht rechts, links oder zentriert oben oder unten auf der Seite.

Kopfzeile. Die Kopfzeile ist eine beim Seitenumbruch auf jeder Seite in gleicher oder ähnlicher Weise wiederkehrende Zeile. Häufig enthält sie einen Kolumnentitel und/oder die Paginierung. Sie kann auch nur aus einer Linie bestehen.

Kopieren. In PageMaker können Sie markierte Teile einer Text- oder Bilddatei kopieren. Die Kopie wird in die Zwischenablage gestellt.

Layout. Gestaltung einer Seite durch Festlegen des Raumes, der jeweils von Textspalten, Abbildungen Überschriften, Kolumnentitel, Fußnoten etc. eingenommen werden soll.

Lineal. Im Zusammenhang mit grafisch ausgelegten Layoutprogrammen wie PageMaker lassen sich vertikale und horizontale Lineale zur Orientierung innerhalb der Satzarbeit an den Bildschirmrändern einblenden. Die Lineale können nach unterschiedlichen Maßeinheiten unterteilt werden.

Markierung. Der Rahmen, der erscheint, wenn ein Objekt mit der Maus angewählt wird. Sobald die Markierung erschienen ist, kann ein Objekt mit der Maus auf eine andere Position geschoben, größenmäßig verändert, gelöscht oder kopiert werden.

Pica. Typografisches Maß. 1 Pica = 12 Point = 4,21 mm.

Pixel. Kleinste Einheit eines elektronisch verarbeiteten Bildes. Die Auflösung von Grafikkarten wird in der Anzahl von Pixeln angegeben, die sie in horizontaler und vertikaler Richtung im Bildschirm darstellen.

Point. Bruchteil eines Pica. 1 Pica = 12 Point.

Positionierhilfe. Als Positionierhilfe bezeichnet man ein "magnetisches" Verhalten der Hilfslinien. Bei eingeschalteter Positionierhilfe können Elemente, die in die Nähe einer Hilfslinie oder Spaltenhilfslinie gebracht werden, nur noch exakt an dieser Linie oder in deutlichem Abstand zu ihr gesetzt werden.

PostScript. Seitenbeschreibungsprache des Apple LaserWriter und anderer Laserdrucker und Satzbelichter. PostScript und ähnliche Sprachen können ebensogut als Satzkommandosprachen wie als Programmiersprachen verstanden werden. Im Grunde sind es Spezialprogrammiersprachen für typografische und grafische Anwendungen, deren einzelne Befehle normalerweise nicht vom Benutzer eingegeben werden, sondern innerhalb eines Textverarbeitungs-, Grafik- oder Layoutprogramms über Menüs angesteuert werden.

Pull-Down-Menü (Rolladenmenü). Damit bezeichnet man Befehlsmenüs, die durch Anklicken mit der Maus aktiviert und durch eine Bewegung der Maus bei festgehaltener Taste aufgezogen werden wie ein Rolladen. Es zeigen sich sodann alle in diesen Menüs angeordneten Funktionen oder Unter-Menüs. Sie können durch Loslassen der Maustaste oder Anklicken aktiviert werden.

Punkt. Bruchteil eines Cicero. 1 Cicero = 12 Punkt.

RAM. Abk. für Random Access Memory. Speicher, auf den unmittelbarer Zugriff für Lese- und Schreibprozeduren besteht. Man spricht auch von Read and Write Memory.

RAMDrive. Ein Programm, das einen Teil des vefügbaren Arbeitspeichers als virtuelles Laufwerk einrichtet. In solche Speicherbereiche können Programmteile, die normalerweise aus dem Arbeitsspeicher gelöscht und erneut von der Platte oder Diskette gelessen werden, ausgelagert werden. Dies erhöht die Ablaufgeschwindigkeit von Programmen.

Raster. Punktmuster oder technisches Hilfsmittel zur Auflösung einer Fotografie (Halbton) in Punkte unterschiedlicher Größe. Letzteres dient dazu, Grauwerte im Druck darstellen zu können. Die Reprotechnik unterscheidet Linien- und Punktraster unterschiedlicher Rasterweite. Die Rasterweite wird in Punkten oder Linien pro Zentimeter angegeben.

Reindrucker. Der in PageMaker eingerichtete Reindrucker kann von dem unter Windows installierten Standarddrucker abweichen. Falls ein Reindrucker eingerichtet ist, benutzt PageMaker diesen für den Ausdruck des Textes. Ist kein Reindrucker eingerichtet, wird der unter Windows installierte Standarddrucker für den Ausdruck des Textes benutzt. So können zwei verschiedene Drucker eventuell für Korrekturabzüge und endgültige Ausdrucke angesteuert werden.

Return-Taste. Zeilen-Endetaste. Auch Carriage Return, Wagenrücklauf.

ROM. Abkürzung für Read Only Memory. Speicher, der fest programmiert ist, daher nur gelesen, aber nicht beschrieben werden kann.

Satzspiegel. Der Raum innerhalb einer Seite, der die von Seite zu Seite veränderlichen Text- oder Bildelemente aufnimmt. Der Satzspiegel wird von den Rändern eingeschlossen. Bei Büchern wird der Satzspiegel vertikal von der Oberkante der Kopfzeile zur Unterkante der letztmöglichen Zeile gemessen. Von Seite zu Seite gleichbleibende Textelemente im Kopf oder Fuß der Seite können als tote Kolumnentitel auch außerhalb des Satzspiegels stehen. Bei PageMaker ist es zu empfehlen, Kolumnentitel generell in die Ränder zu setzen.

Shift. Tastaturebene, in der die Versalbuchstaben angeordnet sind, auch Versalebene.

Schmuckelemente. Schon im Bleisatz standen neben Schriften und Linienelementen Schmuckelemente wie Rosetten und ähnliche Verzierungen zur Verfügung. Die letzten Entwicklungen des PC-Satzes führen diese Tradition in Gestalt der Ausschneidegrafiken (electronic clip art) fort.

Schrift. Als Schrift bezeichnet man einen in bestimmter Art gestalteten Zeichensatz unabhängig von der Designgröße eines konkreten Fonts.

Schriftgröße. Die Schriftgröße wird auch als Schriftgrad oder Schrifthöhe bezeichnet. Die Schriftgröße wird als Höhe der Schriftzeichen vom Fußpunkt der Unterlängen bis zum Kopfpunkt der Oberlängen gemessen.

Schriftlinie. Die Fußpunkte der Schriftzeichen innerhalb einer gesetzten Zeile ruhen auf der Schriftlinie. Ausnahmen bilden die Unterlängen, die nach unten über die Schriftlinie hinaus reichen.

Schriftsatz. Die Gestaltung von Schrift mit qualitativ hochwertigen Zeichensätzen und Anordnung der Zeichen nach grafischen und ästhetischen Grundsätzen. Moderner Schriftsatz wird nahezu immer unter Benutzung von Satzrechnern erstellt und auf Lichtsatzgeräten ausgegeben.

Seitensinnbild. Eines der Sinnbilder in der unteren linken Ecke des PageMaker-Fensters, die die Stammseiten und Seiten einer Druckschrift repräsentieren, und durch deren Anwahl die Seiten dargestellt werden.

Sonderzeichen. Als Sonderzeichen bezeichnet man in der Typografie alle Zeichen, die nicht Bestandteil eines normalen Zeichensatzes sind. Die Hersteller von Schriften stellen je nach Kundenbedarf besondere Sonderzeichenfonts zusammen. Fertige Sonderzeichensätze gibt es für mathematische und andere wissenschaftlich-technische sowie in großer Zahl für kaufmännische oder numerische Anwendungen.

Spaltenbreite. Die waagerechte Ausdehnung einer Spalte.

Speicher. Medium zur Speicherung binärer Daten. Man unterscheidet interne Arbeitsspeicher und externe Massenspeicher. Die Arbeitsspeicher sind elektronische Speicher. Bei den langsameren externen Speichern kommen magnetische oder optische Techniken zur Anwendung.

Stammseite (Standardseite). Eine bzw. zwei Seiten (bei doppelseitigen Dokumenten), in die all jene Elemente gesetzt werden, die auf allen Seiten des Dokumentes wiederholt werden sollen.

Systemsteuerung. Ein Windows-Anwendungsprogramm, mit dem Systemeinstellungen vorgenommen werden können.

Tabulatoren. Markierungen für den Ausschluß zusätzlich zu der rechten und linken Begrenzung der Textzeile. Durch Tabulatoren können Spalten innerhalb einer Textzeile oder über mehrere Zeilen hinweg definiert werden. Je nachdem, ob die Spalten horizontal oder vertikal abgearbeitet werden, unterscheidet man den horizontalen oder vertikalen Tabellensatz. Tabulatoren können mit Ausschlußangaben verbunden werden. So unterscheidet man in Textverarbeitungsprogrammen rechtsbündige Tabulatoren, linksbündige Tabulatoren, zentrierende, Blocksatz- oder Dezimaltabulatoren.

Textsinnbild. In PageMaker das Sinnbild, in das sich der Mauszeiger verwandelt, wenn Text in die Seite eingefügt wird.

Werksatz. Als Werksatz bezeichnet man die Arbeitsgänge, die mit dem Satz und Umbruch von Büchern zu tun haben. Für den Werksatz werden spezielle Werksatzumbruchprogramme angeboten, die die Zuordnung von Fußnoten, Marginalien, Abbildungsfeldern, Bildunterschriften etc. zum Text steuern.

Zeichensatz. (engl. character set) Menge aller Zeichen, die von einem Computer verarbeitet oder von einem Ausgabegerät dargestellt werden können. Auch Menge aller Zeichen innerhalb einer gleichartig gestalteten Schrift.

Zeiger. (engl. Cursor) Eine kleine Figur auf dem Bildschirm, die mit Cursorsteuertasten oder mit der Maus im Bildschirm bewegt wird und zur Ausführung von Aktionen benutzt wird. Bei PageMaker nimmt der Cursor je nach Betriebszustand und auszuführender Aktion unterschiedliche Formen an. Beispielsweise erscheint er als Textsinnbild, wenn anschließend Text plaziert werden kann.

Zeilenbreite. Das Maß für die Breite einer Textzeile. Bei Flattersatz Maß für die maximale Breite einer Zeile. Im manchen Textverarbeitungsprogrammen wird die Zeilenbreite durch das Setzen von Randstellern in einem Zeilenlineal festgelegt. Bei PageMaker bestimmen die Einstellungen des linken und rechten Randes sowie bei mehrspaltigen Arbeiten die Spaltenaufteilung und die Spaltenabstände die Breite der Textzeilen.

Zeilenvorschub. Synonym für Zeilenabstand (engl. line feed oder leading). Als Zeilenvorschub bezeichnet man auch das Steuerzeichen, das einen Cursorsprung um eine Zeile innerhalb der Satzarbeit bzw. bei Zeilendruckern einen Papiervorschub um eine Zeile auslöst.

Zeitungssatzsystem. Zeitungssatzsysteme umfassen besondere Softwaremodule für Redaktion und Produktion von Tageszeitungen sowie für die Erfassung, die kaufmännische Abrechnung und für den Satz von Anzeigen.

Zwischenablage. Die Zwischenablage unter Windows ist ein Hilfsspeicher, in den Texte oder Bilder zwischengespeichert werden können. Dies kann beispielsweise dazu dienen, sie aus einer Datei in eine andere zu befördern. Auch Kopien werden zeitweilig in der Zwischenablage abgelegt.

SACHWORTVERZEICHNIS

A

B

I

K

L

M

N

O

P

R

S

T

U

V

W

Z